艾扬格瑜伽学院教材系列

# 身心实验室
## ——瑜伽习练与探索

THE PSYCHO-PHYSICAL LAB:
YOGA
PRACTICE
AND
EXPLORATIONS

[以] 奥哈德·纳克汤米（Ohad Nachtomy）
　　 艾扬拉·什弗偌尼（Eyal Shifroni） ◎ 著

刘新彦　田喜腾　鲁马媚 ◎ 译
王德龙　曲宏宇 ◎ 审校

First published in English under the title
The Psycho-Physical Lab, Yoga Practice and the Mind-Body Problem
by Ohad Nachtomy & Eyal Shifroni
Copyright © Ohad Nachtomy & Eyal Shifroni, 2019

简体中文版 ©2019 大连理工大学出版社

著作合同登记 06-2019 第 101 号

**版权所有·侵权必究**

**图书在版编目（CIP）数据**

身心实验室：瑜伽习练与探索 /（以）奥哈德·纳克汤米 (Ohad Nachtomy),（以）艾扬拉·什弗偌尼 (Eyal Shifroni) 著；刘新彦，田喜腾，鲁马媚译. -- 大连：大连理工大学出版社，2019.10（2022.4 重印）
 ISBN 978-7-5685-2218-2

Ⅰ.①身… Ⅱ.①奥…②艾…③刘…④田…⑤鲁… Ⅲ.①瑜伽—基本知识 Ⅳ.① R793.51

中国版本图书馆 CIP 数据核字 (2019) 第 198144 号

特约专业指导：广州艾扬格文化传播有限公司

SHENXIN SHIYANSHI: YUJIA XILIAN YU TANSUO

大连理工大学出版社出版
地　址：大连市软件园路 80 号　邮政编码：116023
发行：0411-84708842　邮购：0411-84708943　传真：0411-84701466
E-mail:dutp@dutp.cn　URL:http://dutp.dlut.edu.cn
辽宁星海彩色印刷有限公司印刷　　大连理工大学出版社发行

| 幅面尺寸：185mm×260mm | 印张：19.75 | 字数：531 千字 |
|---|---|---|
| 2019 年 10 月第 1 版 | | 2022 年 4 月第 5 次印刷 |

责任编辑：邵　婉　王　元　　　　　　责任校对：千　川
封面设计：奇景创意

ISBN 978-7-5685-2218-2　　　　　　　　　定　价：108.00 元

本书如有印装质量问题，请与我社发行部联系更换。

# 中文版序

很高兴我们的书《身心实验室——瑜伽习练与探索》与中国读者见面。这是我们出版的第一种中文图书。

艾扬拉正在中国开设艾扬格瑜伽工作坊。学生们不仅热爱瑜伽，而且对心理学和哲学也有浓厚的兴趣。这一切给他留下了深刻印象。

瑜伽和音乐、数学一样，适合于每个人。尽管本书探讨的是西方哲学背景下的身心问题，但是，通过瑜伽习练对此问题进行探索的愿望可以被不同的文化分享。

感谢为本书出版做出努力的所有朋友！

# 前　言

伸展肢体能带来快乐和幸福吗？*Śīrṣāsana*（头倒立）能改善我们的思维并使头脑清晰吗？身体前屈或后弯能开发我们的个性，使我们成为更好的人吗？

四十余年的瑜伽旅程中这些问题一直吸引着我。从表面上看，瑜伽体式（瑜伽练习[1]者的姿势）练习看起来与体操很像，但是，很明显瑜伽的涉及面比体操广得多。就我自己而言，这些问题的答案当然是肯定的。

当我外出融入大自然，去海边或爬山时，我喜欢在头倒立中欣赏颠倒着的风景，或者只是躺着，待在 *Viparīta Daṇḍāsana*（倒手杖式）或 *Viparīta Karaṇī*（倒箭式）中。

*Viparīta Karaṇī*（倒箭式）

---

1　习练和练习的区别：《汉语大词典》（上海辞书出版社，2011年版）中词目"练习"给出的解释为：（1）操练；训练。（2）反复学习，以求熟练。（3）熟悉谙习。词目"习练"给出的解释为：（1）练习；训练。（2）熟悉。并没有本质的区别。因此，为避免引起混乱，书中统一使用"练习"一词。在书名以及个别处使用"习练"，特指一种规律的、带有探究目的的练习。——译者注

这时，我看到了完全不同的景象。我尝试将这些景象用倒着的相机拍下来，但是，照片看起来并没有什么不寻常——好像照片放倒了，需要转过来，除此之外，并无其他……显然，视觉体验是一个生理学的过程，不能单纯用视觉来表现，也不能用一个光学器材来拍摄。但是，这究竟是为什么呢？是因为我们是从一个不熟悉的角度观看景象吗？是因为改变了眼睛周围的血液循环，大脑感受到不同了吗？是因为身体重量分布不同了吗？或者上述原因都有，除此之外还有其他原因吗？

人类的眼睛显然与照相机非常不同，因为视觉体验包含了很多内容——身体的和头脑的，由照相机拍摄的一幅图像难以重现。视觉体验不能脱离周围的环境。

体式练习是一种尝试，它包含了身体和意识两个方面。但是，它们之间的边界在哪里？它们之间的关系是什么？它们之间如何相互影响？身体的某个姿势怎么就影响到了头脑的状态？头脑的状态（注意力集中或专注）又怎么影响到身体？

本书是一种尝试，探寻这些颇具挑战性的问题的答案。对我来说，这些问题一直是一个谜，将来可能也会是。我们试图清晰地回答这个问题，理清身体和头脑错综复杂的关系，从而丰富我们的体式练习。

我真诚希望本书将满足那些对人类意识之谜感兴趣的读者们的好奇心。

艾扬拉·什弗偌尼

我第一次接触瑜伽是在十六七岁的时候，那时我还生活在以色列的一个小村庄。我偶然看到一本书，书名为《瑜伽与健康》，作者是 Elisabeth Haich 和 Selvarajan Yesdudian。我读了这本书之后，就开始练习瑜伽了。我发现这对我来说是一种全新的体验——完全与自己待在一起，与自己共度时光。瑜伽对我的帮助很大。遗憾的是我没有坚持下来。

很多年以后，我才再一次与瑜伽相遇。我在 Tel-Hai 学院做助理教授时，遇到了艾扬拉（他当时正在教计算机科学）。我开始参加他的瑜伽课。

那时瑜伽最吸引我的是严格的练习。

瑜伽练习主要是不用烦神，特别是免除了哲学的思考。我几乎不记得在课堂上听到过啰嗦的指令，更不用说按照指令去做了。对我来说最重要的就是练习。我对瑜伽在精神方面的作用也很是怀疑，尤其担心我被某种浅薄的唯心论所吸引。

与此同时，我体验到练习带给我的一些变化，我的觉知开始扩展，并且看到以前未曾看到的景象。慢慢地，我重新认识了瑜伽，它是一种与自己相处的方式，并且开始对练习产生更深的兴趣；随着自身水平慢慢地提高，我开始观察到更细微的变化。几年后，我注意到瑜伽练习已经变得对我很重要，甚至成为我日常生活中

*Śīrṣāsana*（头倒立）

的一个重要部分，如果不练习，就像失去了什么东西一样不舒服。它不再单纯是一个日常工作中的休息和调节，而是成为我生活的一部分。

然后，在某个时刻，艾扬拉说我们可以将瑜伽练习看作一个实验，我们应该注重观察、关心体式的效果，而不是寻求提高体式的难度。这突然使我感触颇多，也使我想到许多。它将我日益增长的对瑜伽练习的兴趣与已经模糊的对哲学的兴趣以及善于思考的兴趣连接起来。我想：一个实验室，正是它！很有道理。但是，实验什么？在这里研究什么？那时我们正在研究我们的意识（或者缺乏意识）如何（在某一状况或练习中）影响体式的质量——身体方面的质量以及我们做体式时的感觉。这样，我们可以通过拓展意识的范围和强度，影响练习，使意识更加敏感，使身体中的弱点和盲点变得更易看见。

这样，瑜伽实验室的目标于我而言就慢慢变得清晰了，这就是研究我们本性中的身体和心理的相互关系（或相互连接）。当然，这与难以处理的身心问题有关，正如每个哲学专业学生所知，这是人文学科中最深刻、最困难的问题之一。这个问题至少从希腊以来至今仍未解决。这就是写作本书的初衷。

这时的艾扬拉已经开始他的写作和出版 [*A Chair for Yoga*（椅子瑜伽），*Props for Yoga*（辅具瑜伽）]。对我来说，自然是将艾扬拉已经写得很好的瑜伽练习部分与我要写的理论部分结合起来。的确，将练习方面与理论方面综合起来似乎是很好的方法。我做出了很多努力说服艾扬拉对此项目感兴趣。因为他日程很紧，实在难以抽出时间进行此书的写作。不过，好在我们几乎每周都能在课堂上见面。如果课堂上我有了什么想法，课后我就会告诉他。有时，我们也可以进行简单的讨论。这样，逐渐地，我们都开始计划这本未来的书。我起草了一个引言，我们一起制订了一个计划：艾扬拉将负责实践部分的写作，我将负责理论部分的写作，最后，整合为一本书。但是，当我们开始认真地研究并分享草稿时，随之而来的是大量的意见交流，第 2 章由此产生。对我来说，与艾扬拉的交流是一个（现在仍然是）极好的富有成效的过程。尽管艾扬拉致力于瑜伽之路，将全部精力奉献于瑜伽，他仍乐于接受批评，甚至是他人的质疑。出现问题时他从不推托，对他不清楚的问题也不羞于承认他不清楚。

合作写一本书可能是非常困难的，甚至是难以忍受的。人们常常争论每一句话的表达方式，看到自己的语言被改成你可能不喜欢的样子是件并不容易接受的事情，更不要提时常出现的自尊问题了。但是，与艾扬拉的合作几乎恰恰相反。当然，我们也有很多争吵和辩论。但是，这些问题都通过坦率直接的讨论得到了解决。事实上，艾扬拉不仅是一位出色的瑜伽老师，也是我灵感的来源，更是一位朋友和谈话伙伴。衷心希望我们的合作精神以及卓有成效的交流已经融入本书的字里行间。

奥哈德·纳克汤米

# 致　谢

感谢我的上师，已故的艾扬格大师（B.K.S. Iyengar，1918—2014），他创造了如此有深刻意义和深远影响的一种瑜伽练习方法——这种方法已经成为我的生活方式，以最正面的方式改变了我的人生。感谢艾扬格大师以及他的家人，Prashant、Geeta 和 Abhijata，在我多次访问印度普钠 RIMYI（Ramamani 艾扬格瑜伽学院）期间对我的指导。书名中的"实验室"（Lab）[1]的灵感就来自在 RIMYI 学习时 Prashant 的课堂中。他的课的主要思想是：体式练习就是围绕学习和探索进行的练习，练习时我们应该像在实验室做研究一样，进行实验和分析。

还要感谢许多其他的艾扬格高级教师。要感谢的人太多了，在此难以逐一列出他们的名字。在过去的三十年中，他们给予了我更深入的指导和建议，感谢他们！

感谢许多对本书做出贡献的人们。首先，也是最重要的当属奥哈德，他是我的朋友、学生，也是本书的合作者。没有他，就没有本书。坦率地说，当他第一次提出一起写一本关于瑜伽的书时，我并不太愿意，因为那时我正（现在仍然是）全力以赴完成我的《辅具瑜伽》系列图书，还有两卷尚未出版。奥哈德耐心地、执着地推进他的想法，直到我最终认识到此项目可能具有的深刻意义和独特性。与奥哈德的合作非常愉快，而此次合作也加深了我们的友谊，密切了我们的工作关系。

感谢我的学生 Sivan Goldhirsh，她是一位瑜伽老师，母语是英语，对第一、二、四章进行了极好地审核和编辑。Sivan

---

[1] 原书名是 *The Psycho-Physical Lab——Yoga Practice and the Mind-Body Problem*，中文版书名取为《身心实验室——瑜伽习练与探索》。——译者注

对瑜伽有浓厚的兴趣并且极为热爱，而且她对语言非常敏感。她一遍又一遍阅读我们的书稿，纠正了文本错误，完善了一些描述，并提出了很多建设性的意见。谢谢你，Sivan！

还有许多瑜伽老师也审阅过本书稿，他们是：来自ZichronYa'akov（一座位于以色列北部海法区的小城）的Michael Sela，来自伦敦的Cecilia Harrison，来自米兰的Karin Freschi以及来自布宜诺斯艾利斯的Noga Chepelinski。这是一次愉快的国际性合作。谢谢你们！

Shira Katz，她帮助我管理我的瑜伽中心和国际工作坊，也是一位极具天赋的平面设计师。书中所有的体式及辅具的插图都是她亲自设计的，这大大提高了本书的整体效果。感谢Shira！

出任本书模特原型的是：我的瑜伽中心的老师Kym Ben-Yaakov、Liat Bagon、Ravit Moar、Michael Sela、Eleanor Schlesinger和Eleanor Jacobovitz，还有两位来自其他地方的老师：Atar Rabina和Anat Rachmel，以及我的女儿Inbar Shifroni。感谢你们的参与和付出，是你们使本书的体式插图如此专业和精准！

Atar Rabina是我的朋友和学生，在本书中分享了她和瑜伽的故事，以及瑜伽如何帮助她应对所面临的身心问题。附录5就是她的分享。

遇到Asaf Goral是我们的幸运，他是一位天才的平面设计师，他像对待自己的作品一样爱护本书。他设计了本书的版式，把每一个小的细节都考虑到了。本书令读者赏心悦目、乐于阅读，完全是他的贡献！

感谢我的女儿Yul Shifroni，Shira插图的基础就来自她的照片。

感谢我瑜伽中心的所有学生，没有他们，我就不可能成为一名老师。衷心感谢世界各地的瑜伽练习者，他们阅读了我已经出版的书，并给予了我热情并富有建设性的反馈，给了我继续写作的勇气！得知遍布世界各个角落的人们都能得到我书籍的帮助，我非常开心！

最后，感谢我的妻子 Hagit 一直以来的陪伴！

艾扬拉·什弗偌尼

写作身心关系的历史的灵感主要来自 2016 年春季在普林斯顿高等研究所（IAS）的那个学期，这也让我有时间进行这方面的研究。尽管这并不是我在那里的正式研究课题，但 IAS 的精神以及它的主管鼓励我追随个人的好奇心，这给了我很大的信心和勇气。我和 Brooke Holmes、Justin Smith、Heinrich Von Staden、Olaf Witkowsky、Yuko Ishihara、Piet Hut 以及 Gonardon Ganeri 的讨论给了我进一步的鼓励和支持。特别感谢 Giuliano Mori，他阅读了本研究的早期草稿，给出了很多有益的建议。虽然这方面的重要工作始于普林斯顿的 IAS，其完成则是在 2018 年秋季巴黎的 IAS。感谢这个卓越的研究所，以及其中所有员工，他们非常热情友好，为我提供了非常棒的支持。

我在多个场合的讨论中介绍了本书的主要观点，包括普林斯顿高等研究所、巴伊兰（Bar-Ilan）大学、巴黎的 IEA、巴黎的 "The Three Souls in the History of Medicine and Philosophy" 会议上，以及艾扬拉在墨西哥城和巴黎的工作坊中。感谢所有参加讨论的同行和朋友。特别是 Gretty Mirdal、Noga Arikha、Charles Wolfe、Pia Campeggiani、Denis Walsh、Siri Hustvedt 和 Justin Smith。我在巴伊兰大学的同事 Alon Chasid、Alik Pelman、Liat Lavi 和 Yuval Dolev 都提出了非常有帮助的意见和建议。我的学生 Benny Eisner 亲笔撰写了 Dennett（丹尼特）和 Chalmers（查尔默斯）的相关内容。Emmanuel Farjoun 阅读了第三章的部分内容，给出了非常重要和有帮助性的建议。与他的讨论总能给我很多启发。Noam

Hoffer 阅读了第三章全部内容，更正了其中的错误，并给出了一些意见。Reed Winegar 对 Kant（康德）一节也给出了一些建议。Raphaële Andrault 阅读了第三章第二部分，我们对此进行了非常有益的讨论。与 Avi Vigderson、Oron Shagrir 和 Zohar Yakhini 的讨论对认知科学和计算机科学的呈现也非常有益，十分重要。

　　Liat Lavi 阅读了第三章全部内容，认真仔细地编辑了参考书目。Liat 还对第三章第二部分提供了极其有益的建议和参考资料，使我避免了某些非常尴尬的错误。我很高兴，也很幸运能在此项目开始的早期就与她进行了讨论。也很高兴与她共事多年，她渊博的知识和广泛的好奇心给我带来很多帮助，我很知足。

　　我也很幸运在访问哈佛大学期间遇到了 Allison Aitken。Allison 跟我分享了她对瑜伽和哲学的热爱——她对瑜伽和东方哲学了解之多，让我意识到自己远远不如她。我们的相遇以及随后的书信往来给了我鼓励，使我想到也许本书能够引起同样对此富有热情的人们的兴趣。Allison 还帮助我校正了一些梵语的错误，并提供了一些很有用的材料。

　　Barnaby Hutchins 编辑了全书。Barnaby 不仅是一位出色的编辑，而且是一位任何作家都梦寐以求的读者。他懂得你想说什么，并将其用更好的语言表达出来。他的富有智慧和思想的工作以及专业的投入给本书增色百倍。

　　Michal Mer，我的生活伴侣，给我们提供了很多建议，从书的整体设计、插图的风格特色、书的开本，一直到封面设计的细节。好像远在本书写作之前在她心中就有了本书的样子。

奥哈德·纳克汤米

# 目 录

第〇章 介 绍 / 1

第一章 体式实践探索 / 11

   第一部分 适合所有练习者的探索 / 17

               站立体式（A）/ 17

探索 A.1　在 $T\bar{a}\d{d}\bar{a}sana$（山式）中关注胸腔和脊柱 / 18
探索 A.2　$T\bar{a}\d{d}\bar{a}sana$（山式）的根基 / 20
探索 A.3　比较在 $T\bar{a}\d{d}\bar{a}sana$（山式）中并拢或分开双腿 / 22
探索 A.4　站在瑜伽砖上的 $T\bar{a}\d{d}\bar{a}sana$（山式）/ 23
探索 A.5　在 $T\bar{a}\d{d}\bar{a}sana$（山式）中激活手臂 / 24
探索 A.6　用一侧手拉伸对侧手臂 / 26
探索 A.7　稳定的 $\bar{U}rdhva\ Hast\bar{a}sana$（双手上举式）：
           肘部有带，手掌夹砖 / 28

               树　式 / 30

探索 A.8　保持 $Vrk\d{s}\bar{a}sana$（树式）的稳定：视觉和平衡 / 31
探索 A.9　将意识集中，保持 $Vrk\d{s}\bar{a}sana$（树式）的稳定 / 32
探索 A.10　山式和树式 / 33

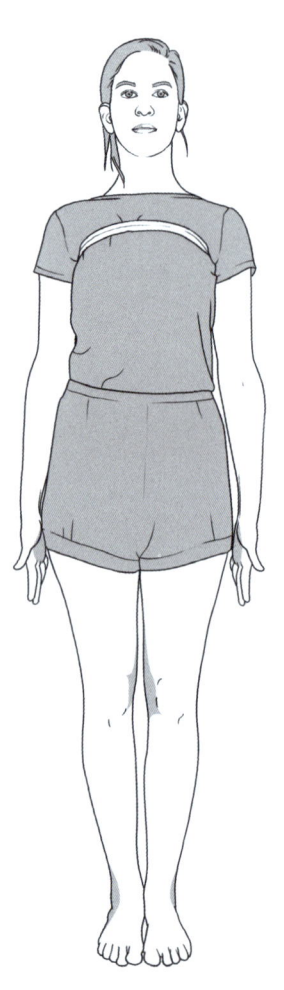

## 坐立体式（A） / 34

探索 A.11　建立胸腔的空间 / 36

探索 A.12　利用想象延展脊柱 / 38

探索 A.13　眼睛外视或内视 / 39

探索 A.14　使用呼吸 / 40

探索 A.15　*Ātma Añjali Mudrā*（合掌手印）：双手胸前合掌 / 42

探索 A.16　在坐立中建立根基 / 44

探索 A.17　交换双腿交盘的影响 / 47

探索 A.18　使用瑜伽带打开胸腔 / 48

探索 A.19　头顶放置瑜伽砖 / 49

探索 A.20　*Vajrāsana*（雷电坐）：臀部坐在脚后跟上 / 50

探索 A.21　比较各种支撑 / 52

探索 A.22　不同坐立体式的比较 / 54

探索 A.23　在 *Adho Mukha Vīrāsana*（英雄坐变体前屈）中放松 / 56

探索 A.24　在 *Adho Mukha Vīrāsana*（英雄坐变体前屈）中拉伸 / 58

## 仰卧（后倾）体式 / 60

探索 A.25　瑜伽砖支撑胸腔 / 61

探索 A.26　用抱枕支撑胸腔 / 64

探索 A.27　双腿位置的比较 / 66

探索 A.28　比较 *Supta Baddha Koṇāsana*（仰卧束角式）中瑜伽带的使用 / 68

探索 A.29　比较手臂的不同位置 / 70

探索 A.30　在 *Śavāsana*（挺尸式）中改变关注点 / 71

探索 A.31　在 *Śavāsana*（挺尸式）中体验 *Pratyāhāra*（制感）/ 72

## 第二部分  适合中高级练习者的探索 / 76

### 站立体式（B）/76

探索 B.1　在 Adho Mukha Śvānāsana（下犬式）中抬高双脚、双手 / 78
探索 B.2　抬高的 Adho Mukha Śvānāsana（下犬式）/ 80
探索 B.3　瑜伽砖上的 Uttānāsana（加强脊柱前屈伸展式）/ 81
探索 B.4　Adho Mukha Śvānāsana（下犬式）中的手臂和肩胛骨 / 82
探索 B.5　大腿夹砖从 Uttānāsana（加强脊柱前屈伸展式）到 Adho Mukha Śvānāsana（下犬式）/ 84
探索 B.6　在站立体式中意识集中于后腿 / 86
探索 B.7　在站立体式中唤醒肩胛骨 / 88
探索 B.8　在 Utthita Trikoṇāsana（三角伸展式）中，从 Dhāraṇā（专注）到 Dhyāna（冥想）/ 92
探索 B.9　在站立体式中的根基 / 94
探索 B.10　在战士Ⅱ式中转移意识 / 96

### 坐立体式（B） / 99

探索 B.11　在 Daṇḍāsana（手杖式）中收紧双腿：从骶骨到脚后跟 / 100
探索 B.12　在 Daṇḍāsana（手杖式）中收紧骨盆：瑜伽带捆绑骨盆 / 102
探索 B.13　使体式的根基敏感：Daṇḍāsana（手杖式），臀部和脚后跟在瑜伽砖上 / 104

### 倒立体式 /106

探索 B.14　核查 Śīrṣāsana（头倒立）的稳定性：大脚趾上悬挂一根瑜伽带 / 107
探索 B.15　在头倒立中使用想象 / 108
探索 B.16　面向墙的头倒立 / 109
探索 B.17　在头倒立中打开胸腔 / 110
探索 B.18　关注一条向前延伸的直线：头顶下方有一根瑜伽带 / 112

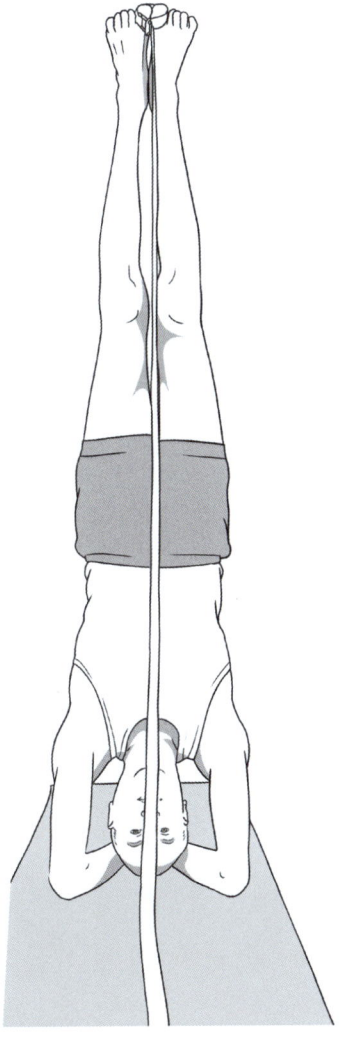

探索 B.19　在头倒立前后做体式 / 113
探索 B.20　在头倒立中计时的影响 / 114
探索 B.21　肩倒立中的不同支撑 / 115
探索 B.22　在 *Adho Mukha Vṛkṣāsana*（手倒立式）中克服
　　　　　恐惧：抱枕靠墙 / 122

## 前屈体式 / 124

探索 B.23　稳定 *Supta Padaṅguṣṭhāsana* Ⅰ
　　　　　（仰卧手抓脚趾伸展式Ⅰ）/ 125
探索 B.24　柔和、有支撑的 *Paścimottanāsana*
　　　　　（加强背部伸展式）/ 126

## 后弯体式 / 128

探索 B.25　用瑜伽砖支撑胸腔 / 129
探索 B.26　在 *Uṣṭrāsana*（骆驼式）中意识关注胸腔和
　　　　　骨盆 / 132
探索 B.27　比较手在 *Ūrdhva Mukha Śvānāsana*（上犬式）
　　　　　中的不同方向 / 135
探索 B.28　*Viparīta Daṇḍāsana*（倒手杖式）和 *Setu Bandha*
　　　　　*Sarvāṅgāsana*（桥式肩倒立）的比较 / 138

## 扭转体式 / 141

探索 B.29　椅子上的 *Bhāradvājāsana*（巴拉瓦伽式）：
　　　　　骨盆有和无瑜伽带捆绑 / 142
探索 B.30　在 *Bhāradvājāsana*（巴拉瓦伽式）中固定
　　　　　凝视点 / 144

## 调　息 / 145

探索 B.31　比较 *Ujjai*（乌加依呼吸控制法）和 *Pratiloma*
　　　　　（反自然顺序呼吸控制法）的吸气 / 146

# 第二章　通过瑜伽练习提高身心能力 / 147

2.1　处理消极情绪、疲倦和沮丧 / 150
2.2　灵活性和敏捷性 / 152

2.3　自信和勇气 / 155
2.4　快乐 / 157
2.5　努力管理 / 159
2.6　应对压力、疼痛等问题 / 161
2.7　稳定和平衡 / 163
2.8　宽容和平静 / 168
2.9　坚持和热情 / 170
2.10　意识和敏感性 / 173
2.11　动机和臣服 / 175
2.12　专注与冥想 / 177
2.13　放松 / 179
2.14　非伤害和其他禁制 / 181
2.15　真实和诚实 / 184
2.16　观察和转变倾向 / 185
2.17　将练习拓展到瑜伽垫之外 / 188
2.18　追求长远目标，成功时保持谦逊 / 190
2.19　非竞争 / 192
2.20　关于瑜伽练习的几点其他建议 / 193

# 第三章　身心关系简史 / 195

## 第一部分　从苏格拉底到康德 / 200

3.1　苏格拉底和柏拉图：哲学和二元论的开始 / 200
3.2　亚里士多德：灵魂与身体关系的一元论模型 / 207
3.3　普罗提诺：灵魂与身体，善与恶 / 211
3.4　奥古斯丁：柏拉图的灵魂观和基督教信仰的调和 / 213
3.5　托马斯·阿奎纳：亚里士多德的灵魂观和基督教信仰的调和 / 217
3.6　笛卡尔：早期近代哲学以及近代身心问题的出现 / 218
3.7　笛卡尔二元论的余波：三个回应 / 220
3.8　伊曼努尔·康德：批判哲学 / 223

## 第二部分　身心关系的当代解读 / 225

3.9　从笛卡尔到20世纪 / 225

3.10　行为主义及其局限性 / 226
3.11　乔姆斯基对行为主义的批判 / 228
3.12　自然主义 / 228
3.13　当代哲学（和科学）流派 / 230
3.14　身心问题可解吗 / 234
3.15　我们的观点 / 234
3.16　几个核心观点及简短讨论 / 239
3.17　结语 / 241

## 第四章　练习序列 / 243

4.1　建立信心（减少焦虑）/ 247
4.2　情感平衡（增加 *sattva*, 加强明性要素）/ 252
4.3　乐观和快乐（应对 *tamasic* 情绪 , 减少惰性要素）/ 254
4.4　平静和安抚（应对 *rajasic* 情绪）/ 260
4.5　修复（消除疲劳）/ 262

## 参考文献 / 265

## 附　录 / 273

附录 1　体式指南 / 273
附录 2　某些体式的进一步指导 / 279
附录 3　梵语词汇表 / 285
附录 4　体式索引 / 289
附录 5　通往安宁的瑜伽旅程：
　　　　穿越肌张力障碍 / 290

## 译后记 / 294

# 第0章
# 介 绍

本书我们将讨论一种思考的、反省的、正念的[1]、专注的瑜伽练习方式。这种练习方式可以使练习者拥有超越单纯的保持和改善身体健康的收获。通过心理和身体能力两方面的提高,我们提出了一种方法,可以改善甚至是完善整个人。大致说来,根据这种瑜伽练习的观点,我们在训练身体时使用头脑,同时在训练头脑时又使用身体。更准确地说,我们使用身体的能力——包括身体的局限——来研究和提高我们的心理能力和潜力,反之亦然。例如,瑜伽的身体练习可以提高诸如忍耐力、宽容度、平衡性和保持冷静的能力。同时,我们利用反思、专注、记忆和学习能力来增强和探索我们的身体能力,意在改善我们的体态、柔韧性、呼吸、血液循环、身体系统功能,等等。

---

1 "正念是佛教的一种古老修行方式,它对我们现今的生活具有重要意义。这种意义与佛教本身无关,与是否成为佛教徒无关,它与我们的觉醒、与我们能否与自身及世界和谐共处息息相关。它关乎我们的自我意识、世界观,关乎我们在这个世界中的自我定位,关乎我们对生命中每一刻充实性的认知。更重要的是,它关乎我们感官的敏锐。"——引自:[美]乔·卡巴金.正念——此刻是一枝花.北京:机械工业出版社,2015:2——译者注

我们强调一点，带有反思的瑜伽练习和探索（身体和心理两方面）是我们所说的"提高"的重要组成部分。因为瑜伽的提高不仅意味着可以度量的成绩，例如在头倒立时保持更长时间，或者可以完成某些高级体式；这里的"提高"，也包括对自身局限的认识，在练习中更少地用力，更多地用心，获得更多的信心和稳定——在某种意义上超越我们在瑜伽垫上花费的时间，将其影响延伸到我们的日常生活中。

当然，瑜伽练习包括有难度的身体姿势（体式）和大量的呼吸练习（调息）。但是我们需要弄清楚这些体式和练习意味着什么。练习体式和调息的目的是什么？虽然我们的身体是练习最直接的媒介，本书中我们建议，它并不仅仅是达到其他目的的一个工具，也不是达成其他目标的手段和方法。更确切地说，我们将身体看作是我们自身和本质的一个重要部分。事实上，有证据表明，独立于身体的表达，往往难以弄清楚一个人的情绪和心理状态。例如，如果某人说他（她）正承受着严重的疼痛，而他（她）的身体表现却显得很快乐，我们将很难理解他（她）究竟发生了什么。因此，可以说，我们不是为了身体的柔韧性或单纯完成某一体式而练习，也不能只是将身体看作是实现更高目的的一个工具。因为，如果正像我们在本书中讨论的那样，身体和精神（头脑）是紧密相连的，那么，在训练我们身体的同时也就训练了我们的头脑。由此可以说，当我们努力改善自己的身体机能时，也就同时提高了自身的心理能力。换句话说，通过反思的、专注的练习，在训练身体的同时，可以训练和提高我们整个人。

将我们的方法与如下两种倾向区分开有助于对前者的理解。一种倾向，在竞技体育（但不限于）中常见，强调的是为了提高身体取得的成绩而运用头脑。这种态度不仅在职业运动员中很普遍，在业余马拉松爱好者、耐力游泳运动员、举重运动员、健美运动员，以及某些瑜伽练习者中也很常见。与此相反，还有一种倾向，仅仅将身体看作是一种手段（或工具），作为心灵的居所，身体本身并没有内在的意义。这种态度在某些关于冥想练习的言语中有明显的体现，在某些学术著作中也会出现，它们往往倾向于忽略身体，只是将其看作某种需要维持的存在，要满足其一定的需要（例如营养和睡眠），而不是自我提高的一个不可分割的组成部分。这种考虑往往忽略了这样一个事实：即使是像冥想这样明显的头脑练习也需要静坐，而静坐绝不只是头脑的事情。再说，许多冥想练习的一个重要部分就包括关注身体的感觉，以及我们对此的反应。同样，例如在学习和阅读时，我们身体的（肉体的）许多能力，诸如视力、姿态、疲劳等，扮演了重要角色，大大影响着我们的学习和理解能力——更别提学习和理解的效率了。因此，我们既要使用纯粹智力上的能力也需要使用许多身体方面的能力。

与上述两种方法不同，我们的观点是，不要将心理置于身体之上，也不能将身体置于心理之上，简单的原因就是，人在本质上就是由心理和身体组成的，它们是相互联系的，并且一刻不停地以高度复杂的方式相互影响着。我们认为瑜伽练习影响着整个人，因为我们看不到心理和身体的分割，它们之间没有清晰的区别。

然而，将心理能力和身体能力区分开是非常有用的。因为，正如前面已经指出的，我们利用反思、注意力集中、觉知能力改善我们的体式练习，而且利用我们的身体能力及其特性获得心理能力，使我们可以承受疼痛、增加耐心、识别并探索我们（身体和心理）的局限等。因此，我们并不是寻求忽视或消灭身体和心理能力的区别，即使它们之间的界限可能并不清晰，而是认为这些区别对于探求我们的本质以及尝试探索它们之间错综复杂的关系很重要。本书有两个主要目的，一是给出关于此观点的哲学思想；二是给出具体的练习方法，以便探索和体验这些错综复杂的关系。我们相信，反思性的瑜伽练习应该是充满好奇心和探索性的。这就是本书书名"**身心实验室**"的由来。

## 本书的结构

本书的主要部分分为四章。第一章，是实践性的，介绍了一系列"探索"，各种瑜伽体式，旨在探索心理能力和身体能力的关系。这些探索分为两类，一类用于探索身体变化对心理的影响；另一类用于探索心理变化对身体的影响，例如观察改变注意力集中的对象对体式的影响。本章又可分为两部分，分别适合所有练习者（初级、中级、高级）和中高级练习者。第二章给出了一些思考，探讨了反思性的瑜伽练习如何影响并增强人们某些重要的品质，诸如稳定性、忍耐力、平衡性和心理平和度。我们还审视了这些品质的身体和心理特征，并且讨论了身体的练习是否可以及如何增强心理能力，例如，身体的稳定可能影响到心理的稳定。我们在本章主要讨论的是瑜伽练习如何能变革性地超越瑜伽垫，改善我们整个人。第三章介绍了西方哲学关于身心关系的简史，以更好地论证和解释我们的方法。最后，第四章给出了几个练习序列，它们都对心理方面有显著影响。

## 如何阅读本书

本书不需要按部就班地逐章阅读。虽然这四章相互联系，形成一个整体，但是每一章完全可以独立阅读。例如，你可以从第一章开始阅读，尝试某些探索，然后再阅读第二章的某些段落，再阅读第三章。如果你喜欢哲学思考，可以开始就直接阅读第三章，然后回过头来阅读第一章，以实践的方法和态度探索身心关系。经验丰富的瑜伽练习者，他们已经拥有瑜伽体式对身心影响的实际感觉，可以直接阅读第二章，以自身体验来检验这些讨论，这可能会引发你研读第三章哲学探讨的欲望。总之，亲爱的读者，请根据您的兴趣、喜好和倾向自由阅读吧！

## 关于本书写作的一点说明

本书是两位作者共同努力的结果，奥哈德，一位哲学家，练习瑜伽的学生；艾扬拉，一位高级瑜伽教练，瑜伽习练者。虽然第一、三、四章是两人分开撰写的，艾扬拉编著了"体式实践探索"（第一章）和"练习序列"（第四章），奥哈德编著了"身心关系简史"（第三章），但"通过瑜伽练习提高身心能力"（第二章）是由二人合作完成的。第二章的想法和组成来自于我们的大量讨论。艾扬拉撰写了第二章几乎所有内容的初稿[1]，奥哈德在讨论和修改过程中做出了许多重要贡献。当然，因为两人的背景不同，所采取的方法和写作风格会有差异。艾扬拉在长期瑜伽练习、学习和教学中花费了大量时间，而奥哈德——一位刻苦的瑜伽学生，则将大部分时间投入到学术研究中。的确，写作时艾扬拉通常站在一名老练的教师的角度，而奥哈德则是学生的代表。我们希望这些不同的视角能丰富问题的讨论，提高阐述的趣味性。

### 为什么关注西方（而不是印度）哲学

读者可能会有疑问，为什么关注西方传统中的身心关系，而不是东方的，毕竟瑜伽练习是在东方形成的。的确，这可能会有争议。西方哲学中所理解的身心问题，甚至在东方都没有提出。我们认为，在西方哲学背景下讨论瑜伽练习，特别是它与身心问题的复杂关系，有如下几个原因。

首先，像许多（可能是目前绝大多数）瑜伽练习者一样，我们接受的是西方传统的教育。还有一点值得一提，我们在西方世界生活、行动、思考和练习瑜伽。这意味着我们思考方式的一个重要方面，实际上也是我们身份认同的一个重要部分不可避免受到西方思想和文化的影响。此外，身心问题在西方世界不只是一个理论性的问题，而且很多时候也是一个实践问题。例如，当我们必须选择医学机构时会发现，它们已经按照身体和心理健康被分得支离破碎。

在某种程度上，有人甚至提出瑜伽练习为解决这一西方问题提供了答案。如果真是这样，既然我们来自西方，本书方法倒是直截了当的了。的确，关于这一问题的看法我们并不是特殊的存在。目前，在西方，活跃的瑜伽练习人数出人意料得多，并且还在迅速增长（最近的一项研究发现在美国大约10%的

---

[1] 奥哈德撰写了如下内容：处理消极情绪、疲倦和沮丧（2.1节）；追求长远目标，成功时保持谦逊（2.18节）；非竞争（2.19节）。本章其他内容由艾扬拉撰写。

人在积极地练习瑜伽）[1]。这表明一方面西方文化对瑜伽有强烈的需求，另一方面也意味着瑜伽填补了某些空白。从这方面来看，我们的方法也部分解释了这一奇妙的现象。简单地说，作为西方人的我们备受身心关系问题的困扰。而瑜伽提供了一条道路、一个方法、一个实践、一个实验室，使我们能够认真地应对、研究这一问题。[2]

其次，这里不对瑜伽哲学进行深入探讨，只是要注意，尽管它与西方哲学有诸多不同，但传统瑜伽哲学也是二元论的，只是这种二元论与身心截然分开是不同的。在西方哲学中，人们自笛卡尔时代就认识到了身心分离的问题。传统瑜伽认为，哲学上有两个原则：纯意识、"先知"或"自我"（*purusha*）；无意识的物质或"看见"（*prakriti*）。*Prakriti* 包含了整个自然界，其特征是不停变化的，包括人类的心理，或者，更精确地说，是帕坦伽利所指的 *chitta*[3]。另一方面，*Purusha* 只是一个"证据"——它是不活跃的、不变的、不受影响的。因此，我们必须警惕，不要把笛卡尔的身心二元论与传统瑜伽所主张的二元论弄混淆。在瑜伽中，头脑（心）（可以理解为 *chitta*）属于不停变化的物质世界，因此，它是 *prakriti* 的一部分。所以，对于瑜伽来说，身体和心理只是物质范畴的两个组成部分，它们之间没有明确的区别。

---

1　数据来自美国2016年的一个调查。
2　瑜伽作为一种身心练习，在历史上已经与各种各样的观点相结合。这几乎（这点或那点上）已经包括了印度所有的主要哲学体系，在认识论/形而上学/神学的表达形式上多种多样。因此，我们认为，考虑到它的历史，将瑜伽练习与西方哲学结合起来很有必要。
3　*chitta* 一词在英语中没有直接的对应词。它指的是心理的活跃的特性，包括"我"的制造者，或"自我"（*ahamkara*）、智慧（*buddhi*）和心理能力（*manas*），对应着感觉能力和运动能力，并将其数据传递给自我的能力。*chitta* 的所有这些组成都是 *prakriti* 的组成部分，它与纯意识，或 *purusha* 不同。没有 *purusha* 的意识，就没有觉知或"光亮"。但是纯意识不是面向物质的，因此，没有作为 *prakriti* 的一部分的智力，就没有意向性。此外，纯意识也没有个体化的自我意识，它由小我（*ego*，*ahamkara*）提供。*chitta* 常被比作月亮，它本身不发光，但可以借用太阳的光（*purusha*）。

在瑜伽哲学中，人类的本质不但分为身体和心理，也可描述为一个含有五个 Koshas（层或鞘）的模型。[1] 我们通常所说的"身体"被看作人体系统的最外层。具体来说，（1）"食物鞘"（*annamaya kosha*），由皮肤、骨骼和肌肉组成，简单说，就是解剖学上的身体。最外层包围着另外四个更细微的层或鞘。（2）能量或有机体（*Praṇamaya kosha*）。（3）心体（*manomaya kosha*）。（4）智体（*vijnanamaya kosha*）。（5）喜悦体（*Ānandamaya kosha*）。注意，在瑜伽中，我们将心体和智体进行了区分，"心体中有关人类生活的思绪不断发生，而智体是智性与识别力所在之地"。[2]

B.K.S.艾扬格在他的《光耀生命》一书中，用了整整一章的篇幅分别讨论了每一个 *kosha*。在书中，他写道：

> ……身体无法与我们的心与灵截然分开。我们不应该像某些苦行僧所说的那样忽视或否认我们的身体。我们也不应该执着于我们的身体——我们凡尘的自我。[3]

这种复杂分层的 *kosha* 系统无疑是描述人体系统的一种丰富而有趣的方式。它与通常的西方模型不同，因为它没有在身体和心理之间设置真正的分界线。反而认为它们之间存在连续的层，从最外层到最内层依次递进，从粗糙的物质的到更精细的更纯净的。每一层都具有一定的功能，呈现出某些能力：食物鞘消化食物，表现为解剖学的功能；能量或有机体负责呼吸、能量、生命力在身体内的分布；心体拥有诸如思考、记忆、吸收感官输入的数据，计算和计划等能力；智体具有分辨和决策能力；喜悦体则可超越心意和智慧，达到"天人合一"的状态。

---

1　这并没有出现在帕坦伽利的"传统瑜伽哲学"中，但在各种现代的瑜伽哲学中逐渐流行起来。

2　译文引自并参考：B.K.S.艾扬格. 光耀生命.上海：上海锦绣文章出版社，2008：114——译者注

3　译文引自：B.K.S.艾扬格. 光耀生命.上海：上海锦绣文章出版社，2008：4——译者注

归根结底，我们复杂的人体系统可以看作是一组能力，在不同层次上完成不同的功能。但是，似乎这种五层的分法并不是描述此系统唯一可能的方式。我们要解决的是各种能力和功能的序列，可以用许多别的方式进行描述和分析。作为类比，考虑一下我们的颜色系统。自然界中有多少种颜色？实际上，颜色有无限多种，但是我们的语言将这些无限的连续的光波分为有限的几种颜色。这是一个具有可操作性并且实用的方法，但它并没有完全表达出整个颜色家族。

不管怎样，这幅画面似乎与我们在本书中提出的亚里士多德的方法相符，此方法揭示了人类的本质——也可以说是任何生命体的本质，它们是由各种能力组成的，这些能力并没有被完全分清。

还有一点也值得指出，身心关系问题在我们的个人和教育背景中都发挥了重要作用。作为一名哲学系的学生，奥哈德早期在耶路撒冷的希伯来大学求学期间就接触到这个问题，并从那时起一直从事这方面问题的研究。作为一名计算机科学系的学生，艾扬拉也曾接触并参与到这些问题的研究中。事实上，艾扬拉博士论文（计算机科学方面）的主要内容就是人工智能，特别是人工智能的语言处理。[1]

毋庸置疑，引用印度哲学，或更广泛地说，东方哲学，来讨论这个问题将会是非常有针对性和启发性的。但是，这需要

---

[1] 这虽然可能是一件轶事，但的确值得一提。我们两位作为耶路撒冷希伯来大学的学生，都上过一门非常有影响力的关于身心问题的课程（尽管时间段不同）。讲授这门课的是极具魅力的、非常著名的Yeshayahu Leibowitz。他知识渊博，表达清晰。他以预言家的热忱主张：身心问题是哲学中最重要的问题之一，同时也是个没法解决的问题。他的讲课特点是慢慢地给此问题注入某种神秘感，深深地吸引着听众并使他们不知不觉地卷入其中。我们在多年之后，在职业生涯发展到相当成熟的时期，决定讨论这个问题，可能并非巧合。

更多的篇幅和专业知识，而这些我们目前尚不具备，因此，我们建议感兴趣的读者可以寻求另外的资源。[1]

### 为什么是瑜伽？

让我们首先回顾一下 Pierre Hadot 的说法："与远东的佛教冥想练习不同，希腊罗马式的哲学沉思与身体的姿势没有联系"[2]。这在整个西方哲学史上都是如此，其方法通常相当抽象，几乎完全脱离了身体的活动和体育锻炼。从这方面来说，在本书中我们将反思性的瑜伽练习与哲学结合起来，在一种实验室环境中介绍哲学，这可能会为身心关系的哲学思考增添新的内容。

选择通过瑜伽这一棱镜来探索身心关系，当然是受到我们个人与瑜伽（更具体地说，是艾扬格瑜伽）的密切关系的影响。但是，更重要的是，我们认为瑜伽为身心关系的研究提供了一个理想的环境。虽然很多类型的体育活动都对心理有正面影响，但瑜伽体式旨在作为影响心理和个人转变的工具。瑜伽体式不只是身体的活动，更重要的是用于探索并影响我们的心理状态，最终影响我们整个人。瑜伽体式促使我们对自己的身体、心理、呼吸以及它们之间的关系进行深入理解。它们提供了一个天生的、实用的实验环境，能够用于研究身体能力和心理能力之间的密切关系。同时，我们相信，我们这里所讨论的大多内容，或者至少是寻求在瑜伽练习中推进的探索态度，可能与其他体

---

[1] 例如，James Mallinson 和 Mark Singleton 翻译并编辑，*Roots of Yoga*（《瑜伽之根》），Penguin Random House（2017）。关于印度哲学更广泛的介绍参见：Jonardon Ganeri 编辑，*The Oxford Handbook of Indian Philosophy*（《印度哲学牛津手册》），Oxford University Press（2017），以及 Roy W. Perrett 所著的 *An Introduction to Indian Philosophy*《印度哲学导论》，Cambridge University Press（2016），其中有许多关于 *Samkhya* 瑜伽哲学的章节，涉及一些经典的哲学问题，包括身心问题。

[2] Michael Chase. *Philosophy as a Way of Life*（《哲学作为一种生活方式》）. Wiley-Blackwell, 1995: 59

育运动相关，也可应用于这些项目中。例如，在我们看来，这里提出的观点也应该完全适用于武术、游泳、徒步或跳舞——只要完成这些活动时我们意识到本次锻炼的质量以及书中提到的诸如此类的其他问题。[1]

### 关于我们所讨论范围的一点说明

这里还有一点想说明，我们并不是说瑜伽是运用身体促进心理改善的唯一方式，也不是说没有身体的参与就不可能进行心理的改善。某些人天生就具有很好的心理素质，抑或某些人不需要进行成体系的身体训练，心理能力也能得到加强，这是非常有可能的。我们也不是说，任何类型的瑜伽练习都必须有心理的加强和改善。相反，我们的目的是通过瑜伽练习这一棱镜研究身心关系，探讨通过反思的、正念的瑜伽体式练习是否以及如何加强和提高某些心理和身体能力。第一章我们提供了大量的示例，第二章讨论了对相关能力的某些影响。第三章是哲学相关内容及其探讨。第四章给出了几个练习序列。

---

[1] 我自己经常游泳，也喜欢跑步和骑自行车。我发现，将在瑜伽练习中获得的某些领悟拓展到这些运动中非常有趣并有益。例如，在游泳时我试着将意识集中到身体的具体感觉，以及身体的连贯性和方向感等方面。延长、拓展身体似乎对减少阻力、顺畅前行很有帮助。我也尽量避免去想还有多少圈，而是集中精力享受当下的每一刻。——奥哈德

# 第一章
## 体式实践探索

言语无法表达瑜伽的全部真义,它必须通过练习获得。

——B.K.S.艾扬格

本章的目的是通过提供一系列可以自我练习的"探索"，更加切实可行地研究身心，也就是物质和精神的相互关系。这些探索都是相当基础的瑜伽体式，大多需要辅具协助完成。对于每一体式给出了几个不同的变体，每一变体的着重点不同，关注点也不同。读者，也就是练习者，可以思考体位与心理状态变化之间的关系，观察这些变化所带来的不同感觉。这些思考和观察作为第一手的对身心关系的直接洞察，不是理论上的，而是切切实实体验到的。我们将这些探索作为练习者在自己的身心实验室完成的实验。

## 练习指导原则

这里给出的探索分为两组，第一组（第一部分）是基础体式，提供给没有或几乎没有瑜伽练习经验以及没有使用过瑜伽辅具的读者。第二组（第二部分）提供给有一定程度瑜伽练习经验或有瑜伽辅具使用经验的读者，当然，这些读者也可以练习第一组的体式。

这里给出的探索是一些示例，目的是增强练习者的好奇心。这些示例并没有面面俱到，只是提供了一些思路和方法，以便练习者充满好奇地、专注地练习。我们鼓励读者发挥自己的想象力，进行自己的实验和探索。也就是说，我们可以像在实验室做实验一样，研究自己——自己的身体、呼吸、心灵。

这些探索是完全独立的，每一个探索都可以进行独立的练习。实际上，本书只是作为一个练习指南，而不是教科书。您可以根据自己的时间，跟随自己的好奇心，任意选择一个或一组探索进行练习。

对于那些没有瑜伽练习经验但计划进行练习的读者，我们建议您从站立体式开始，然后进行坐立体式的练习，最后以仰卧体式和放松体式结束。切记不要匆匆忙忙结束练习，要确保至少进行5分钟放松体式的练习。

对于不熟悉瑜伽术语（特别是艾扬格瑜伽的语言表达方式）的读者来说，有些指令可能是晦涩难懂的。书中出现的较为专业的术语都用下划线标出，并给出了详细解释。此外，附录3还给出了梵语词汇表（书中出现的梵文用斜体字表示），供读者查阅。

在一些探索中，涉及需要进行几个变体或体式的练习，并需要练习者对身体和心理的变化进行比较。这时，不要在每一个变体或体式中停留太久，以保持感觉的敏锐。为了使感觉的记忆清晰，从一个变体或体式转换到下一个变体或体式时不要拖沓，也不要插入不必要的动作。这将会使练习者获得更好的效果。

第四章给出了几个练习序列，供读者参考练习。

## 关于女性生理期练习的注意事项

女性生理期的瑜伽练习必须有所调整。需要注意如下事项：

- **避免进行任何倒转体式的练习**（例如，头倒立式或肩倒立式）。原因在于倒转体式对于经期是一个障碍。

- 不要练习容易引起疲劳的体式，或者容易增加身体热量的体式，例如费力的站立体式。

- 不要练习收缩腹部肌肉的体式，例如 Urdhva Prasarita Padasana（仰卧上伸腿）。

- 不要练习挤压腹部或对腹部器官施加压力的体式，例如 Marichyasana Ⅲ（圣哲马里奇Ⅲ）。

相反，要练习一些放松体式，例如坐立体式，有支撑的前屈或仰卧体式。

*Urdhva Prasarita Padasana*
（仰卧上伸腿）

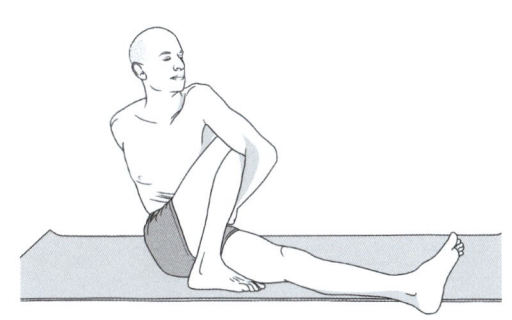

*Marichyasana Ⅲ*
（圣哲马里奇Ⅲ）

生理期避免进行的练习

有关生理期练习更多的信息可参考相关书籍。这里推荐两本书，它们为此问题提供了很好的、全面的解决方案。一本是 *The Woman's Yoga Book*（《女性瑜伽宝典》），作者 Bobby Clennell 和 Geeta S.，另一本是 *Iyengar's Guide to a Woman's Yoga Practice*（《艾扬格女性瑜伽习练指南》），作者 Lois Steinberg。

## 辅具使用注意事项

瑜伽大师 B.K.S. 艾扬格，是艾扬格瑜伽的创始人，在瑜伽练习中引入了瑜伽辅具，这些辅具都是多年来由他发明并改造的，目的是丰富瑜伽练习，使得每个人都能从瑜伽中受益。

艾扬格大师这样定义并解释了瑜伽辅具的用法：

"瑜伽辅具是有助于身体伸展、加强、放松或改善身体的<u>正位</u>的任何物品……然后我开始尝试用日常用品，诸如墙、椅子、凳子、木块、垫子、毯子和带子……我发现辅具提供了更多的高度、重量或支撑，从而帮助身体停留在关键体位或进行细微的调整。"[1]

### 名词解释

<u>正位</u>——瑜伽练习中的一个重要原则。在体式中保持身体的正位，意味着四肢的位置能使关节负荷最小化，骨骼结构最大程度地稳定。只有这样，才能保持关节的健康，减少体式保持时所需肌肉的力量。

正位不仅指我们的身体保持正位，也指我们整个的身心系统处在"正位"的状态。艾扬格大师在教学中强调了正位的重要性，并将之拓展到物理层面的意义之外。"当我谈到正位时，意味着我们必须全身均匀地平衡能量和智性，以便通过体位法的练习使得生命力永葆青春和新鲜。我们必须在所有体式中通过正位发展乃至照耀智性，对每一个体式发出完全不同的觉知和关注的光芒，照耀着智性。"[2]

---

[1] B.K.S. Iyengar，*Yoga – the Path to Holistic Health*，p182
[2] *Astadala Yoga Mala*，Vol.6，p209-210.也可参考艾扬拉的文章 *Alignment – a Holistic Principle*

本书中，我们使用如下标准的简单的辅具：

• 防滑瑜伽垫——所有体式都需要瑜伽垫，因此，在每一探索中都没有特别列出。

• 瑜伽带或瑜伽绳。

• 瑜伽砖。

• 瑜伽毯——最好是棉毯或羊毛毯。

• 瑜伽抱枕——长扁型枕头，通常填充棉花。

• 瑜伽椅。

辅具有多种用途：可以使身体有残疾的人也能轻松享受瑜伽的快乐，也可用于康复练习，这可以使我们的身心系统恢复或焕发活力。

另外，同样重要的是，辅具可以使我们更深入地探索体式。本书中使用辅具不是因为没有辅具不能完成某一体式，而是为了强调体式的某一特殊要点，使练习者体验更深层次的觉知，没有辅具，练习者可能很难察觉到这些细微的觉知。这时，练习者通常需要重复一个体式两次或者更多次，探究同样的体式在使用或不使用辅具时带来的不同心理反应或身体响应。使用辅具可以将觉知引向身体的某个区域或/和明确保持体式时需要完成的某些体式要点。然后撤掉辅具（或用不同的方法使用辅具）重复刚才的体式，练习者尝试重建使用辅具时完成的体式或带来的觉知。通过观察这些变化以及对其身心的影响，练习者可以进行更深入的瑜伽练习。

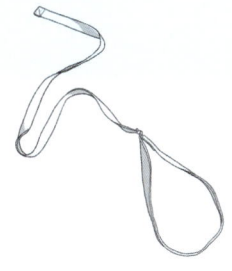

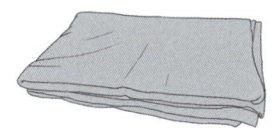

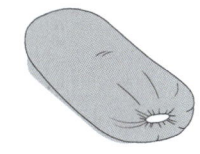

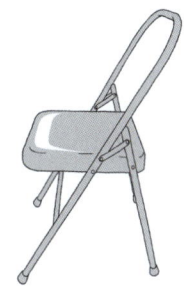

## 关于呼吸的注意事项

呼吸是瑜伽练习很重要的一个方面。有许多书籍，特别是艾扬格大师的《艾扬格调息之光》[1]，都深入地探讨过这一问题。在这里我们只给出呼吸的基本原则，但在下面的探索中我们将给出更多的具有针对性的指导和观察。

- 呼吸（吸气和呼气）应总是通过鼻孔进行。除非是感冒或鼻子因物理性阻塞而无法通过鼻孔呼吸，否则不要用嘴呼吸。

- 在体式保持时，绝不能屏息；要关注呼吸，保持其自然、顺畅地进行。呼吸不是无意识的、呆滞的，而应是有意识的、柔和的、平稳的。

- 为了避免无意识的、过于呆滞的呼吸，可以尝试改变呼吸的节奏和深度，并将呼吸与体式配合。一般来说，用呼气配合体式的深入，吸气配合身体的伸展、扩展，打开和创造空间。

- 如果练习时感觉紧张或呼吸困难，应立即停止对呼吸的控制，进行自然呼吸，直到紧张消除。如果还是感觉紧张，则出体式，休息。

> **名词解释**
>
> **打开和创造空间**——指的是解剖学上的延伸或扩展身体，增加关节之间的空隙或腔体的大小。例如，当延伸脊柱时，我们通过提升椎骨、增加椎骨之间的空间，利用背部肌肉来拉长脊柱，从而提升肋骨，增加胸腔和腹腔的空间。我们也可以通过延伸关节周围的肌肉，或利用辅具，创造关节的空间 [ 参见：探索 A20：*Vajrāsana*（雷电坐）——坐在脚后跟上 ]。创造空间是瑜伽练习中的一个重要方面，它可以改善呼吸和血液循环，给人带来精神上的放松和愉悦。

---

1　中文版：B.K.S.艾扬格. 艾扬格调息之光. 海口：海南出版社，2015——译者注

# 第一部分
# 适合所有练习者的探索

本节中的探索,适合所有读者,不需要练习者有任何瑜伽体位法的练习经验。

# 站立体式(A)

站立体式是最好的练习起点,这些体式给练习者提供了一个稳定的基础,从这里可以安全地尝试其他体式。站立体式可以调节、强化和灵活我们的双臂和双腿。双臂的活动可以拓宽和打开胸腔,双腿的活动可以增加骨盆区域的动作范围。这些体式可以放松身心,并使其获得自由。

### 注意事项

• 脊柱侧弯者应靠在墙边练习,以建立更多的正位觉知。

• 如果你容易头晕,要背部靠墙进行练习。

# 探索 A.1
## 在 *Tāḍāsana*（山式）中关注胸腔和脊柱

在本探索中，我们将对日常随意的站立和山式的站立进行比较。

> 像日常排队那样站立，没有对此姿势进行任何特别的注意。

> 吸气时感觉胸腔的空间变化。

 不要做任何改变，只是观察自己肩胛的位置、胸腔的空间、呼吸的流动、眼睛的柔和程度以及大脑所处的状态。

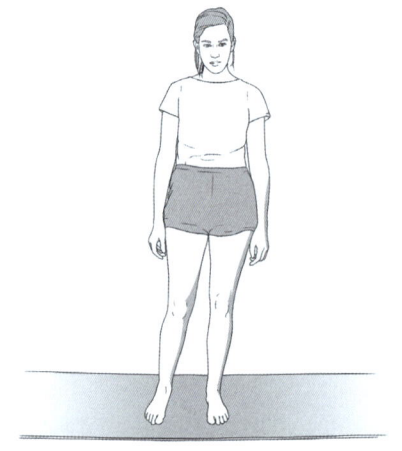

懒散的站立

> 现在山式站立。

> 拓宽你的脚趾和双脚。感觉脚底与地面的接触，脚跟、脚的外缘、脚趾球踩地。

想象你的每一只脚像一辆四轮车。你站在八只轮子上，轮子均匀地压向地面。现在想象你给轮子同时充气，使它们膨胀。

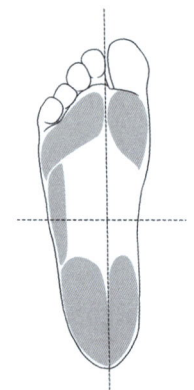

脚掌与地面的接触

  山式看起来好像很简单。的确，它对身体来说并没有什么挑战，它不需要肢体有明显的运动。然而，要保持一个稳定、打开和平衡的状态却需要很多调整。这些调整方法要想精确掌握并不是那么容易，因为它们都是细微的调整。

  艾扬格大师在教学中再三强调这个看似简单的体式的重要性。即使对于水平很高的学生和老师，他也对山式讲解了很多细致的要点。我花了很多年学习这些细微的调整，而且我目前仍然在探究这个体式，并且不时地有新的发现。

> 名词解释
>
> **内收肩胛骨**——肩胛骨收向身体前侧。想象有人看着你的后背,你试图将肩胛骨藏到身体里不让他看到。激活背部肌肉,将整个肩胛骨移向背部肋骨,使两者的距离越来越小。这个动作可以打开胸腔,改善呼吸。
>
> **打开胸腔**——将胸腔在三个维度上进行扩展,创造更大的空间。

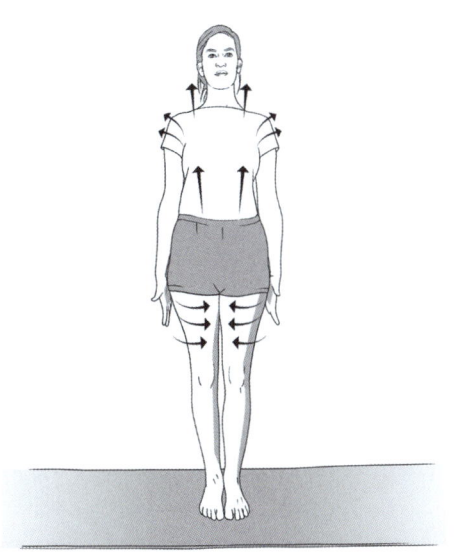

*Tāḍāsana*(山式)

› 拉长脊柱;旋肩向后向下;<u>内收肩胛骨</u>,激活背部肌肉,拓宽、<u>打开胸腔</u>。

› 呼气,注意力放到脊柱上;下一次吸气时,想象一股外在的拉力,就像一根连接到你头顶的绳子,轻轻地向上拉。感觉它是如何在椎骨间创造了空间,就像在它们之间形成了一个气垫。吸气时,感受胸腔空间的变化。

› 保持在这个稳定的体式中,释放掉一切紧张,特别是隔膜、喉咙、面部、眼睛和肩胛的紧张。

› 想象把你的前脑连接到你的后脑,然后连接到你的骶骨,继续向下直到脚后跟。同时,打开、抬起你的心脏中心(胸部中心)。

› 移动尾骨向前进入骨盆,同时,大腿前侧向后向内转。

› 躯干两侧向上延展到腋窝,保持肩胛放松向下。从下腹部和脊柱底部提起躯干。

 在正确的山式中,呼吸是如何流动的?你的目光有多么柔和?你的精神状态如何?起初懒散的站姿和现在正确的山式站姿的感觉有什么不同?

---

打开胸腔对我们的情绪影响很大。第二章中,我们将详细地讨论打开胸腔如何快速、强烈地改变我们的情绪。简单的站姿调整就可以使我们脱离忧郁、低沉,变得乐观、愉悦。

当双肩向前耸拉,胸腔下沉时,你会感觉身体活动受限,甚至存在某种程度的抑郁。的确,抑郁者常常弓背、含胸。情绪低落时,我们往往目光低垂,呼吸很浅。

序列4(第四章)给出了一套体式,有助于快速改变我们的情绪。

## 探索 A.2
### *Tāḍāsana*（山式）的根基

在本探索中，我们研究山式站立中脚底扎根的改进如何影响练习者的体验。

> **名词解释**
>
> 扎根——改善身体与地面的连接（地面通常指的是地板，但是也可以是放在地板上的某个辅具）。在每一个体式中，你都应关注身体接触地面的部位，并使之持久、坚实和稳定。这就是我们所说的土元素。扎根很重要，因为这使得我们更好地利用地心引力来提高自身的稳定性，并将身体向上延展——如同一棵大树需要稳定的根基。

> 山式站立。观察你的双脚和双腿。

 你的脚（体式的根基）感觉如何？你的腿感觉如何？胸腔的空间有多大？你的呼吸顺畅度如何？

屈身向前，展开脚掌

> 现在彻底展开你的右脚脚掌。用手指拉长、拓宽脚底的皮肤。

> 抬起脚趾，拉长并伸展后将其放回地面。试着不仅伸展脚趾，还要伸展跖骨。

想象一下，我们像铺床单一样将右脚脚底的皮肤展开，此时脚底应是柔软的、完全铺开的。

› 抬起右脚跟，向后延展，慢慢踩地。脚后跟的内外两侧均匀用力。

› 向下踩脚后跟时，想象你穿着高跟鞋，然后将此高跟用力戳进地面。

› 将右脚外缘下压，提起足弓。

› 起身，向前看，正常呼吸。

想象你的右脚像鱼蹼一样宽大，它像草一样有很多根须。草有许多深根，很难被连根拔起。想象右脚皮肤上的每一个毛孔就像草根一样深深地扎根土壤。

 比较右腿和左腿的感觉；比较两侧肺的感觉；比较双眼的敏锐度。

 右脚皮肤的展开影响到整条右腿了吗？影响到胸腔了吗？影响到眼睛了吗？

记住你的所有感觉，左脚重复同样的动作，再次进入山式站立。

› 观察你的呼吸。

 双脚都伸展并踩实地面后，你是否感觉更平衡和协调了？

> 双脚扎根影响到我的整个体式。只有右脚扎根时，我感觉到两脚有明显的不同；这个差异蔓延到身体整个右侧。我感觉到右侧的胸腔扩展了，甚至连右眼也变得更敏锐了。

## 探索A.3
## 比较在Tāḍāsana（山式）中并拢或分开双腿

在"经典"的山式站姿中（如《瑜伽之光》中所示）双腿是并拢的；但是，也可以将双腿分开一点。在本探索中，我们将比较一下这两种站姿。

› 并拢大脚趾、脚跟，山式站立（山式站立的基本原则参见探索 A.1）。

› 保持这个体式 1~2 分钟，记住你的感觉。

› 尝试使身体中正，身体重量均匀分布在两脚，不要有任何的偏移或摆动。

 你的身体从右向左偏移了吗？

› 闭上眼睛，继续观察身体重量在两脚上的分布。

 闭上眼睛时你还能保持身体中正吗？

› 现在，双腿分开，与骨盆同宽，保持这个体式 1~2 分钟。

› 重复上述观察。

 你感觉哪种站姿能保持更持久、更稳定的站立？

 在进行哪种站姿时，你的注意力更集中？

 观察在两种站姿中你身体的伸展、拓宽程度。

> 根据我的经验，双腿并拢的山式可以创造更多的敏锐度和延展性，而双腿分开的体式可以建立更多的拓宽和放松。艾扬格大师发现，垂直方向的延展可以提高我们的智性，而水平方向的拓宽可以发展我们的心理能力。为了均衡地发展个人品质，我们需要进行智性和心理两方面的培养。

## 探索A.4
### 站在瑜伽砖上的 *Tāḍāsana*（山式）

**辅 具**

2块瑜伽砖。

在本探索中,我们将对站在两块瑜伽砖上的山式和常规的双脚站在地面上的山式进行比较。

› 地面上并列放置两块瑜伽砖,在靠近瑜伽砖的地面上山式站立。

› 观察双腿的觉知。

 你的腿部肌肉在什么程度上被激活了？你对腿骨的觉知程度如何？

› 现在,山式站立在瑜伽砖上。脚趾放置在砖的前边缘处。

 当站在砖上时,你注意到了什么？对腿骨的觉知更强了吗？你觉得大腿肌肉离大腿骨更近了吗？你注意到视野有什么变化吗？视野更宽广了吗？更敏锐了？与站在地面比精神状态有变化吗？你觉得自己长高了吗？

对于大多数人来说,站在地面和站在瑜伽砖上的感觉有明显的不同。这是一个简单的例子,很好地证明了在瑜伽练习中身心是分不开的。虽然很难说这种作用是心理上的还是生理上的,但据大多练习者所说,这种作用是不能被否认的。然而,你并不需要相信我们（或其他人）,只需自己试着去切身感受。

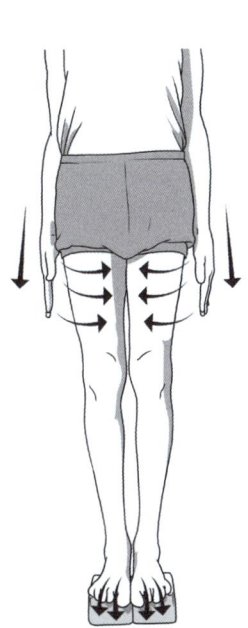

站在两块瑜伽砖上

如果你也感到了不同,尝试着清晰地表达出来——除了两块瑜伽砖把我们抬高了几厘米,其他所有事情都是一样的。到底发生了什么？很明显,我们对体式感知的某些差异可能会导致这种感觉的不同,因为两种体式在生理学上是几乎一样的（几乎一样,因为在瑜伽砖上脚趾可以放松向下）。

## 探索A.5

### 在 Tāḍāsana（山式）中激活手臂

在本探索中，我们用瑜伽带套在双肘上以激活手臂；我们将之与不用瑜伽带的山式进行比较。

> 山式站立。收尾骨（尾骨向前），大腿前部后推。观察胸腔的空间。

 你在多大程度上打开了胸腔？你的呼吸在多大程度上吸入空气并使其充满胸腔？

> 现在准备一根瑜伽带，做成环状，与肩同宽。两手肘放在身后，将带子套在小臂上，刚好位于手肘下方。

> 垂直向下伸展手臂，同时手臂向两侧打开，与带子形成拮抗。

> 利用手臂的动作将肩胛骨推进胸腔，从而打开你的胸腔，但是要避免腰椎向前推，否则会产生过度的紧张感。

> 观察手臂与带子的拮抗对体式的影响。

 使用瑜伽带如何影响到胸腔的打开？它影响到呼吸的深入和顺畅了吗？你的眼睛发生了什么？你更平静了，更自信了吗？你感受到更大的愉悦了吗？

> 移走带子，重复此体式。尝试重新建立有带子时的那种效果。

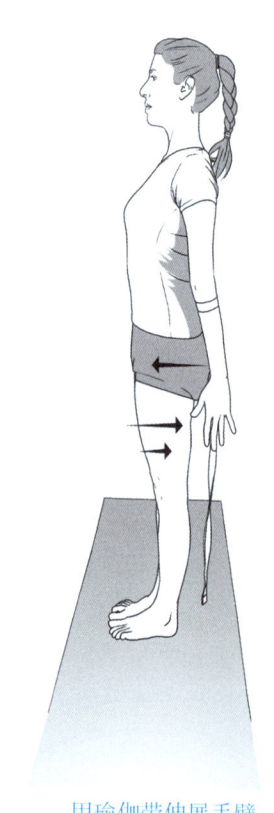

用瑜伽带伸展手臂

一般来说，我们双腿的激活可作用于骨盆区域，双臂的激活可作用于胸腔和上背部。在瑜伽中，我们通过对这些部位的激活来建立躯干的空间。使用瑜伽带有助于激活双臂，从而创造更大的胸腔空间。这对瑜伽体式的质量和体验有显著影响。

## 注意事项

***Ūrdhva Hastāsana***（双手上举式）和***Vṛkṣāsana***（树式）

- 如果你有高血压或心脏病，伸展手臂不要超过30秒。
- 如果你容易头晕，要背部靠墙进行练习。

我们的下一个体式是双手上举式，即双手向上伸展。

### 辅具

1根瑜伽带。

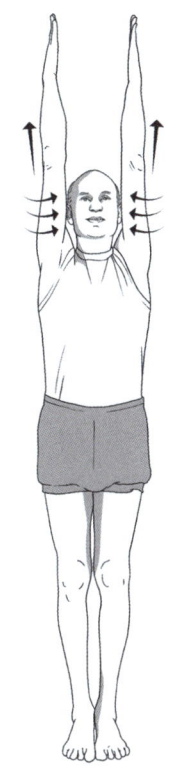

*Ūrdhva Hastāsana*
（双手上举式）前视图

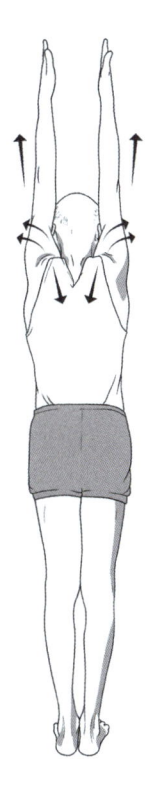

*Ūrdhva Hastāsana*
（双手上举式）后视图

### *Ūrdhva Hastāsana*（双手上举式）基本指南

› *Ūrdhva Hastāsana*（字面上的意思是"手臂上举的体式"）：山式站立，双臂上举过头。

› 手臂垂直向上伸展，与身体成一条直线，拉长躯干，提起并打开胸腔。

› 从肋骨开始伸展手臂；提起胸腔，同时保持斜方肌向下。确保你的脖子没有被挤压，保持喉咙柔软。

## 探索 A.6
### 用一侧手拉伸对侧手臂

我们现在探讨向上伸展手臂的效果。我们用手臂提起整个胸腔,并建立脊柱的长度。我们比较常规的抬起手臂和用一只手帮助拉伸对侧手臂时身体的感觉。

› 山式站立,双臂上举,来到双手上举式。

› 通过手臂的伸展拉长躯干两侧,提起胸腔。

› 将肩胛骨、背部肋骨和胸椎向前推入胸腔。

› 将意识带至胸腔两侧和腋窝外侧。

 你的躯干两侧向上伸展的程度如何?你感受到肚脐区域的运动了吗?你感受到喉咙紧张了吗?

› 放下手臂,回到山式。

› 再次举起双臂,用你的左手抓住右手腕向上拉;向上伸展整个躯干右侧。

› 然后左手抓住右上臂,内旋(三头肌内旋)。

› 松开左手,双臂与肩同宽,向上伸展。

› 比较躯干两侧的伸展水平。

 躯干哪一侧感觉伸展得更多、更有活力?

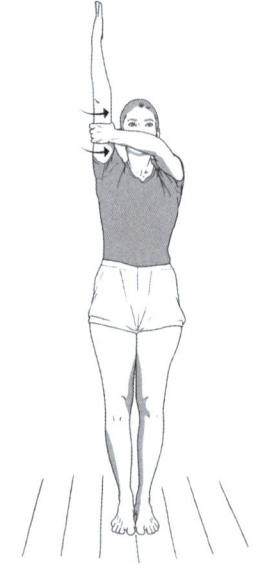

Ūrdhva Hastāsana
(双手上举式)
用一只手伸展对侧手臂

上臂内旋

伸展手臂不能只是抬起肩部，否则，可能会导致喉咙紧张。

举起手臂时，将你的上臂连接到肩胛（三角肌向下找肩关节）。想象你的手臂伸展开始于侧肋底部（而不是肩部）。在伸展手臂时，提起整个胸腔。肘部外侧收向肘部内侧，手臂内侧上提。感觉整个脊柱的伸长。下巴放松，舌头安放在下颚。手臂继续向上伸展，但是面部皮肤、肌肉放松、柔软。

▷ 现在用你的右手拉伸左臂，并将其内旋。

▷ 停留在双手上举式中，观察躯干两侧的伸展。

▷ 呼气，手臂下落。重复双手上举式。尽量使两侧手臂均匀伸展。

 比较两次双手上举式。你是否感受到第二次伸展得更好，胸腔提升得更多？你的肚脐区域有变化吗？你感觉喉咙紧张吗？你的呼吸深入吗？

> 我觉得用一只手提拉对侧手臂可使体侧伸展，只提拉一侧手臂时明显地感觉到身体两侧的不同。这教会了我在这个体式中怎样使用手臂。对侧手除了施加拉力，对手臂肌肉的触摸使它们变得更敏感，从而获得更大程度的激活。
>
> 当两臂强烈地、均匀地上举时，身体两侧均衡地伸展，两臂和躯干好像成为一个整体。我感到有一股能量沿身体两侧向上流动。整个胸腔的抬高使得呼吸更深入。腹部器官也有一股提升的力量，使肚脐区域自然上提、内收（向背部方向）。

## 探索 A.7

### 稳定的 Ūrdhva Hastāsana（双手上举式）：肘部有带，手掌夹砖

在本探索中，我们通过在肘部套上瑜伽带、手掌夹砖来激活并稳定手臂。我们比较使用和不使用辅具之间的不同。

我们从不使用辅具的体式开始：

› 山式站立，双臂上举，进入双手上举式。

› 外手肘内收（相互靠近），手臂内侧上提。

› 保持此体式1分钟左右，然后手臂下落，回到山式。

› 观察手臂激活和身体延展之间的联系。

 你是否能通过手臂上举有效地创造躯干的空间？你用了多大的力量伸展手臂？旋肩向后做得怎样？手臂向后与地面垂直（与躯干成一条直线）了吗？你的呼吸如何？

现在，取一根瑜伽带，做一个与肩同宽的环。

› 将带环套在双肘处，手掌夹砖。

› 双手推砖，伸展手臂向上。

› 保持此体式1分钟左右；保持面部放松，呼吸平稳。

› 比较不用辅具的双手上举式和使用辅具的感觉。

› 你也可以将环再调小一些，双手夹住砖的长窄边。

 带子和砖的使用是否帮助你的手臂更有效地创造了躯干的空间？你的双肩更加向后旋，肩胛骨更好地内收了吗？当你保持此体式时付出了多少努力？你的呼吸如何？

我感到砖和带子的使用加强、稳定了手臂。对于手臂难以伸直的人来说，带子尤其有用。

肘部套带子，手掌夹砖　　使用更小的环

## 辅 具

1根瑜伽带，
1块瑜伽砖。

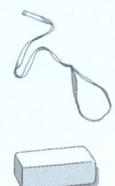

### 提 示

随时注意，一旦砖掉下来，你要接住它。（可使用橡胶砖）

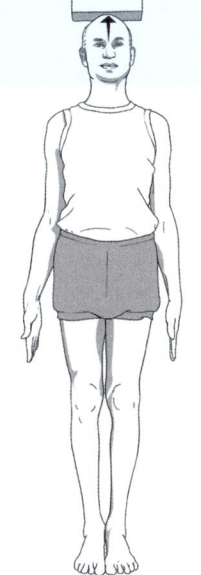

现在，松开带子，只使用砖重复一次。

› 山式站立。头上顶一块砖，双手向下伸展。

› 小心地伸展脊柱，用头顶慢慢地、轻轻地向上推砖。

头顶砖

### 提 示

• 如果掌跟推砖太困难，就弯曲手指抓紧它。

• 手腕向后推，拇指向上伸展。

• 保持身体直立。从侧面看，脚踝、髋部、肩膀和手腕应在一条垂直线上。

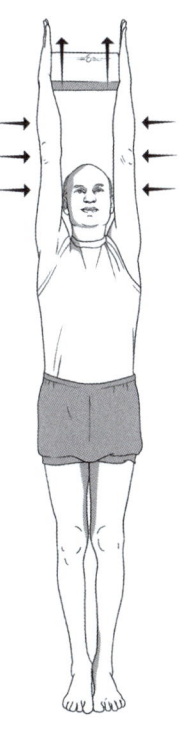

› 现在，用掌跟夹砖，双臂上举。外手肘内收，掌跟持续推砖。

双掌与砖形成拮抗（不要抓砖）从而激活、加强手臂。这会影响到你的整个体式。

手掌夹砖

# 树　式

我们现在开始一个平衡体式——Vṛkṣāsana（树式），这是一个具有一定挑战性的体式，需要单腿站立。

Vṛkṣāsana（树式）

"Aśvattha 是一棵巨大的树。它的根深深扎入大地，树干向上生长，树枝不断地分叉，树叶长在外缘，吸收光线，交换气体，接受雨水滋润。……我们就是树。树根是我们的大脑，树干就是我们的躯干和脊髓，树枝就是我们的四肢——双臂和双腿。"（The Bhagavad-Gītā《薄伽梵歌》）

### 树式练习基本指南

> 山式站立，抬起右腿，将脚后跟放在左大腿内侧尽量高的位置。右脚拇趾朝下，右脚和左大腿内侧的中线对齐。右脚后跟压住左大腿，重心在左腿。

> 像双手上举式一样双臂上举。

骨盆不要向右转，右膝向后靠，与骨盆在同一个平面（冠状面）上。

## 探索 A.8

## 保持 Vṛkṣāsana（树式）的稳定：视觉和平衡

在本探索中，我们将研究视觉对平衡的影响。

› 做四次树式，分别尝试如下变体：

首先，视线固定在前方一点；

第二次，视线左右、上下移动；

然后，面向墙，并尽量靠近它；

最后，背靠墙，闭眼，然后稍微离墙，不要睁开眼睛，尝试保持平衡。

 哪种变体平衡更好些？

我发现第一种变体对平衡更有帮助。平衡是由许多肌肉共同激活来实现的，有意思的是，为什么视觉在保持平衡中如此重要。要达到平衡，需要熟练使用视觉系统（眼睛）、本体感觉系统（关节和肌肉）、前庭系统（内耳平衡）。

## 探索 A.9
## 将意识集中，保持 Vṛkṣāsana（树式）的稳定

在本探索中，我们将意识集中到身体的两个不同区域，并观察其对平衡能力的影响。注意，这里的两种尝试的区别完全是内在的，我们只是改变了意识的关注区域。

› 做树式：

首先，意识完全集中到站立腿的脚上。

然后，意识完全集中到向上伸展的手指上。

 你能保持体式不摇晃吗？采用哪种关注点时平衡更好？

**提　示**

• 为了帮助意识集中在指定的区域，可以在头脑中重复一条指令，就像重复一个曼陀罗。例如，意识集中到向上伸展的手指上时，可以心中默默重复："手指伸展，手指伸展……"这有助于保持注意力的集中。

• 只是在体式中保持不摔倒是一回事，完美的平衡则是另一回事。我们寻求保持一个坚实、稳定、安静的体式，避免摇晃。

## 探索 A.10
## 山式和树式

在本探索中,我们重复三次山式:第一次是在做树式之前;第二次是在左腿站立的树式之后;最后一次是在右腿站立的树式之后。我们研究山式和树式的联系,并比较这三种山式的不同感觉。

▷ 山式站立。感受你的双脚和双腿。

▷ 右腿抬起,进入树式。保持1分钟。

▷ 放下右腿,回到山式。体会一侧完成树式后双腿的感觉。

▷ 左腿抬起,再次进入树式。保持1分钟。

▷ 回到山式。体会两侧完成树式后双腿的感觉。

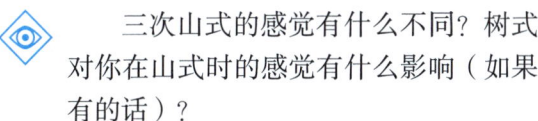 三次山式的感觉有什么不同?树式对你在山式时的感觉有什么影响(如果有的话)?

# 坐立体式（A）

我们现在探讨三个基本的坐立体式，并比较在体式中持续较长时间的觉知。

*Svastikāsana*（吉祥坐，或吉祥式）有时也称作 *Sukhāsana*（简易坐），是一个非常舒适并放松的坐姿。这可能是最常规、最简单的坐在地面上的方式了。我们首先给出进入此体式的基本方法。

### 注意事项

*Svastikāsana*（吉祥式）

如果你的膝盖容易受伤，可以用一条卷起的毯子放在膝盖下面给以支撑。

**吉祥式的基本方法**

› 准备一条折叠的毯子或瑜伽抱枕，给臀部足够的支撑。这样可以向下放松膝盖，柔软腹股沟，向上伸展脊柱，打开胸腔。膝盖应该与髋关节保持同高（或者略高于髋关节）。如果做不到，可以继续加高臀部的支撑。

› 坐骨刚好置于毯子上，但大腿离开毯子。臀部的皮肤和肌肉向两侧铺开，找到坐骨。调整骨盆，坐在坐骨尖上。

› 弯曲右腿，再弯曲左腿，两小腿交叉。两腿应该形成一个大的三角形。将两脚向远离你的方向滑动，膝盖彼此靠近，落于对侧脚上。

› 将左小腿肌肉向外卷，右胫骨稍稍远离身体，使两小腿进行更好的交叉。

› 骶骨移向骨盆，向上伸展脊柱。逐渐提起腰椎、胸椎、颈椎，一直提向头的方向。使脊柱、颈部和头部保持一条直线，与地面垂直。

› 肩部放松，向后向下旋；肩部向手肘方向放松，手肘向双手方向放松。手心（或手背）放在大腿上。

› 肩胛骨内收，打开胸腔。

› 眼睛向水平方向前视。放松眼睛、内耳、舌头、嘴唇、口腔以及整个面部和头部。

确保每次坐立时变化双腿交叉的次序。

*Svastikāsana*（吉祥式）

## 探索 A.11
### 建立胸腔的空间

在本探索中,我们将比较建立胸腔空间的不同方法,包括使用和不使用手臂和手。我们观察、比较这些不同方式对大脑的影响。

⟩ 双腿交叉坐在瑜伽毯或瑜伽抱枕上(吉祥式),骨盆两侧各放置一块瑜伽砖。

⟩ 不要激活脊柱周围的肌肉,只是自然地坐着。

⟩ 闭上眼睛,做几次缓慢、柔和、深入的呼吸。

现在,用你的双臂和双手建立胸腔的空间。

⟩ 将拇指插入腋窝,用双手抬起胸腔两侧,移动腋窝向前、向上,同时向后、向下转动肩部。

 你的胸腔空间多大?呼吸顺畅吗?自然状态下呼吸的容量多大?

用手将腋窝向前、向上带

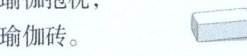

1条瑜伽毯或
1个瑜伽抱枕，
2块瑜伽砖。

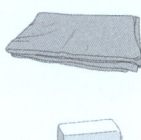

> 十指交叉，手臂伸展过头顶。

> 呼吸几次，激活背部肌肉，拉长并稳定脊柱。

> 保持胸腔的高度或脊柱的长度不变，放下手臂，手掌放在砖上。

> 掌心下压，与砖形成拮抗；用此支撑提起胸腔，但保持肩头垂落。将肩胛骨推向胸腔，使之扩张。

> 胸腔不要塌陷，慢慢抬起手臂，将双手放到腿上，这样手肘正好位于肩膀下方，手背位于大腿之上。

> 保持此体式几分钟，胸腔不要塌陷。你可以闭上眼睛，感受内在的变化，自然呼吸。

> 观察你的呼吸。

 用手臂帮助打开胸腔后有什么感觉？你能保持胸腔的打开吗？呼吸顺畅吗？你注意到情绪状态或能量水平的变化了吗？

在吉祥式中伸展手臂

用手臂支撑的吉祥式

## 探索 A.12

### 利用想象延展脊柱

在本探索中,我们将比较建立胸腔空间的不同方法,包括使用和不使用手臂和手。我们观察、比较采用不同方法时大脑的反应。

**辅 具**

1条瑜伽毯或
1个瑜伽抱枕。

> 双腿交叉,臀部坐在折叠的瑜伽毯或瑜伽抱枕上(吉祥坐,*Svastikāsana*),双手放在大腿上。

> 想象头顶有一根绳子,轻轻地将你向上拉。想象你的头是一个火车头,将整个脊柱形成的火车向上拉,想象在相邻的两个椎骨间创造一个个小空间,就像一个个小气垫。

> 闭上眼睛,保持缓慢柔和的呼吸。在感觉舒适的情况下保持此体式尽量长的时间。

这种柔和的外部拉力的想象影响到你的心理状态了吗?你能持续保持这种想象、稳定并伸展脊柱多长时间?

> 我经常在练习和教学中使用想象。我发现它有助于激活身体,并且以最小的努力就可得到身体的扩展。这种想象并不需要直接想到肌肉,就可以使它们变得活跃。这要归功于想象——头部被上提,就像漂浮在脊柱上方,将脊柱一节节地向头顶方向拉。

## 探索 A.13
### 眼睛外视或内视

辅 具

1条瑜伽毯或
1个瑜伽抱枕。

> 双腿交叉坐到瑜伽毯或瑜伽抱枕上。延展脊柱向上，保持脊柱、颈部和头部在一条垂直线上。

> 眼睛平视前方，并聚焦于眼前某一固定物体。仔细观察此物体，就像你要画出它。停留1~2分钟。

 你对身体的感知敏锐度如何？你感觉到身体有任何紧张吗？面部、眼睛、肩膀或其他部位紧张吗？

> 不要闭眼，弱化聚焦点，注意力向内转，看向脑后。

> 感觉你的背部，从颈椎开始，沿着脊柱向下，直到尾骨。

> 一旦感觉到注意力已经转向身体内部，就可以让上眼皮慢慢沉降，与下眼皮重合，眼睛柔和地关闭，眼皮柔软地贴靠眼球，眼球缓慢内收。

> 观察并有意识地放松身体中先前感到紧张的部位。

> 在此保持，意识继续内视，好像你的意识正在从内部"触摸"身体。

> 比较这两种使用眼睛的方式。

 哪种情况下呼吸更顺畅、更放松？心理状态有不同吗？有什么不同？

> 当我将视线引向脑后时，我感觉眼睛自然地变得更柔和、更模糊了；瞳孔好像也转向后方观察我身体的内部空间。保持关注我的内在，我体验到更多的平静和安宁。不过（和往常一样）你可能有不同的体验。

## 探索 A.14
## 使用呼吸

在本探索中,我们将研究在坐姿中不同的呼吸方式对心理状态的影响。我们应用<u>专注局部的呼吸</u>。例如,在骨盆区域的呼吸、在胸腔区域的呼吸或在头脑中的呼吸。

> **名词解释**
>
> **专注局部的呼吸**——就是在呼气或吸气时将意识关注在身体的某一特定区域。我们说"骨盆呼气",意思是"呼气时将意识关注骨盆区域"。

> 双腿交叉坐在折叠的瑜伽毯或瑜伽抱枕上。延展脊柱向上,保持脊柱、颈部、头部在一条垂直线上。然后,慢慢闭上眼睛。

> 以相当急促的、不规律的方式呼吸。时而喘粗气或突然中断呼吸。

 这样呼吸时精神状态如何?

> 现在,关注你的呼气,稍微延长一点。保持平稳、顺畅的呼气。

 观察顺畅的呼气对精神状态的影响。

> 现在,依次以如下四种方式进行呼吸:

首先,意识关注大腿根部,将呼气带到骨盆区域。放松大腿根,感觉整个骨盆变重了。

接着,吸气,激活整条脊柱,并向上延长(想象整条脊柱像一支铅笔,左侧挤向右侧,右侧挤向左侧,激活整条脊柱)。

然后,关注胸腔,吸气时将空气吸入这个区域。移动身体背部的皮肤去触摸肌肉;身体前侧的肌肉去触摸胸部的皮肤。(注意,感觉胸腔的皮肤如何充满并撑开你的 T 恤,而身后的皮肤则远离 T 恤。)

最后,轻微地延长呼气的同时关注头皮、头骨和大脑。想象你的呼吸像水一样从头顶沿着发根流向前额,从前额沿着面部的皮肤继续向下——就像淋浴时水从头顶流过身体。

> 观察专注局部的呼吸对精神状态的影响。比较加上意识前后呼气和吸气的不同。

 你能清晰地表达感觉的不同之处吗?试着写下你的感受。

在《哈他之光》（一个古老经典的哈他瑜伽文本）中是这样描述呼吸和心灵的联系：[1]

"息在念在，息住念止。瑜伽修炼者也因此获得完全的静止。因此应该控制呼吸。"

在《艾杨格调息之光》中，艾杨格大师这样阐述吸气和呼气对心灵的作用：

"吸气是个体为了成长和进步而吸取宇宙能量的过程，它是行动之路。在吸气中，无限与有限结合。吸气时，吸收了生命的气息，仔细地、温柔地，正如闻到一缕花香后，芬芳均匀地遍布全身。"[2]

"呼气是自我能量的流出，与宇宙能量结合的过程。呼气使大脑沉静。它表示习练者的小我向真我臣服，并且融入真我。"[3]

在瑜伽中，身体中的宇宙生命能量，称作 *Praṇa*，表现为五种形式，《艾杨格调息之光》是这样对其进行解释的：

"印度的圣人们知道人体的所有功能都是由五种生命之气（*Praṇa-Vāyus*）推动的。它们是命根气（*Praṇa*，狭义）、下行气（*Apana*）、平行气（*Samāna*）、上行气（*Udāna*）和遍行气（*Vyāna*）。……狭义的命根气在人的胸部区域移动，控制呼吸。它吸收空气中的生命能量。下行气在下腹区域移动，控制尿、精液和粪便的排泄。平行气点燃胃火，促进消化，使腹部脏器的机能调和，它整合人的整个粗身。上行气流经咽喉，驾驭声带，控制空气和食物的摄入。遍行气贯穿全身，通过动脉血管、经络和神经把从食物和呼吸中获得的能量输送到全身。"[4]

根据我的经验，将呼吸集中到身体的某一特定区域具有明显的效果。这会将这一区域带到意识的重要位置，并改善这一区域的重要机能。

---

1 译文引自：斯瓦特玛拉玛. 哈他之光. 兰州：甘肃人民美术出版社，2011：43——译者注
2 译文引自：B.K.S.艾杨格. 艾杨格调息之光. 海口：海南出版社，2015：124，其中的转写体和个别文字有更改。下同。——译者注
3 译文引自：B.K.S.艾杨格. 艾杨格调息之光. 海口：海南出版社，2015：126——译者注
4 译文引自并参考：B.K.S.艾杨格. 艾杨格调息之光. 海口：海南出版社，2015：18——译者注

# 探索 A.15

## Ātma Añjali Mudrā（合掌手印）：双手胸前合掌

在本探索中，我们将研究双手胸前合掌并低头这一简单姿势的心理作用。

› 双腿交叉坐在瑜伽毯或瑜伽抱枕上。旋肩向后，上背部稍微前倾。低头，闭上眼睛。呼吸几次。

 在这一姿势中你的自然呼吸深长、顺畅吗？精神状态如何？

› 现在，向上伸展脊柱，打开胸腔（你可以像在探索 A.11 中那样将手臂向上伸展，或用瑜伽砖做支撑）。

› 闭上眼睛，保持警醒，双手胸前合掌。

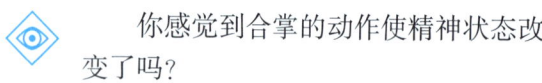 你感觉到合掌的动作使精神状态改变了吗？

› 现在保持双掌皮肤贴合，好像要融为一体，同时感觉将双掌的肌肉向肘部移动，双掌彼此接触已经达到最小限度。

 当做此轻柔的动作时，胸腔感觉有变化吗？如果有的话，你能描述出这个变化吗？

*Ātma Añjali Mudrā*（合掌手印），低头

> 辅 具

1条瑜伽毯或
1个瑜伽抱枕。

▷ 改变双手彼此对推的压力,用力尽量小,彼此施加的压力也尽量小。我们对这些细微的差别及其作用变得更加敏感。

▷ 保持胸腔拓宽并很好地上提,旋肩向后向下,肩胛骨内收,轻轻低头,眼睛内视(想象你的左眼沉降到你的左肺,右眼沉降到你的右肺,大脑流向两肺之间)。

▷ 比较刚才和此时低头的感觉。

胸前合掌称作 Ātma Añjali Mudrā(合掌手印)。Mudrā 意思是封印,就是一个手势。合掌手印是一个表示感恩、敬畏、尊重的手印。合掌象征两个方面的合一——左边和右边——在瑜伽中称作 Iḍa(阳)和 Piṅgala(阴)。这一手印将意识内收,到达我们的情感中心,被认为是心灵所在地。在印度,此手势常常用于问候,代替握手,可以表示"我看到了你的神性"。

◈ 哪一次更内化、更专注和安宁?

根据我的经验,合掌这一身体动作伴随着明显的情绪变化。低头能进一步加强内化,表达尊重、臣服、谨慎、谦卑。通过保持胸腔的上提和打开,与此同时,将头臣服于胸腔,表达我们的活力和接纳。

## 探索 A.16

### 在坐立中建立根基

在本探索中，我们研究在坐姿 *Svastikāsana*（吉祥式）中使用瑜伽带捆绑骨盆和双腿的几种方法。并将其与没有任何支撑的坐姿比较。从而审视支撑对坐姿的稳定性和整体感觉的影响。

> 双腿交叉坐在垫子上（吉祥式），臀部没有支撑。

> 观察你的骶骨和大腿根部。

> 骶骨是被提起还是向下掉？大腿根部是僵硬的还是柔软的？腹部是柔软的吗？呼吸柔和、顺畅吗？

**名词解释**

**收紧**——使身体的某一区域更紧密、紧凑。将肌肉移向或收向骨骼可以建立"收紧"。因为改进了骨骼的血液供给，因此有益于骨骼的健康。同时也可以稳定关节。在我们的身体里有两对球窝关节——髋关节和肩关节，"收紧"对于它们尤其重要。为了稳定这些连接以防止脱臼和韧带过度伸展，将骨头的端部（股骨头或肱骨头）尽量深入关节窝是非常重要的。这可以通过激活关节周围的肌肉和使用辅具（例如，将捆绑骨盆的瑜伽带拉紧可以建立骨盆的收紧）来实现。收紧骨盆可以使脊柱更好地延展。

> 现在坐在折叠的瑜伽毯或抱枕上。

> 取两根瑜伽带，分别捆绑两条腿。每根带子套住骶骨和一侧膝盖（将带子做成环状，从头上套下来）。

> 稍微抬起膝盖，系紧带子，直到感觉<u>收紧</u>、均匀和稳定，然后松开膝盖。

> 保持此坐姿 1~3 分钟，记住你的感觉；然后松开带子，再保持此坐姿几分钟。

> 捆绑带子后骨盆有什么感觉？这个方式对脊柱延展有什么影响？它影响到你延展、稳定脊柱的能力了吗？你的腹股沟和腹部柔软了吗？呼吸顺畅吗？你的大脑和眼睛的状态如何？更安静，还是更不安静了？

用两根瑜伽带捆绑骨盆和膝盖

### 辅 具

2根瑜伽带，
1条瑜伽毯。

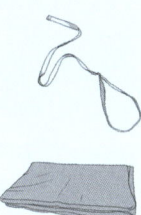

我们再介绍另外两种使用带子捆绑双腿和骨盆的方法。比较这些不同的方式并研究它们产生的效果是很有趣的。

**A. 用一根瑜伽带支撑膝盖。**

› 取一根瑜伽带，环绕膝盖。调整它的长度，绑紧。

› 放松腹股沟和双腿，靠带子支撑。

用一根瑜伽带支撑膝盖

**B. 用两根交叉的瑜伽带支撑骨盆和膝盖。**

› 打开一根瑜伽带，套住另外一根，做成两个环。

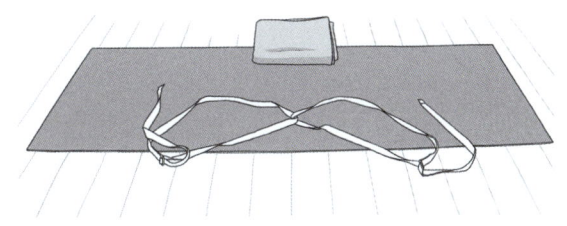

两根瑜伽带做成环状相互套住

用带子捆绑，收紧体式的根基，使我可以放松双腿，自内向外扩展骨盆。当我的骨盆和膝盖用带子绑紧时，就没有必要从腹股沟或腹部发力保持体式，这些区域依旧柔软。这也帮助我更好地延展脊柱并保持其稳定。

将瑜伽带的交叉点放在骶骨区域，用两个环分别套住两个膝盖。

> 调整带子，使环扣靠近膝盖。

> 稍微抬起膝盖，拉紧带子，然后膝盖放松下落。

 分别比较无瑜伽带和这三种捆绑双腿方法对根基的收紧和稳定性的影响，以及对呼吸和体式整体体验的影响。

调整带子的环扣

使用两根相互套住的带子支撑

## 探索 A.17
### 交换双腿交盘的影响

交盘腿的坐姿是不对称的。在本探索中,我们交换双腿交盘的顺序,观察它们的影响;特别要注意双腿的交叉和视觉敏锐度的关系。

辅 具

1条瑜伽毯或
1个瑜伽抱枕。

⟩ 坐在一个折叠的瑜伽毯或瑜伽抱枕上。先弯曲右腿,再弯曲左腿,双腿在小腿中部交叉。

⟩ 闭上眼睛,观察臀部落在支撑物上的方式。

⟩ 在大脑中画出两侧臀部与支撑物接触区域的形状和轮廓线。

⟩ 在大脑中建立一个这些区域的重量分布图(你可以设想重量越大,颜色越深)。

 你注意到两侧臀部的区别了吗?哪一侧更重?哪一侧接触面积更大?

⟩ 现在睁开眼睛,保持放松,看向水平方向,不要盯着一点看(想象从耳后,而不是从眼睛向前看)。

 感觉到眼睛的敏锐度的不同了吗?如果有的话,哪一只眼睛更敏锐一些呢?

⟩ 再次闭上眼睛,做几次缓慢、柔和、深长的呼吸。

 感觉到两侧肺呼吸的不同吗?如果有的话,哪一侧肺更积极地参与呼吸呢?

⟩ 放松一会儿,然后改变交叉腿的顺序(先弯曲左腿,再弯曲右腿),重复上述过程。

 改变交叉腿的顺序后,哪侧臀部承受的负荷更多或感觉更明显?哪侧臀部更宽?哪只眼睛更敏锐?哪侧肺更活跃?

 最后观察你的精神状态。感觉更均衡了吗?

## 探索 A.18
### 使用瑜伽带打开胸腔

在本探索中,我们用瑜伽带将双肩后旋,打开胸腔,并观察姿势变化时情绪的变化。

> 辅 具

1根瑜伽带。

如探索 A.1 所述,打开胸腔对我们的整个情绪有特别大的影响。在第二章中,我们将讨论打开胸腔和情绪之间的关系。打开胸腔可以使我们迅速地摆脱沮丧和低迷,重获乐观和愉快。

打开胸腔需要激活背部肌肉,我们使用这些肌肉将双肩后旋,肩胛骨内收,背部肋骨前推,胸椎提起。

› 双腿交叉坐在折叠的瑜伽毯或瑜伽抱枕上,胸腔下沉,眼睛向下看。

› 观察在此驼背姿势中你的感觉。

› 现在,在双肩上放置一根打开的瑜伽带,两端搭在肩膀前侧的顶端。

› 将瑜伽带的两端分别绕过腋窝前侧,在背后交叉。

› 弯曲双肘,用手抓住瑜伽带交叉的两端,均匀用力将其拉向身体两侧。

› 持续拉 1~2 分钟,然后慢慢松开带子。再保持此体式 1 分钟,看看是否可以保留刚才拉带子的效果。

› 观察胸腔空间的变化,背部肋骨和肩胛骨的位置,以及锁骨的宽度。

› 柔和、缓慢、深深地呼吸,观察呼吸的顺畅和深长。

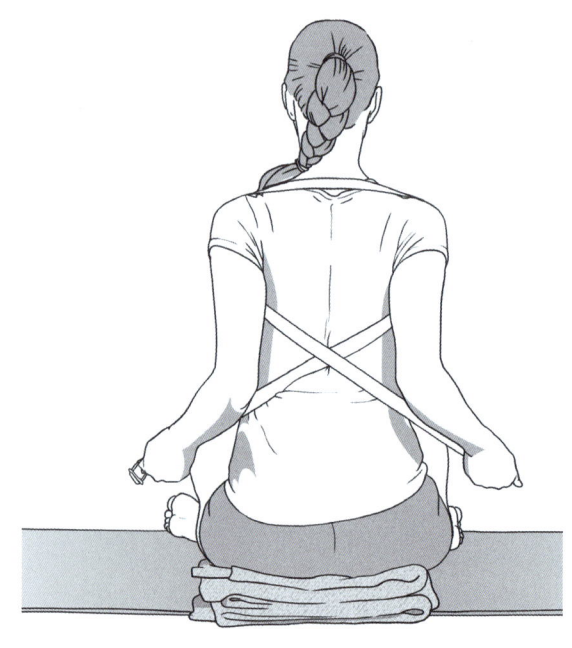

将瑜伽带在背后交叉

 用瑜伽带打开胸腔影响到你的整体感觉和情绪了吗?你注意到使用瑜伽带前后打开胸腔空间和呼吸的变化了吗?

## 探索 A.19

### 头顶放置瑜伽砖

在本探索中,我们用瑜伽砖将注意力转向上方,并研究其对体式体验的影响。

**辅 具**

瑜伽砖或任何有平面的物体。

> 身体直立,坐在支撑物上。双手将瑜伽砖尽量向上举起。脊柱向上延展。

> 将瑜伽砖轻轻地放置在头顶上。

> 脊柱轻柔地向上延展,似乎要将瑜伽砖举得更高一些。

> 保持此体式 1~2 分钟。最大限度减少动作调整,以免瑜伽砖滑落。

> 观察头顶上的小小的重量对心理的影响。

头顶放置瑜伽砖的坐姿

**提 示**

可以使用任何重量约 500 克、具有平面的物体;最好使用橡胶制作的瑜伽砖,以防滑落。

> 现在移走瑜伽砖,尝试保留刚才有瑜伽砖时的感觉,并体会前后感觉的不同。

 躯干笔直、平衡、有一个中心轴是什么感觉?你的眼睛有什么反应?瑜伽砖会给你一种更敏锐的重心下移的感觉吗?

# 探索 A.20

## *Vajrāsana*（雷电坐）：臀部坐在脚后跟上

*Vajrāsana*（雷电坐）是坐立体式的一种，臀部坐在脚后跟上。本探索中，我们比较没有任何辅具的雷电坐和腿部绑有两根瑜伽带的雷电坐。

首先，做没有辅具的雷电坐。

› 双膝、双脚并拢，跪坐在脚后跟上，脚趾向后伸展。

 双腿有什么感觉？你能保持脚后跟并拢吗？记住此姿势的所有感觉（以便和之后变体的感觉进行比较）。

现在，做有辅具的雷电坐。

› 铺开一条瑜伽毯，以手杖式坐在上面（臀部坐在地面，双腿向前伸展）。

› 膝盖上端系一根瑜伽带，将环扣放置在双膝之间，以便进入体式后可以容易地调整。

› 另一根瑜伽带系在脚踝处，系紧，脚踝轻触；环扣在两脚踝中间，朝向地面，以便进入体式后可以容易地调整。

› 跪在毯子上，身体前屈，抬起臀部和大腿。在小腿后侧肌肉上放置一条折好的毯子，将其向前拉，直到深入膝盖后侧。

› 现在双脚向后延展，坐在脚后跟上。将跖骨均匀地在地面上展开。

› 两脚的跖骨中线（脚背上）压向地面，所有脚趾（包括小脚趾）的趾甲接触地面。大脚趾并拢，其他脚趾向外展开。

**提示**

调整带子，双腿并拢，相互对齐，但不要有压力。脚踝处的带子应使两脚踝的内侧和外侧互相平行。

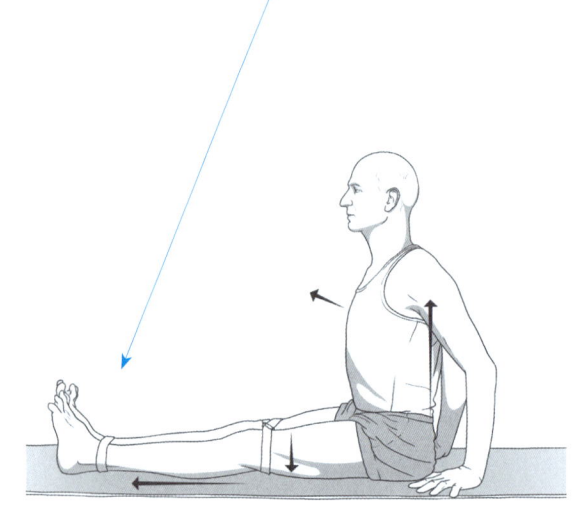

雷电坐，绑带子

雷电坐，放置瑜伽毯

**辅 具**

2根瑜伽带，
2~4条瑜伽毯。

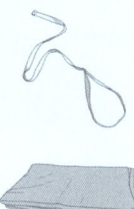

› 手背放在大腿上。如果要保持更长时间，大腿上可放置折叠的瑜伽毯支撑手背。

› 身体直立，双肩后旋，打开胸腔。放松面部、眼睛、口腔，目光柔和地前视。

› 比较没有任何辅具的坐姿和加瑜伽带及膝盖后侧有瑜伽毯的坐姿的不同感觉。

 你可以保持哪种变体更长时间？你觉得哪一种变体更稳定、更放松？

腿部绑有瑜伽带、双膝后有瑜伽毯的雷电坐

**提 示**

开始做此体式时，可能会感觉脚踝麻木、不适。参见探索 A.24，在小腿后侧放置瑜伽毯可缓解此现象。通过练习，你将可以舒适地坐立数分钟。

**提 示**

臀部可以再加一条折叠的瑜伽毯，以保持下部脊柱挺直，更舒适地保持体式。

 出体式后试着走几步，注意膝盖的感觉，你觉得步伐更轻盈了吗？

> 根据我的体验，膝盖和脚踝分别捆绑瑜伽带，可以使双腿放松。此外，瑜伽带可以保持膝盖和脚踝的正位，使得大腿、小腿和双脚在一条直线上。这是一个有助于关节健康的体式——在增加关节的灵活性的同时避免韧带的过度拉伸。膝盖后侧的毯子给膝盖创造了空间，延展了膝盖周围的韧带，这个作用非常缓和。出体式时，我的膝盖感觉"更快乐"了。

## 探索 A.21
### 比较各种支撑

在 *Vīrāsana*（英雄坐）中，双膝弯曲，臀部坐在两脚之间，如果可能，也可以坐在地面上。大多数儿童可以自然地、毫不费力地这样坐着。然而，随着年龄的增长，我们常常需要臀部下面有某些支撑。在本探索中，我们比较软的支撑（瑜伽毯或瑜伽抱枕）和硬的支撑（木质瑜伽砖）的差别，研究支撑物的不同材质对体式体验的影响。

#### A.使用软的支撑

> 跪立，双膝并拢，双脚分开，双脚之间放置一条折叠的瑜伽毯。

> 坐下时，用双手分开小腿肌肉和大腿肌肉：从右腿开始，右手抓住小腿肌肉的上端，向脚后跟方向展平，然后将其外旋。同时，用左手抓住右大腿后侧，将其内旋。

> 按照此方式调整左腿。

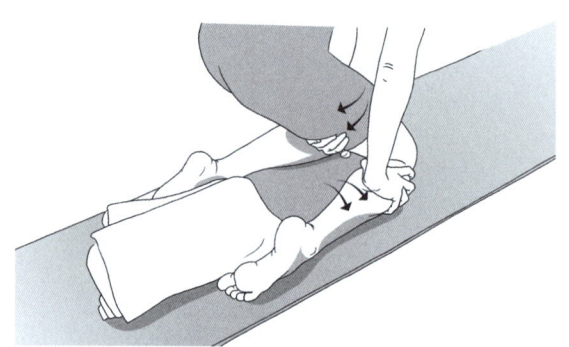

在 *Vīrāsana*（英雄坐）中调整右腿

> 慢慢坐下来，保持膝盖并拢，两条大腿对称放在两胫骨间。

> 调整双脚和脚踝，内脚踝和外脚踝延展同样长度（注意，内脚踝不要缩短），双脚向后延展，与小腿成一条直线。

> 伸展脚趾，确保小脚趾也接触地面。

> 释放膝盖的皮肤，轻柔地将膝盖下方的皮肤拉向膝盖上方。膝盖由内向外旋。内侧膝盖和外侧膝盖应在同一高度上。

> 将臀部的肌肉外拨，坐在坐骨尖上。外侧臀部下降，脊柱向上延展；胸腔打开，目视前方。

**提 示**

对身体保持觉知。如果感觉膝盖和/或脚部有危险的疼痛，不要强迫自己进入体式。抬起身体，在臀部下方再加一条毯子，或者换成抱枕。如果规律练习此体式，随着时间的推移，臀部下方支撑物的高度就可以逐渐降低。

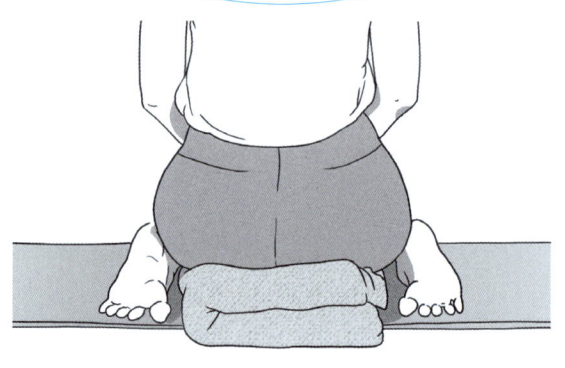

英雄坐（后视图）

第一章
体式实践探索 | 53

### 注意事项

如果你的膝盖韧带受伤了，用抱枕支撑臀部，或者跳过此探索。

 辅 具

1条折叠的瑜伽毯或1个抱枕，1块木质瑜伽砖。

英雄坐（前视图）

### 提 示

可以在大腿上放一个折叠的瑜伽毯或抱枕，使双手更舒适地放松。（图中未示出）

### B.使用硬的支撑

❯ 重复上述过程，将瑜伽毯或抱枕换成木质瑜伽砖。

❯ 比较不同材质的支撑物带来的不同感觉。

 哪种支撑物提供的支撑更稳定，更牢固？

我发现硬的支撑会使骨骼（从坐骨直到脊柱）更敏感，而软的支撑使人更舒服。骨骼是身体的框架，它们决定了身体的形态（在瑜伽中，它们被认为是土元素，使身体坚实和稳定的基础），因此，在使用硬的支撑时我感觉更稳定和坚实。硬的支撑可能会更多地刺激感觉神经，从而在大脑中建立更多的警觉和敏锐。

软的支撑使人更舒适也更放松，可能更适于长时间的坐立，但练习者往往会趋向于陷到支撑物中一点点，因此会失去一些敏锐的觉知。

了解这些差异非常重要，可以根据特定的需要或不同的目的选择相应的支撑物。

## 探索 A.22

### 不同坐立体式的比较

坐姿有很多种,每一种都会给人带来不同的感受。在本探索中,我们比较如下三种不同的坐姿:简易的双腿交叉(吉祥式),坐在脚后跟上(雷电坐) 和坐在脚后跟之间(英雄坐)[1]。

> 双腿交叉坐在抱枕上(如果抱枕太软或太低,上面放一条折叠的瑜伽毯)。

> 将一条瑜伽毯卷成长条,支撑小腿。

> 坐在坐骨上。从底部开始垂直向上提起骶骨和耻骨。

> 确保两膝盖在同一高度上,并很好地支撑。

> 保持此体式几分钟,观察你的身体和呼吸。

> 脑中记下你的感受,放松。

> 出体式,进入雷电坐,可以使用两根瑜伽带和瑜伽毯,如探索 A.20 所示。

> 保持此体式同样长的时间,观察你的身体和呼吸。

> 脑中再次记下你的感受,放松。

> 出体式,进入英雄坐,使用软的支撑(参见探索 A.21)。

有支撑的简单的双腿交叉坐姿

---

1 雷电坐和英雄坐的解释参见探索A.20和A.21。

**辅 具**

1条折叠的瑜伽毯，1个抱枕，2根瑜伽带（可选）。

 这三种坐姿在平衡性、舒适度、放松程度、呼吸质量以及整体精神状态方面体验如何？

在英雄坐和雷电坐坐姿中身体是对称的，脊柱可以轻松地保持直立。臀部大面积接触地面，建立了稳定性，带来强大的觉知。由这两个体式的名字就可看出：Vajrā 的含义是"钻石"或"雷电"，Vīrā 的含义是"英雄"。这两个体式的对称性产生了一种重心降低的感觉。我发现眼睛会自然地变得柔和，并收向头颅内部，大脑也变安静了。然而，在这两种体式中，坐立的基础变窄，身体容易向两边倾斜，特别是闭着眼睛长时间保持体式时尤其明显。这两种体式都可以延展脚踝，改善膝盖和脚踝的灵活性。雷电坐更容易完成，骨盆更高，脊柱也更容易向上延展。不过，保持数分钟后，双脚的压力会令你烦躁不适。英雄坐需要双腿关节有更多的灵活性，但是，一旦进入体式，就可以舒适地保持更长时间。在吉祥式中，身体的基础宽而稳定——尤其是双膝由瑜伽毯支撑并有瑜伽带捆绑时（参见探索 A.16）。

因为身体条件和心理状态不同，在坐姿中的舒适度和稳定性因人而异。尝试这些不同的坐姿可以研究体式对精神状态的影响。

## 探索 A.23

### 在 Adho Mukha Vīrāsana（英雄坐变体前屈）中放松

在本探索中，我们由坐姿开始，然后向前伸展身体。这是一个最基础的向前伸展的体式。腿筋僵硬的人在双腿伸直时很难将身体前屈，但是在婴儿式中却可以容易地做到。

我们研究头部的方向对体式体验的影响。这个体式我们做两次，第一次额头前部（发际线）着地，第二次额头底部（眉际线）着地（或放在折叠的瑜伽毯上）。开始，它们的区别可能很难被察觉，正是这一点使本探索变得更有趣。

#### A. 额头前部着地

› 坐在脚后跟上，双膝打开，比腰部略宽，身体前倾，躯干向前延展。

› 手臂伸展向前，额头前部着地。

› 记住大脑以及心率的状态，然后出体式。

#### B. 额头底部着地

› 重复此体式，这一次额头底部着地。如果很难做到，头下可以放一条折叠的瑜伽毯提供支撑。

› 要完全放松，头部必须保持水平；你可以通过耳朵的方向判断——耳朵必须水平（你可以摸摸耳朵感觉一下，或请其他人帮助检查一下）。

› 也可能需要瑜伽抱枕或瑜伽椅支撑。

› 观察上述两种体式各保持数分钟后的感觉。

你可以感觉到大脑的放松吗？在哪一个体式中你感觉更平静、更顺从？感觉到心率的变化了吗？

**提示**

关于此体式中瑜伽带和抱枕的使用方法参见后面的探索。

艾扬格大师观察到，头部水平放置可以使大脑放松，降低血压。有支撑的前屈体式在瑜伽理疗中常用于治疗高血压。在这种体式中，脊柱水平，心脏位于下方，是四脚动物的典型姿势。心脏可能比我们在站立体式中更放松。

额头前部（发际线）着地

## 辅 具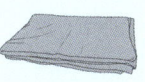

瑜伽毯。
可选：1把瑜伽椅，1个瑜伽抱枕，2根瑜伽带，2块瑜伽砖。

 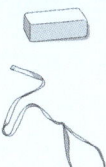

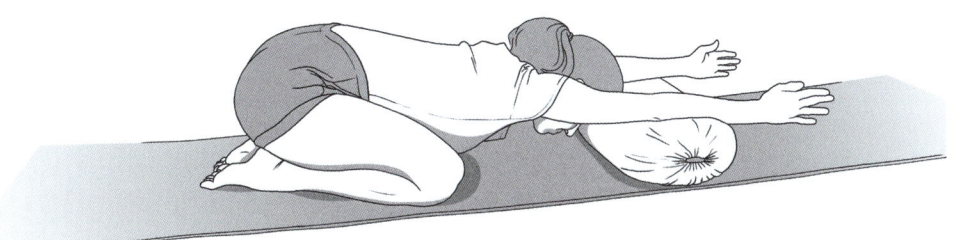

额头和肘部下方放置瑜伽抱枕

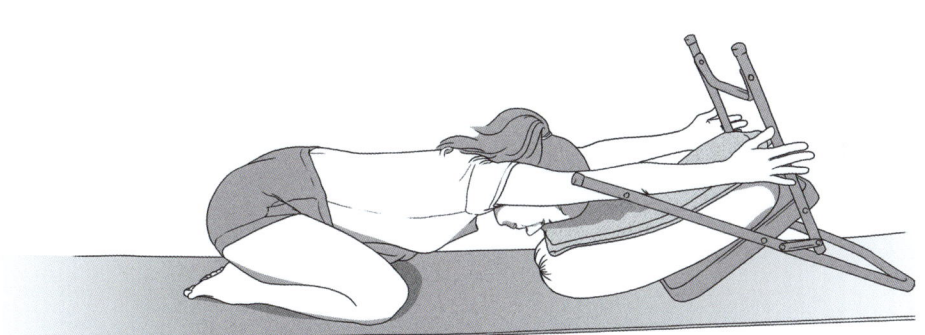

使用倒置的瑜伽椅和瑜伽抱枕

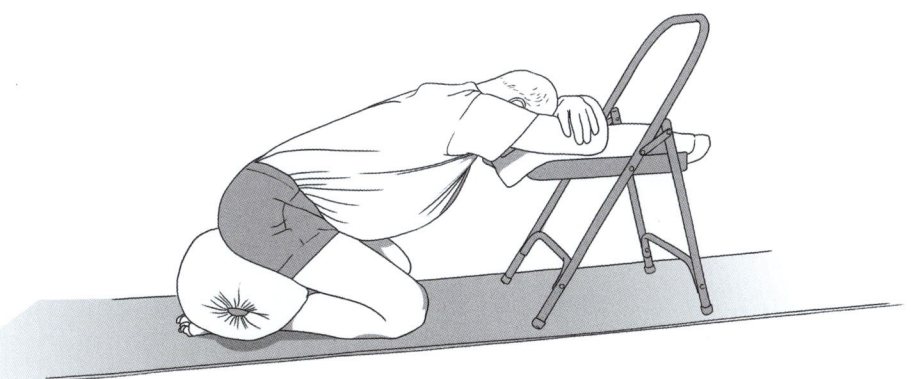

瑜伽椅支撑

## 探索 A.24

## 在 *Adho Mukha Vīrāsana*（英雄坐变体前屈）中拉伸

在本探索中，我们尝试在坐姿中向前伸展躯干，打开胸腔。我们由没有支撑的坐姿开始，随后使用辅具重复此体式。比较在此体式中使用辅具带来的不同感受。

> **提 示**
> 
> • 双膝打开不要太宽，正好能将腰部落于两大腿之间即可。身体两侧应与大腿内侧接触。
> 
> • 如果脚踝僵硬，在小腿下方放置几条瑜伽毯，呈阶梯状摆放。

### A. 没有辅具

> 坐在脚后跟上，双膝打开，比腰部略宽，身体前倾，躯干向前延展。

> 手臂向前伸展，前额着地。

> 保持 2~3 分钟，观察呼吸。

> 记下在此体式中的感受，然后起身坐立。

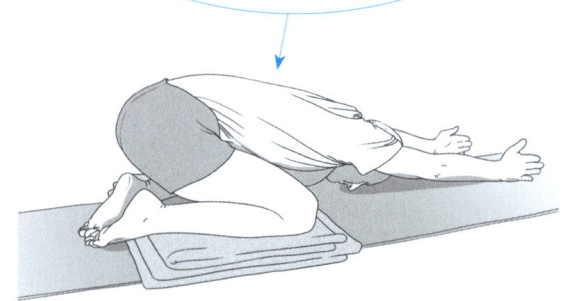

在小腿下方放置几条瑜伽毯

### B. 使用瑜伽带和瑜伽砖

现在，使用两根瑜伽带和两块瑜伽砖。瑜伽带用于固定骨盆，并防止臀部翘起。瑜伽砖放置在手掌下，用于在身体前屈时拓宽胸部，向前延展躯干。

大腿根与对应脚踝绑在一起

**辅 具**

2块瑜伽砖，
2根瑜伽带，
可选：瑜伽毯和
瑜伽抱枕。

› 身体前面放置两块瑜伽砖。

› 坐在脚后跟上，双膝分开。用两根瑜伽带分别将两侧的大腿根和脚踝绑在一起。系紧带子，大腿下沉。

› 身体前屈，将手掌放在瑜伽砖上，身体向前伸展，同时将瑜伽砖向前滑动（最好不要将瑜伽砖放在瑜伽垫上，因为其表面摩擦力太大）。

› 抬头，目视前方，手臂从腋窝开始向前伸展，大臂外旋，三头肌内旋（朝向身体中心），二头肌外旋（远离身体中心）。

› 拓宽胸腔，身体背部中心区域沉向地面，同时双手下压瑜伽砖。

› 头部沉向地面。如果前额着地感到不舒服，用一条折叠的瑜伽毯做支撑，前额放在毯子上。

› 研究固定骨盆和支撑双手对体式的影响。

 在每一种变体（不使用和使用辅具）中腋窝有多长？双肩和锁骨有多宽？伸展对呼吸有什么影响？

大腿根与对应脚踝绑在一起，手放在瑜伽砖上

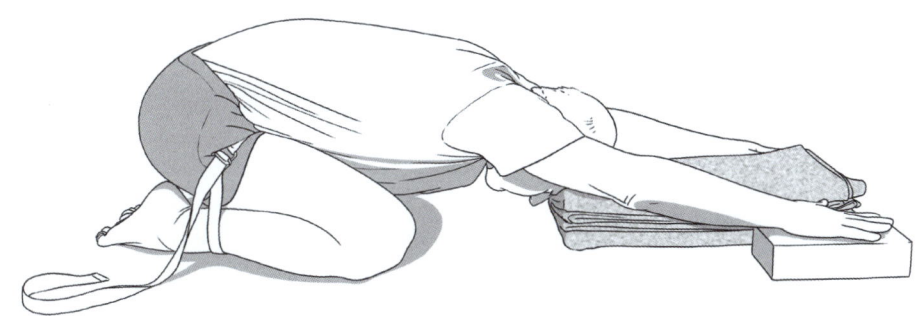

前额放在瑜伽毯上

# 仰卧（后倾）体式

现在我们开始简单的仰卧体式——背部后倾。我们探索各种有支撑的仰卧体式以及 Śavāsana（字面上的意义是挺尸式，通常指放松式）。仰卧体式可以放松身体，安抚情绪，平静大脑。

挺尸式——最具恢复力的后倾体式——可以使练习者学会完全地放松，以及被动但警醒，观察但不干涉。有关此体式的进一步讨论参见第二章 2.13 节"放松"。

进入挺尸式的详细指导可参见附 2.1。

## 探索A.25

### 瑜伽砖支撑胸腔

在本探索中,我们使用1块或2块瑜伽砖支撑躯干。我们给出各种变体,可以比较各种支撑对呼吸、在体式中的感觉以及心理状态的影响。

| 辅 具 |  |
|---|---|
| 2块瑜伽砖,<br>1个抱枕,<br>2条瑜伽毯。 |  |

### 关于瑜伽砖

标准的瑜伽砖尺寸为23厘米×12厘米×7厘米。推荐使用木质瑜伽砖,它的支撑最好。也可以使用橡胶或发泡材质的瑜伽砖,但是它们必须足够坚固,能够提供稳定的支撑。材质不同,效果可能会有变化。本探索中,最好使用木质的瑜伽砖。

瑜伽砖有三种放置方式:

• 直立(高度23厘米)——我们称此方式为"最高高度"砖。

• 竖放(高度12厘米)——我们称此方式为"中间高度"砖。

• 横放(高度7厘米)——我们称此方式为"最低高度"砖。

我们探讨按如下方式放置瑜伽砖支撑背部:

A. 最低高度砖,横向放置。

B. 两块最低高度砖,纵向放置(在肩胛骨下方)。

C. 中间高度砖,横向放置。

D. 两块中间高度砖,纵向放置。

E. 两块最高高度砖,一块放在中背部下方,另一块支撑头部。

在每一个变体中停留数分钟。所有这些体式都可以加深呼吸,使呼吸慢慢地到达肺部的最深处,并扩散到全身。

当然,在挺尸式中使用瑜伽砖支撑还有很多其他方式,我们强烈建议你尝试、探索。不过,我们不建议一次探索超过三种或四种方式。你需要留出一些时间来放松和回味。

A. 最低高度砖，横向放置。

> 在肩胛骨下横向放置一块最低高度砖。

> 用抱枕或瑜伽毯支撑颈部和头部后侧。面部应略高于胸部，颈部后侧应保持伸展。

> 调整身体，躺在瑜伽砖上，进入挺尸式。

> 保持此体式 3~7 分钟。观察你的呼吸，使之保持轻柔、顺畅。

> 记下身体的所有感受，包括胸腔打开的程度、呼吸的质量、心率的快慢等。对每一个变体都做此记录。

用于头部支撑的瑜伽砖和抱枕
（瑜伽砖横放，宽边与瑜伽垫窄边平行）

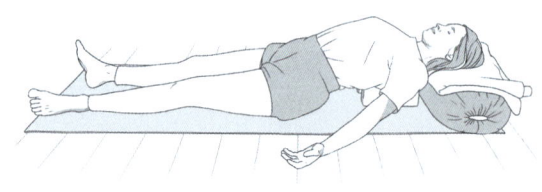

挺尸式，有瑜伽砖支撑

B. 两块最低高度砖，纵向放置（在肩胛骨下方）。

> 纵向放置两块最低高度砖；两砖块间距 3~5 厘米，给脊柱留出空间。

纵向放置两块最低高度砖，支撑肩胛骨

C. 中间高度砖，横向放置。

> 横向放置一块中间高度砖。

横向放置一块中间高度砖

挺尸式，横向放置一块中间高度砖

### D. 两块中间高度砖，纵向放置。

> 纵向放置两块中间高度砖，两砖之间仍然要留出空间。调整砖块的位置使之可以支撑肩胛骨。

纵向放置两块中间高度砖

### E. 两块最高高度砖，一块在中背部下方，另一块支撑头部。

这是最后一种变体，需要脊柱有更多的灵活性，胸腔打开更大一些。试一下这对你是否有效。因为瑜伽砖处于其最高高度，骨盆可能需要支撑。可以在骨盆下放置另一块（最低高度）砖或抱枕，瑜伽砖上放置一条或两条折叠的瑜伽毯支撑头部。

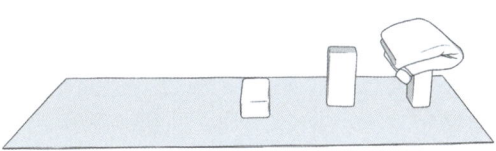

准备两块最高高度砖

> 在瑜伽垫上横向放置一个抱枕或砖支撑臀部，放置两块最高高度砖支撑中背部和头部。准备1~2条瑜伽毯，放在瑜伽垫旁边。

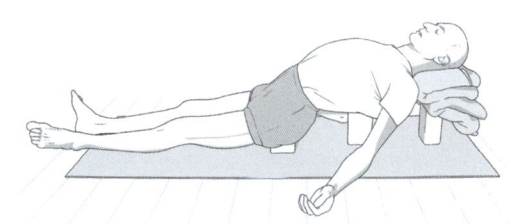

挺尸式，两块最高高度砖

> 坐在瑜伽砖或抱枕上，提起胸腔，凹背，直到中背部与砖平行，然后将背部落到瑜伽砖上。

> 调整支撑头部的瑜伽砖的位置。在头后的砖上放置一条折叠的瑜伽毯（或两条，如果需要的话）。

> 比较上述五种放置砖的方式。

 哪一种方式最舒适？哪一种方式给胸腔创造了更多的空间，使呼吸更顺畅？哪一种方式你感觉更警醒（身体和精神上）？哪一种方式使人更兴奋？

砖的支撑可以不费力地保持胸腔的打开，从而可以自然地加深呼吸。一般来说，支撑物越高，带来的兴奋就越多，而支撑物越低，会感觉越放松。（更多的信息参见下一个探索）

但是请记住，体质不同（身体和精神方面），对各种支撑物的反应可能不同。更高的支撑物可能会令上背部僵硬的人感到不舒服，甚至会感到紧张。你需要了解这些情况，根据自身条件和特殊目的选择最适合自己的支撑方式。

## 探索 A.26
## 用抱枕支撑胸腔

在本探索中，我们比较平躺的挺尸式和由瑜伽抱枕支撑背部（软支撑）的挺尸式。我们也可以将这里的软支撑与前一个探索中木质瑜伽砖的硬支撑进行比较。

### A.平躺的挺尸式

> 以挺尸式平躺在瑜伽垫上。如果颈部后侧缩短、下巴抬起，则在头部和颈部下面放置一条折叠的瑜伽毯。

> 保持此体式几分钟，观察你的呼吸和放松程度。

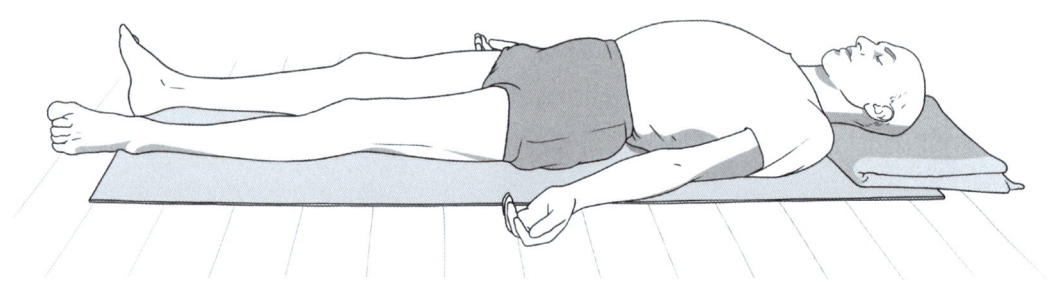

平躺的挺尸式

### B.躺在抱枕上的挺尸式

> 在瑜伽垫的一端沿中线纵向放置一个瑜伽抱枕。在抱枕支撑头部的一端放置一条折叠的瑜伽毯。

> 在抱枕前方坐下，然后慢慢向后躺在抱枕上。

> 躺下时，用肘部抬起并打开胸腔，把脊柱向头顶方向拉长。

> 确认身体是沿中线对称的，脊柱在抱枕中线上，肩胛骨与脊柱等距，颈部和头部与脊柱在一条直线上，双腿和双臂与中线等距，双脚均匀地向外打开。

> 放松身体。保持此体式几分钟，观察你的身体、呼吸和心理状态。

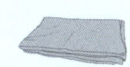

辅 具

1条瑜伽毯或
1个瑜伽抱枕。

 平躺和躺在抱枕上相比，舒适度、背部肌肉的宽度和柔软度、胸腔的打开程度、呼吸的质量以及心理状态都有什么不同？

平躺的挺尸式有更多的土元素，身体更接近大地，有踏实感。背部肌肉柔软、平展。然而，胸腔打开程度不如有支撑时那样大，呼吸深度也受限。支撑建立了胸腔的空间。因此，有支撑的挺尸式常常用于调息的练习，而平躺的挺尸式一般用于完全的放松。

 再比较一下本探索中躺在软的、宽的支撑上和前一探索中躺在硬的、窄的支撑上有什么不同的感觉。

艾扬格大师发现，硬支撑和软支撑相比，宽的、柔软的支撑可以使肌肉以及胸腔和肺部组织柔软、放松，而硬的、尖锐的支撑可以刺激心脏。他将这些观察结果用于治疗肺部和心脏有问题的患者。

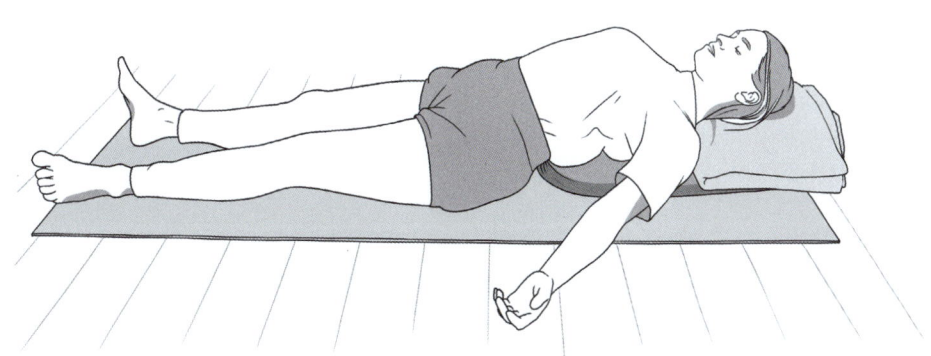

躺在抱枕上的挺尸式

## 探索 A.27
### 双腿位置的比较

在本探索中,上体保持同一姿势,由纵向放置的瑜伽抱枕支撑,与前一探索一样,但是双腿的位置不同。观察这是否影响呼吸和整体感觉。

**提示**

调整瑜伽带上环扣的位置和方向,使得可以容易地拉向自己系紧带子。

我们由 Supta Baddha Koṇāsana(仰卧束角式,双脚并拢,双膝分开)开始,用一根瑜伽带捆绑双脚和大腿。

> 沿瑜伽垫中线纵向放置一个瑜伽抱枕,在抱枕放置头部的一端铺上一条折叠的瑜伽毯。准备几根瑜伽带,如果可能,再准备一个杠铃片。

> 坐在抱枕前方,弯曲、并拢双膝。取一根瑜伽带做成环状,将其交叉做成数字 8 的形状。将这两个环分别套在双膝上,然后将其向下移动,直到绑住两个脚踝和大腿根。

为仰卧束角式准备辅具

> 双膝大大地分开,调整带子,使双脚靠近臀部并支撑大腿外侧。

> 确保双膝与地面及身体等距。

> 现在用肘部支撑抬高、打开胸腔,在仰卧到抱枕上的同时向头顶方向延展脊柱。

> 用双手拉长颈部,将头放在支撑物上。调整折叠的瑜伽毯,使之支撑头部的同时支撑颈部。

> 保持仰卧束角式几分钟,观察你的身体、呼吸和头脑的状态,特别要留意骨盆的宽度和下腹部的空间。将呼吸引向这些区域。

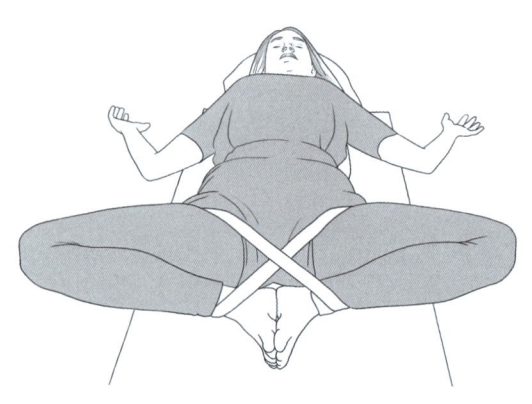

有支撑的仰卧束角式

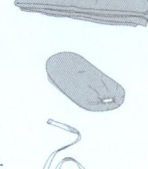

**辅 具**

多根瑜伽带，
1个瑜伽抱枕，
1条瑜伽毯，
可选：1个20公斤的杠铃片。

› 双膝并拢，取下瑜伽带，双腿伸直，进入有支撑的挺尸式。

　　双腿伸直后有什么感觉？它改变了骨盆和下腹部的感觉了吗？改变了你的呼吸了吗？

› 双腿伸直，保持几分钟，然后双腿交叉，像吉祥式那样。这是 Supta Svastikāsana（仰卧吉祥式）。

› 停留 1~2 分钟，体会你的舒适度、内部空间、呼吸以及感觉。然后改变双腿交叉的顺序。

› 出体式时，把抱枕滚到身体右侧，起身前再停留 1~2 分钟。

› 最后一个变体坐立时，双腿伸直，并拢。用瑜伽带将双腿捆绑到一起（你可能需要多根带子，例如，两根捆绑大腿，两根捆绑小腿。图中未示出）。

› 将杠铃片或任何重物放到大腿上端。放置 20 公斤的杠铃片是没有任何问题的。

› 躺到抱枕上。

› 感觉胸腔抬高并打开与双腿平放、压有杠铃片（或重物）的不同。

　　比较上述三种双腿姿势对挺尸式中觉知的影响。哪一种体式可以体验到更深层次的放松？哪一种呼吸更顺畅？

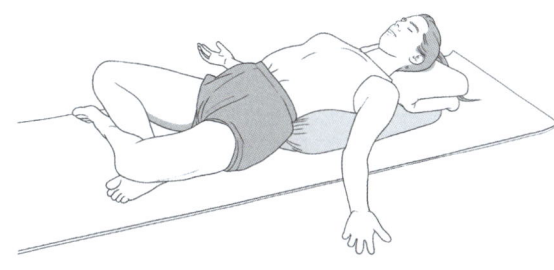

在纵向抱枕上的 Supta Svastikāsana
（仰卧吉祥式）

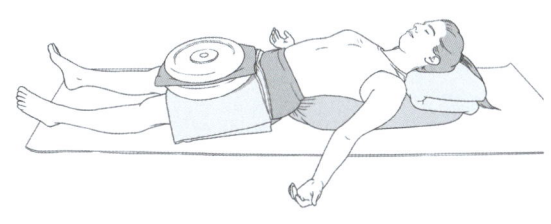

在纵向抱枕上的挺尸式，双腿捆绑并压有杠铃片

　　腿的不同摆放影响到 Apana Vāyu（下行气）。这是五种生命气之一。它被认为是其中最重要的一种，因为它影响消化、排泄和生殖，活跃在骨盆和下腹部区域。

## 探索 A.28
## 比较 Supta Baddha Koṇāsana（仰卧束角式）中瑜伽带的使用

在本探索中,我们停留在不用瑜伽带固定双腿的仰卧束角式中,然后尝试使用瑜伽带的三种不同方式,比较使用瑜伽带前后身体及心理的变化。

### A.不使用瑜伽带的仰卧束角式

> 在瑜伽垫的一端沿中线纵向放置一个瑜伽抱枕,在抱枕支撑头部的一端放置一条折叠的瑜伽毯。

> 双脚并拢,双膝向两侧大大分开。

> 肘部支撑,双手将臀部向下、向脚后跟方向延展,并向外扩展。抬起胸腔,把脊柱向头顶方向延展,脊柱落在抱枕中线上。

> 调整瑜伽毯,使之同时支撑头部和颈部。

> 保持此体式几分钟,观察双腿的放松和骨盆区域的空间。

现在我们使用瑜伽带。

### B.捆绑臀部和双脚

> 拿一根瑜伽带,做成环状,从头顶套下来,放在臀部中部,绕过腹股沟前侧到达双脚下面。

> 将脚后跟尽量拉向臀部,系紧带子,稳定双腿。

> 保持此体式几分钟,观察双腿的放松和骨盆区域的空间。

**提示**

放置瑜伽带时,调整环扣方向,使其可以通过将带子拉向自己来系紧。

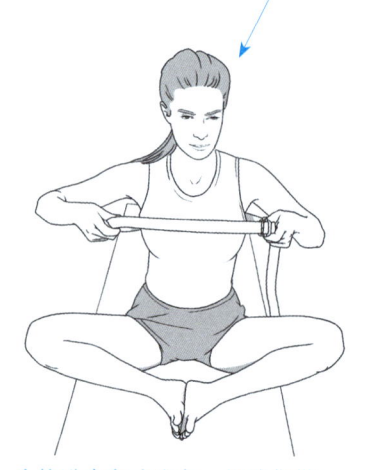

为仰卧束角式准备一根瑜伽带

仰卧束角式,用一根瑜伽带捆绑臀部和双脚

### 辅 具

1个瑜伽抱枕，1条或多条瑜伽毯，2根瑜伽带。

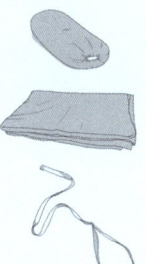

### 提 示

如果感觉到腹股沟区域有不适的拉伸，在大腿根外侧下方各放置一条折叠的瑜伽毯或支撑物品。

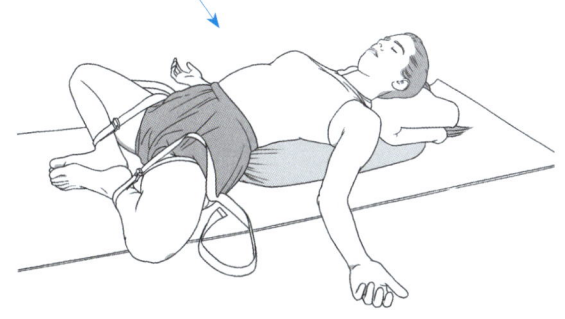

仰卧束角式，用两根瑜伽带分别捆绑双腿

#### C. 每条腿使用一根瑜伽带捆绑

› 在抱枕前以 *Baddha Koṇāsana*（束角式）坐立。

› 用两根瑜伽带分别将两条腿的大腿和小腿绑在一起。

› 将瑜伽带分别套住两侧大腿根和脚踝，系紧。

› 保持此体式几分钟，观察双腿的放松和骨盆区域的空间。

#### D. 将瑜伽带拧成"8"字套在大腿顶端

如前一探索那样使用带子。

› 如探索 A.27 所示调整瑜伽带，躺在抱枕上。

› 保持此体式几分钟，观察双腿的放松和骨盆区域的空间。

将不用瑜伽带的变体分别与这三种用瑜伽带的变体进行比较，感觉有什么不同？哪一种变体中下背部延展得更好？哪一种变体中骨盆底部更宽？

在这三种使用瑜伽带的变体中，腿部因捆绑而得到稳定，从而得到释放。根据我的经验，使用两根瑜伽带可以在骨盆底部创造空间，使用"8"字形的瑜伽带可以更好地支撑大腿并且更好地将其"收紧"。从骨盆到双脚的捆绑有助于将臀部向下延展，从而增加腰部的长度。孕期和经期的女性应使用两根瑜伽带的捆绑方式。如果需要，可以使用卷起的瑜伽毯或瑜伽砖垫在大腿外侧。腹股沟或髋关节不够灵活的人使用"8"字形瑜伽带的方式更好。

## 探索 A.29

### 比较手臂的不同位置

在本探索中,我们比较在有支撑的挺尸式中手臂的三种不同位置。观察并比较每一种手臂位置引起的呼吸变化。

**辅 具**

1条瑜伽毯,
1个瑜伽抱枕。
可选:杠铃片,
1片粘性瑜伽垫。

> 躺在抱枕上,进入挺尸式。

> 开始时手臂靠近身体向下延展。

> 手臂和肩胛骨移向腿的方向,卷动双肩,外侧压向地面。

> 在此体式停留几分钟,进行缓慢深长的呼吸。

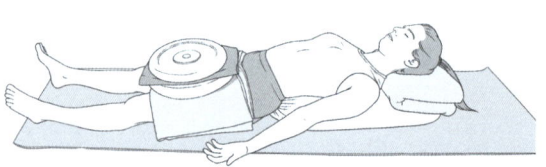

有支撑的挺尸式,手臂在体侧

> 将手臂向身体两侧打开,与肩同高。

> 在此体式中停留几分钟,进行缓慢深长的呼吸。

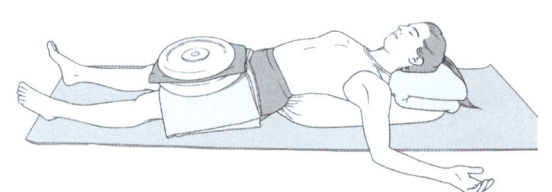

有支撑的挺尸式,手臂在体侧打开,与肩同高

> 现在将手臂伸展过头,向上延展,互抱手肘,放在抱枕上。

> 在此体式中停留几分钟,进行缓慢深长的呼吸。

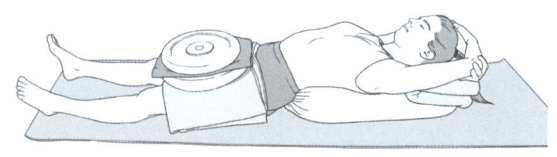

有支撑的挺尸式,手臂在头顶

你注意到手臂位置不同对呼吸方式有什么影响了吗?

我注意到手臂在体侧时肩胛骨位置更好。这可以促使呼吸向上流动至胸腔的顶部,从上背部流向胸骨区域。

手臂两侧打开,胸腔拓宽,呼吸横向变宽。而手臂伸展过头时胸腔被拉长、变窄,呼吸纵向变长。

## 探索 A.30
### 在 Śavāsana（挺尸式）中改变关注点

在本探索中，我们研究关注点的改变如何影响挺尸式的体验。

辅 具

1条瑜伽毯。

› 平躺，进入挺尸式。如果需要，用折叠的瑜伽毯支撑头部和颈部。

› 意识关注你的肱二头肌。将其放松，安放在肱骨上。

› 保持此关注几分钟。

› 将意识带到股四头肌，将其放松，安放在股骨上。

› 尝试同时观察你的肱二头肌和股四头肌。让它们变得柔软，完全放松。

› 观察这是否改变了挺尸式的体验。

› 再增加一个关注点，观察两眉之间的区域（称为"第三只眼"）。放松、柔软眼球。

 你能同时将意识带到三个区域而不丢失观察的敏锐度吗？

 这对你的挺尸式有什么影响？

## 探索 A.31

## 在 Śavāsana（挺尸式）中体验 Pratyāhāra（制感）

*Pratyāhāra*（制感）是帕坦伽利的阿斯汤伽瑜伽八支中的第五支，正如在他的经典著作《瑜伽经》中所述，它是瑜伽修行者探索真我的旅程的一部分。在本探索中，我们比较在挺尸式中感官内收的不同方式。

我们探索如下三种方式：

> 使用头罩——最好使用棉质的弹性绷带（如果没有绷带可使用眼枕）。

> 使用杠铃片（或重物）——在前额上放置一个较轻的杠铃片（或重物）。

> 堵住耳朵——头部两侧放置两块瑜伽砖（或瑜伽抱枕），或使用倒置的长凳。

### A. 用弹性绷带缠绕

> 坐在垫子上，准备一根弹性绷带。在前额高度缠绕头部一或两圈，然后继续向下缠，直到盖住眼睛、耳朵和鼻梁，但是不要堵住鼻孔。

> 将绷带头塞进缠绕好的绷带中。

> 躺下来，进入挺尸式，闭上双眼，放松整个面部皮肤。

> 柔软眼球，将其沉降到眼窝。放松并加宽内耳的空间。视线内收，听觉内收。

> 保持此体式 5~10 分钟。

艾扬格大师将棉质的弹性绷带的使用引入瑜伽。用弹性绷带缠绕头部有助于放松和感官内收，减少因紧张导致的头疼，并增加放松的深度。

### 辅 具

2块瑜伽砖，
1根弹性绷带。
可选：1个长凳，
2块泡沫瑜伽砖。

### 提 示

当你在此体式中需要调整身体时，可能需要露出眼睛看东西。这时，只需要将拇指轻轻地沿鼻子两侧塞到绷带下面，将其向上折起。不要将绷带向上拉，以免干扰面部的皮肤。

 你的放松有多深？你能保持意识集中和感官内收多久？

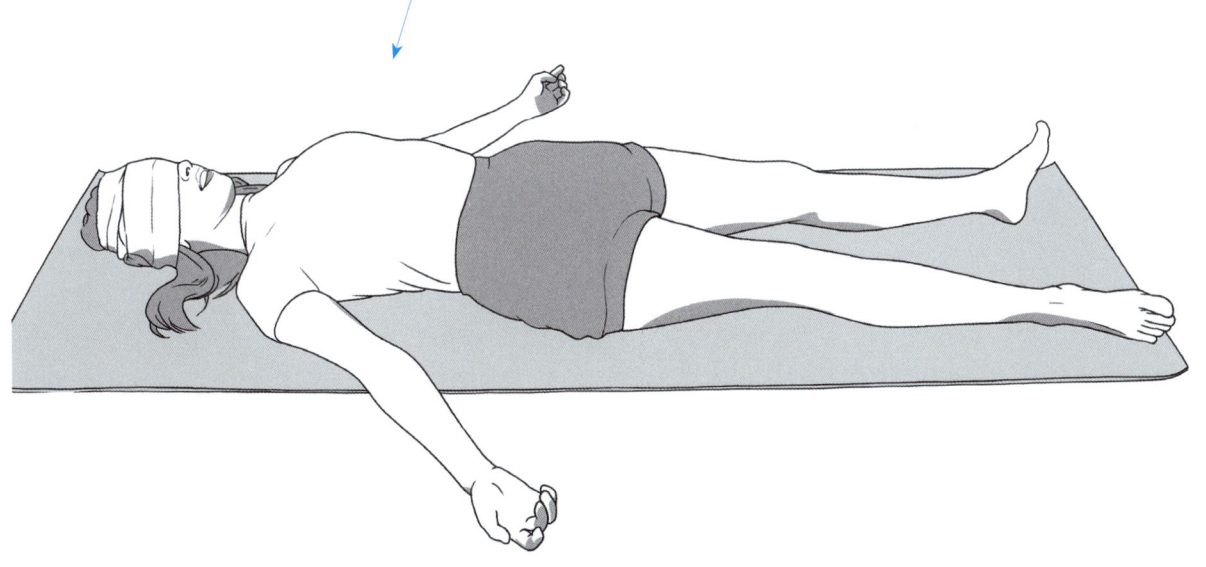

使用弹性绷带缠绕

### B.前额放置杠铃片（或重物）

› 准备两块瑜伽砖放在身旁（或一个大约1公斤的杠铃片）。

› 躺下，进入挺尸式。将一块瑜伽砖（或杠铃片）放到下腹部，另一块放在前额上。

› 保持此体式5~10分钟。

**提示**

在前额上放置瑜伽砖有点棘手。慢慢移动瑜伽砖找到平衡点，就可以使其稳定地保持在前额上。

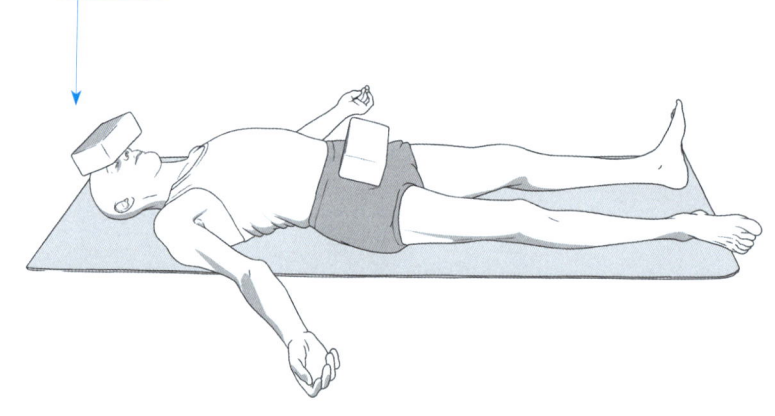

前额放置杠铃片（或重物）的挺尸式

 再次观察你的放松有多深？你能保持意识集中和感官内收多长时间？此时大脑有什么感觉？

根据我的经验，重物可放松前脑。我感到大脑的这个活跃部分变得安静，并沉降到后脑。

## C.堵住耳朵

我们给出两种堵住耳朵、听觉内收的方式。

› 躺下，进入挺尸式，头部两侧各放置一块瑜伽砖。

› 双手推砖，给耳朵和脑袋施加温和的压力。

› 然后松开双臂，保持挺尸式几分钟。

› 也可以用长凳给耳朵温和地施加压力。使用泡沫砖或任何其他材料填满长凳两边与脑袋之间的空隙。

 你的放松有多深？你能保持意识集中和感官内收多长时间？大脑有什么感觉？

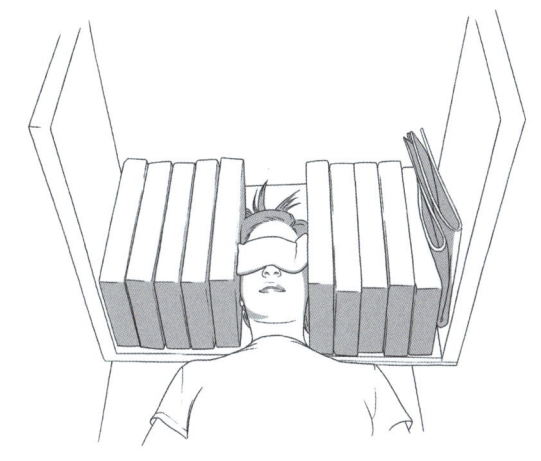

用倒置的长凳保持对耳朵温和的压力

堵住耳朵可以产生一种内在感和独处感，这是一种有趣的、有益的体验。

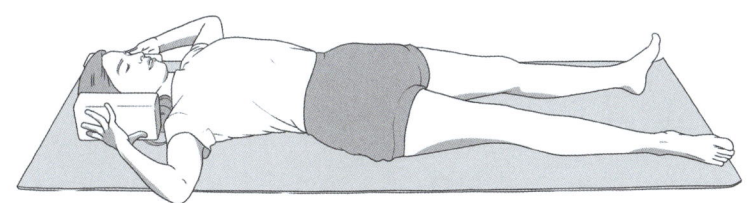

头部两侧放置瑜伽砖压向耳朵

帕坦伽利将 vitarka（分析）和 vicāra（综合）称为两种类型的 samprajnata（分辨，有想三摩地）（《瑜伽经》1.17）。在 Astadala Yoga Mala（卷Ⅷ）中，艾扬格大师认为 vitarka 与前脑相关，负责计划、分析、计算等，vicāra 与后脑相关，负责综合和组织：

"在做体式时，你要学习：vitarka 就是大脑的前侧，vicāra 就是大脑的后侧。……前脑的分析和后脑的过去经验的深层印记必须相互交流，最终结合为一体。"（Astadala Yoga Mala，Ⅷ）

# 第二部分
# 适合中高级练习者的探索

本部分介绍的探索适合已经熟悉瑜伽基础体式的练习者。体式本身并不是特别高级，但是某些观察需要对细微差别有感知，这对初学者来说可能有点难度。练习者需要大量使用简单的瑜伽辅具，因此你需要熟悉这些辅具的使用方法。

# 站立体式（B）

## 注意事项

### 站立体式

- 如果你容易间歇性眩晕，或有高血压，在最终体式中眼睛看向地面，不要抬头向上看。

- 如果你的心脏有问题，请靠墙练习。手臂放在臀部，不要抬起。

- 在经期或孕期，不要跳跃，不要使腹部有压力，并且不要用力，也不要使身体过热。如果你没有练习经验，应避免练习站立体式，请寻求具有相关知识的艾扬格瑜伽认证教师的帮助。

### *Adho Mukha Śvānāsana*（下犬式）

- 如果你有高血压或经常头痛，用一个瑜伽抱枕支撑头部。

- 如果你的肩关节容易脱臼，确保手臂不要外旋。

- 在妊娠晚期，用瑜伽椅或其他物体支撑双手和头部才能练习此体式。

### *Uttānāsana*（加强脊柱前屈伸展式）

- 如果你的椎间盘有问题，练习加强脊柱前屈伸展式时必须塌腰。

- 在妊娠晚期，只练习体式中的背部下陷部分。

## 关于站立体式

站立体式是艾扬格瑜伽练习的基础。这些体式可以打开和强壮身体，提高灵活性并建立肌肉反应，为更高级的体式做好准备。通过延展腿部和腹股沟的肌肉，可以获得髋部的活动自如。脊柱由此可以自由延展，从长远来看，可防止背部疼痛。可以使手臂变得更加活跃，活动肩部，打开胸腔。肩部灵活了，胸腔可以变宽，从而改善呼吸和循环，保持身体的敏捷和轻盈，使头脑清醒。

在接下来的探索中，我们使用辅具改变体式的几何结构（例如，在下犬式中，双脚抬高，放在瑜伽砖上），这可以改变练习者在体式中的体验，从而检视改变身体姿态对心理体验的微妙影响。在其他探索中，同一体式重复两次或者多次，但每一次的关注点不同——同样，我们观察在体式中的体验有怎样的变化。

## 探索 *Adho Mukha Śvānāsana*（下犬式）和 *Uttānāsana*（加强脊柱前屈伸展式）

*Adho Mukha Śvānāsana*（下犬式），即模仿狗的自然伸展姿势，身体形成一个三角形，臀部是顶点，两个手掌和两只脚形成三角形的底边。虽然下犬式本身并不是一个真正的站立体式，我们将其归到这里，因为它是一个基础体式，可以同时激活四个主要的动作器官——双臂和双腿——并建立灵活性和力量，加深呼吸。这是一个很好的热身体式，我大多时间都是由下犬式开始我的瑜伽练习。正如俗话所说，"又一天，又一个下犬式"。

我们假定你对下犬式已经熟悉了，但是如果你想复习一下，可参见附 2.2，那里给出了进入下犬式的方法。

加强脊柱前屈伸展式是一个站立前屈体式，可以激活双腿，放松躯干和头脑，因此它也可以作为其他更具挑战性的站立体式的准备体式。

## 探索 B.1
## 在 Adho Mukha Śvānāsana（下犬式）中抬高双脚、双手

在本探索中，我们尝试下犬式的两个变体：抬高双脚和抬高双手。我们将这两种变体与标准的双脚、双手放在地面的下犬式进行比较。

### A. 抬高双脚

➢ 靠墙放置两块瑜伽砖，与骨盆同宽。

➢ 进入下犬式，脚趾球在砖上，脚后跟抵墙。

➢ 抬起臀部，试着让坐骨上提更多一些。

👁 观察坐骨区域意识的敏锐度。你能分别感觉到每块坐骨吗？

👁 感觉下腹部和骨盆区域的呼吸。呼吸深入到这些区域的程度并经由这些区域向外扩散了多少？躯干下半部分的呼吸长度和宽度如何？

➢ 双脚离开瑜伽砖，双脚着地，进入标准的下犬式。

👁 双脚离开瑜伽砖后，你能保持臀部区域意识的敏锐度吗？

👁 与双脚抬高相比，双脚在地面保持下犬式感觉如何？

### 动 作

- 双腿向后，将脊柱向后、向上拉。
- 大腿内侧上提，大腿外侧收紧。
- 大腿上部外侧内旋（内侧向后），坐骨彼此分离。
- 从内到外拓宽大腿后侧的皮肤。
- 脚后跟压向墙面。

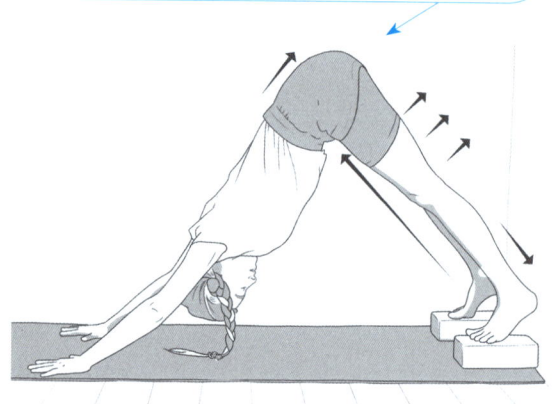

下犬式，双脚在瑜伽砖上

艾扬格大师说过，在下犬式中，你的意识应该像白雪包裹喜马拉雅山一样包裹着臀部。根据我的经验，通过抬高双脚、脚后跟抵墙改变下犬式的几何结构，可以使臀部的角度更锐利，从而增强你对这个区域的感知。呼吸可以延伸到躯干下部，并扩散到骨盆区域。从而创建精神的敏锐度，增强注意力。

辅 具

2块瑜伽砖，墙。

## B.抬高双手

▷ 将瑜伽砖斜靠墙面。两砖之间的距离应使双手很好地展开。

▷ 双手放在砖上，进入下犬式。

动 作

- 上臂外旋（肱二头肌远离身体中心）。
- 内侧肩膀远离颈部。

 你的意识在胸腔上端和肩带区域有多灵敏？

 你的腋窝和肩胛的长度如何？你的呼吸通过这些区域扩散了多少？

下犬式，双手抬高，放在斜放的瑜伽砖上

▷ 撤走瑜伽砖，双手着地，进入标准的下犬式。

▷ 比较你在这两种体式中的体验和通常做法中体验的不同。

我觉得，双手推砖有助于将身体重量转移到双腿，脚后跟下降，可以更好地激活双臂，使得体式更轻盈，肩胛和上胸腔有更多空间，使呼吸更好地深入到并充满这些区域。

## 探索 B.2
### 抬高的 Adho Mukha Śvānāsana（下犬式）

辅 具

4块瑜伽砖。

在本探索中，我们做双脚和双手放在瑜伽砖上的下犬式。我们探索这种支撑是否影响体式中的体验，不像前面的下犬式，这里没有改变身体的几何结构。

› 准备四块瑜伽砖，摆成长方形，相互距离与下犬式中双手和双脚的位置相符。

› 双手放在前面的一对砖上，双脚放在后面的一对砖上，进入下犬式。

› 保持1分钟左右，记下此时的体验。双手、双脚离开瑜伽砖，在地面上做常规的下犬式。

 感觉到两次下犬式体验的不同了吗？如果有的话，说说有什么不同？

尽管前后两次下犬式身体的重量分布没有变化（因为双手和双脚在同一水平面上），但是在瑜伽砖上时我感觉到明显的变化，大多数人都有同感。这可能存在几个原因：首先，双手、双脚放在瑜伽砖上，给体式提供的基础不同，因为接触木质瑜伽砖不同于接触放在地面上的瑜伽垫。其次，瑜伽砖具有提高本体感受能力的作用；瑜伽砖的支撑面积有限，练习者可以感觉到四肢周围的空间下陷。身体也可感觉到下落的趋势，尽管这种感觉可能很微弱，也能影响到你的体验。最后，身体抬离地面也有心理方面的影响，同样，这也可能影响到你的体验。

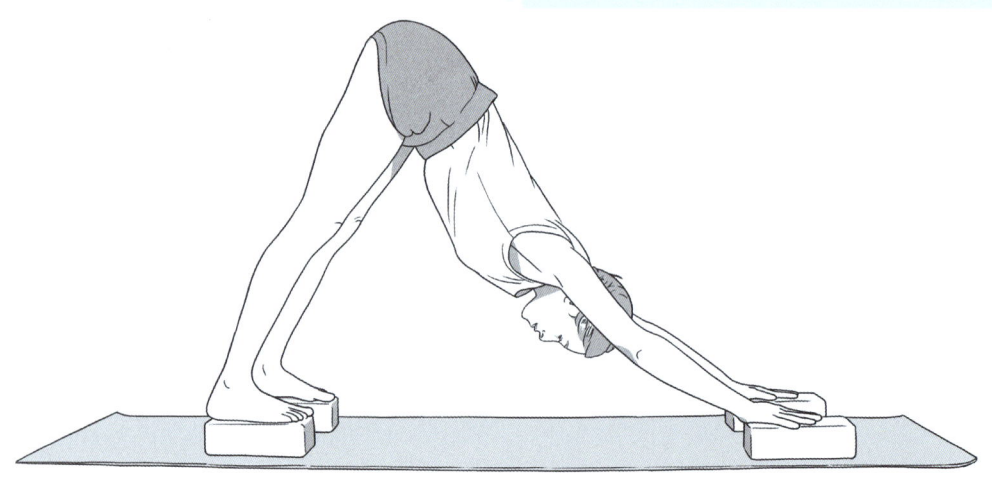

四块瑜伽砖上的下犬式

## 探索 B.3

### 瑜伽砖上的 Uttānāsana（加强脊柱前屈伸展式）

在前两个探索中，我们研究了将双脚或双手放在瑜伽砖上的作用，体验到站在地面上和站在瑜伽砖上的不同。现在我们观察在 Uttānāsana（加强脊柱前屈伸展式）中站在瑜伽砖上的体验。

辅 具

2块木质瑜伽砖。

> 站在两块瑜伽砖上，吸气，双臂举起，向上伸展；呼气，身体向前、向下弯曲，进入 Uttānāsana（加强脊柱前屈伸展式）。

> 双手抓住脚踝或瑜伽砖，保持1~3分钟。

 你的腿，特别是腿部肌肉的激活和骨骼的敏感度方面有什么感觉？

> 保持此体式一会儿。然后，不要起身，双脚直接离开瑜伽砖，在地面上进入常规的 Uttānāsana（加强脊柱前屈伸展式）。

 注意腿部动作和感觉是否有所不同。将其与前一个探索——在四块瑜伽砖上的下犬式——的感觉进行比较。

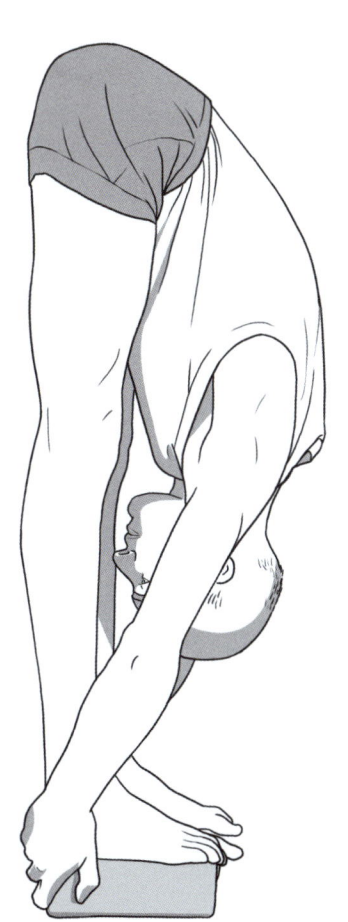

瑜伽砖上的加强脊柱前屈伸展式

## 探索 B.4
## Adho Mukha Śvānāsana（下犬式）中的手臂和肩胛骨

在本探索中，我们比较用辅具固定双手、收紧肩胛骨的下犬式和通常没有辅具的下犬式。

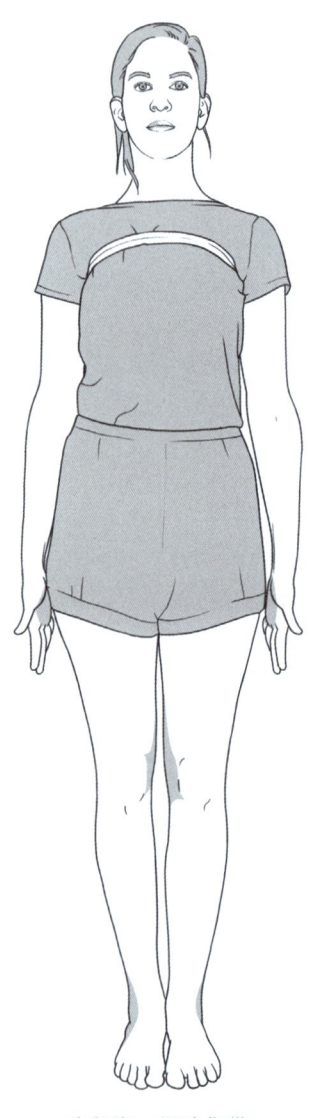

胸部绑一根瑜伽带

> **动 作**
>
> • 从小拇指到大拇指方向内旋双手，使得五根手指的指根均匀下压。
>
> • 同时，上臂外旋（肱二头肌旋离中线，肱三头肌旋向中线）。
>
> • 双肘外侧向内挤压，伸直手肘（双肘保持上提）。
>
> • 肩胛骨上提找骨盆，同时向胸腔内收，远离带子。
>
> • 背部肋骨拓宽，同时，将肩胛骨下端拉向脊柱。

**辅 具**

3根瑜伽带
或1根瑜伽带，
2个扁平的物品。

› 瑜伽垫上平行放置两根瑜伽带（可以用任何相似物品替代）。两根瑜伽带的间距与双肩外侧之间的距离相同。

› 将另一根瑜伽带环绕胸部和肩胛骨底部，系紧。

› 进入下犬式，食指球压住带子的边缘（想象有人试图拉走带子）。

› 将手腕内侧的压力连接到双肩外侧（手腕内侧与双肩外侧对齐）。

 感受双臂，特别是双臂肌肉的收紧。观察双臂肌肉和骨骼在多大程度上接触。从双手到臀部伸展的程度如何？呼吸如何？你在多大程度上感受到稳定和放松？

› 再次进入下犬式，但不要用任何辅具。（瑜伽垫除外）

 你注意到两次下犬式有何明显的区别吗？

> 根据我的经验，瑜伽带与肩胛骨的接触会使肩胛骨变得敏感，有助于肩胛骨的激活和内收。双手按压瑜伽带会在双臂上建立一种力，从而使双臂的肌肉更多地收向骨骼。

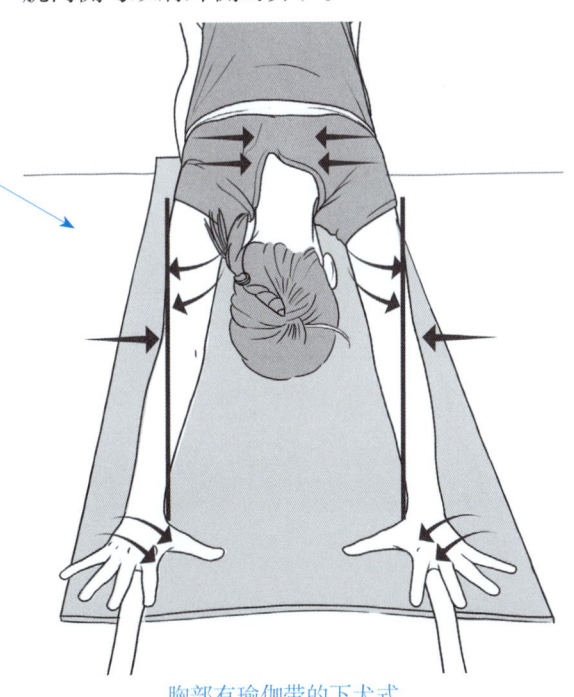

胸部有瑜伽带的下犬式，
食指球下压，肩胛骨收紧

## 探索 B.5
## 大腿夹砖从 Uttānāsana（加强脊柱前屈伸展式）到 Adho Mukha Śvānāsana（下犬式）

在本探索中，我们研究大腿之间放置瑜伽砖做体式的效果。我们将此与常规的、不使用辅具的体式进行比较。

> 山式站立，大腿上端夹最低高度的瑜伽砖。上身弯曲进入 Uttānāsana（加强脊柱前屈伸展式）；双手从身后握住瑜伽砖并将其向后拉。

> 观察大腿内侧上端皮肤的移动。

 当大腿上端以这种方式内旋时，骨盆区域有什么感觉？

Uttānāsana（加强脊柱前屈伸展式），大腿夹砖

> 现在双手向前移动，进入下犬式。大腿持续夹砖并试图将其向后推。

> 观察大腿的激活、骨盆的宽度和下腹部的柔软以及呼吸。

> 保持此体式 30~60 秒，然后将砖撤开，再做一次普通的下犬式。

 在没有瑜伽砖的情况下，你能仍然保持大腿内旋的动作吗？你能保持大腿内侧皮肤的敏感吗？使用瑜伽砖改变了你在体式中的体验了吗？

下犬式，大腿夹砖（向箭头指示方向用力）

**辅 具**

1块瑜伽砖。

### 动 作

- 持续将瑜伽砖向后、向上推,同时,将膝盖外侧后推,并将脚的外侧压向地面。

- 确保膝盖朝向前方。

- 如果有辅助者的话,他(或她)可以将瑜伽砖温和地向后、向上拉,从而加深此动作的效果。

根据我的经验,大腿与砖的拮抗可以训练大腿外侧的收紧,同时保持大腿内侧之间的空间。大腿肌肉被更大程度地激活,使得体式更稳定,并在下背部和腹部创造更多的空间。这也将呼吸更多地带到并充满这些区域。躯干压力的减小带来一种释放、轻松的感觉。

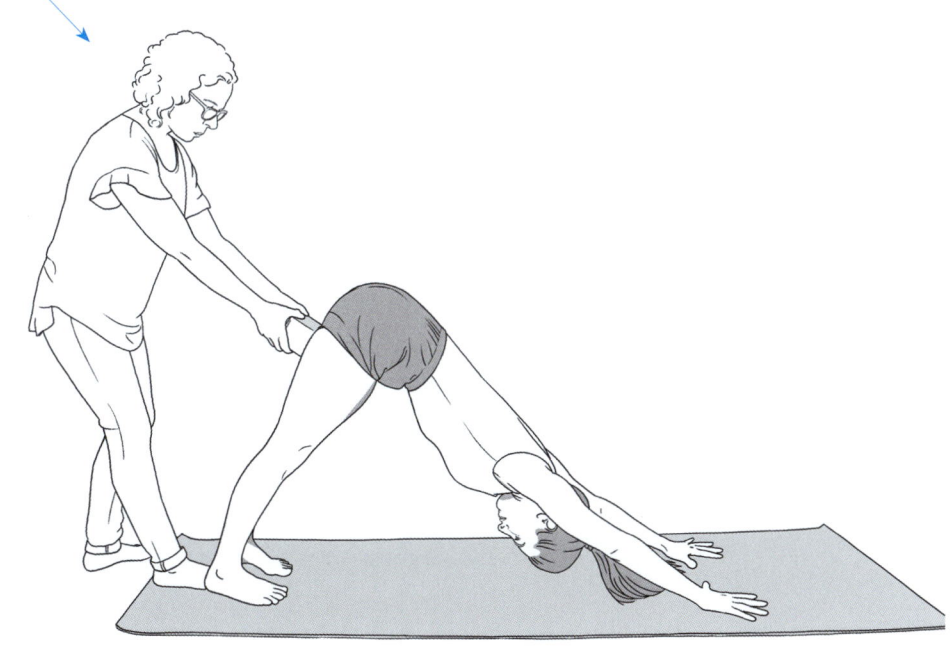

辅助者用力拉砖

## 探索 B.6

### 在站立体式中意识集中于后腿

在本探索中，我们完成几个双腿分开的站立体式，例如：Utthita Trikoṇāsana（三角伸展式），Pārśvottānāsana（加强侧伸展式）和 Utthita Pārśvakoṇāsana（侧角伸展式），做体式时后脚下放置一根瑜伽带。我们探索脚的外侧踩住瑜伽带是否可以改变在体式中的体验。

我们这里给出右侧完成三角伸展式的指令，你可以按同样方法尝试其他的站立体式。你甚至发现，在更具挑战性的体式中，如加强侧伸展式或 Parivṛtta Trikoṇāsana（三角扭转伸展式），瑜伽带的作用更明显。

 使用瑜伽带时，与没有使用瑜伽带时的体式相比，意识集中到后腿上是否更多了？使用瑜伽带时体式的稳定性如何？当你的意识集中在压实瑜伽带上时眼睛的状态如何？呼吸怎样？

› 地面放置一根瑜伽带，左脚外侧踩上去。右腿向外侧打开适当距离，进入三角伸展式，躯干向右侧弯曲。

› 身体弯曲进入体式时不要丢失左脚外侧压带子的力。观察当身体右弯时左脚是否失去了与瑜伽带的接触。

› 保持此体式 45~60 秒，观察体式的稳定性，然后重复做另一边。

› 如果有辅助者，在你进入并保持体式时请他（或她）温和地将瑜伽带向外拉。你则要用力压带子，阻止辅助者将带子拉走。

在站立体式中后腿提供稳定性。在许多站立体式中，包括三角伸展式，如果后腿失去稳定，我们就会将重量落向前腿，从而失去体式的根基。如果后腿没有用力，拉伸就会不够，前腿的负荷就会太大。艾杨格大师说过，在站立体式中，后腿是"体式的大脑"。与瑜伽带的接触帮助我将意识持续关注后腿，并保持后腿的稳定性。更多的稳定和平衡改变了我在体式中的体验。关注后脚外侧的感觉也有助于意识的集中。保持着对后脚的强烈关注，不要丢失，尝试将意识转移到身体的其他部位。

# 第一章 体式实践探索

**辅具**

1根瑜伽带或任何其他扁平的物品。

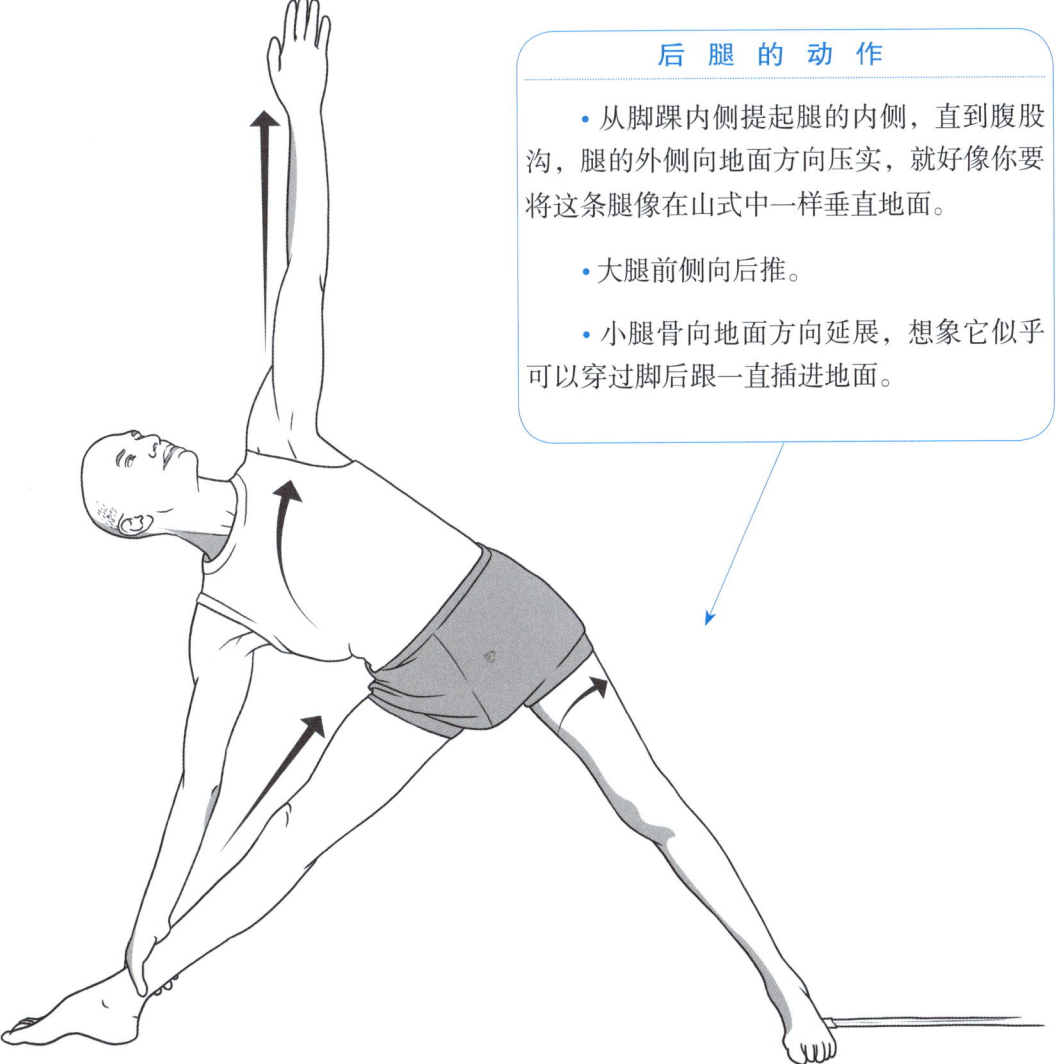

**后腿的动作**

• 从脚踝内侧提起腿的内侧，直到腹股沟，腿的外侧向地面方向压实，就好像你要将这条腿像在山式中一样垂直地面。

• 大腿前侧向后推。

• 小腿骨向地面方向延展，想象它似乎可以穿过脚后跟一直插进地面。

三角伸展式，后腿的脚的外侧放置一根瑜伽带

## 探索 B.7

### 在站立体式中唤醒肩胛骨

在本探索中，我们用瑜伽带绑在胸部上端，尝试几个站立体式。瑜伽带用于强化胸部周边的觉知，激活肩胛骨。在没有瑜伽带的情况下尝试这些体式，研究将意识引向胸部区域对心理状态的影响。

我们建议你在练习其他体式时也将瑜伽带绑在胸部，观察瑜伽带的效果。你可能会发现瑜伽带对很多体式都有帮助。（头倒立就是一个很好的例子）

> **注意事项**
>
> • 如果你有心脏病、心悸、腹泻或痢疾，不要练习战士式。
>
> • 月经过多或子宫出血者应避免这些体式。

› 将一根瑜伽带环绕你的胸部，在乳头上方，经过肩胛骨中心。将瑜伽带系紧，使之可固定在胸部，但不要太紧（即不要使呼吸受限）。

› 山式站立，观察瑜伽带与胸部的接触。

 胸围一圈哪里与瑜伽带的接触更结实？你感觉身体左右两侧的接触一样吗？

> **提示**
>
> 如果有同伴，他（或她）可以帮助你将瑜伽带的环扣放到肩胛骨处并从后面系紧带子。这样可以更精确地调整带子。

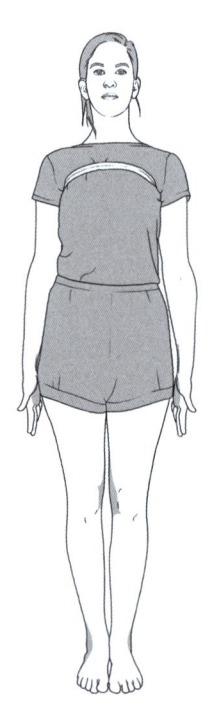

山式，胸部上端绑有瑜伽带

当我使用瑜伽带并打开胸腔时，身体前侧的皮肤会与带子接触，而上背部的则会远离带子。

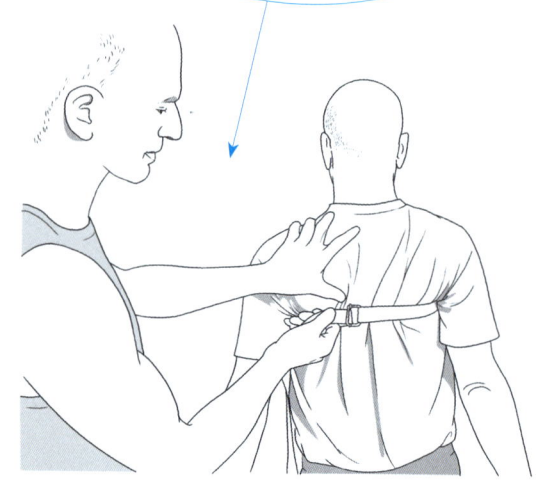

同伴帮助调整瑜伽带

第一章 体式实践探索 | 89

**辅 具**

1根瑜伽带。
可选：1块瑜伽砖。

> 山式站立，吸气，双腿跳开进入 Utthita Hasta Pādāsana（四肢伸展式）。

> 右腿外转90°，进入 Pārśva Hasta Pādāsana（四肢侧伸展式）。

 比较左右两侧肩胛骨与瑜伽带的接触，哪侧接触得更好？

 当你进入四肢侧伸展式时还能保持胸部与瑜伽带的接触不变吗？

> 现在身体右倾进入三角伸展式。继续内收肩胛骨，保持胸部与瑜伽带的接触。

> 保持对两侧肩胛骨和带子接触的观察。

> 重复左侧体式，回到山式。呼吸几次，观察胸腔空间的变化。

 你可以将两侧肩胛骨均匀地远离瑜伽带吗？瑜伽带如何接触到胸腔的皮肤？你的呼吸怎样？在此体式中关注胸腔时感觉如何？

> 取下瑜伽带，再次进入三角伸展式。

 取下瑜伽带后，你还能保持在胸腔的意识吗？肩胛骨的动作还同样敏锐吗？

**肩 胛 骨 的 动 作**

• 将肩胛骨沿身体背部向下移，并收向后肋。

• 尝试使肩胛骨远离瑜伽带。

• 将肩胛骨底端拉向脊柱。

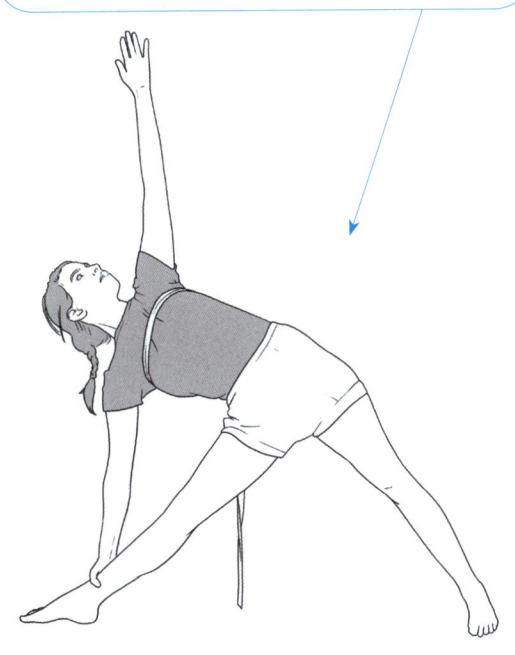

三角伸展式，胸部上端绑瑜伽带

当做右侧的三角伸展式时，右侧肩胛骨常常倾向于后移，右侧胸部也会收缩。瑜伽带使这个区域敏感，帮助我纠正这种趋势。带子还可帮助我激活右侧肩胛骨，将之内收，从而使胸部左侧保持在胸部右侧正上方，避免上身前倾。这时，我可以转头向上看，颈部没有紧张感。

我们继续探索战士Ⅰ式和战士Ⅲ式

> 双腿跳开，双脚大大地分开。右转，进入战士Ⅰ式，左腿内旋，右腿外旋。转动骨盆，两侧对齐。

> 左脚右转大约30°，骨盆右转90°，完全转向右侧。

> 臀部下拉，左臀向左侧展开，臀部中部内收。

> 弯曲右腿，膝盖成90°。弯曲右腿时，确保重心从尾骨而不是从腰部向前移动。

> 脊柱保持向上延展，肩胛骨内收，吸气时将气体充满胸腔。

> 再次观察你的胸腔如何接触瑜伽带。

 胸围一圈哪里能接触到瑜伽带？

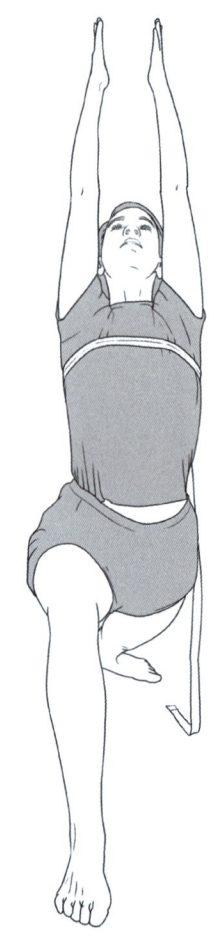

战士Ⅰ式，胸部绑瑜伽带

› 继续，进入战士Ⅲ式。保持臀部远离后背，拓宽左臀。

› 再次观察胸腔与瑜伽带的接触。

 你能保持胸腔的扩展吗？

› 重复另一侧的战士Ⅰ式和战士Ⅲ式。

› 解开瑜伽带，重复上述体式。比较前后感觉的变化。

> 战士式（Ⅰ、Ⅱ和Ⅲ）是不对称体式，将两侧肩胛骨均匀地收向胸腔极具挑战性。我觉得，使用瑜伽带可以帮助我纠正这种不均匀，体式完成得更平衡。

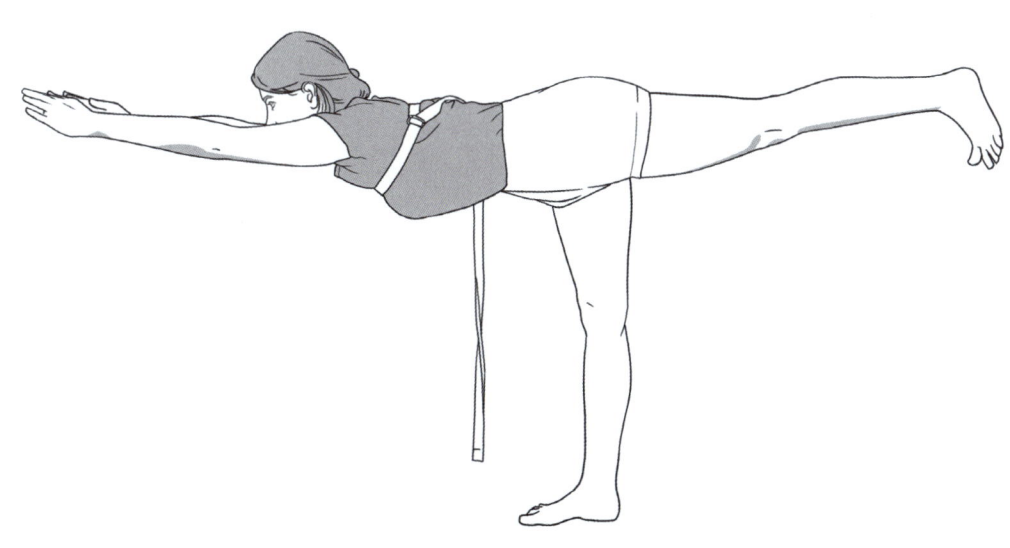

战士Ⅲ式，胸部绑瑜伽带

## 探索 B.8
## 在 Utthita Trikoṇāsana（三角伸展式）中，从 Dhāraṇā（专注）到 Dhyāna（冥想）

在本探索中，我们重复 Utthita Trikoṇāsana（三角伸展式）三次，关注身体的区域一次比一次大。我们观察将关注点从精确的一点（中指）扩展到一条长长的直线对体式体验的影响。

> 完成右侧的 Pārśva Hasta Pādāsana（四肢侧伸展式），将意识完全关注到左手中指。身体向右弯曲进入三角伸展式。身体向右弯曲时，不要减弱对左手中指的关注。

> 重复左侧体式，将意识关注右手中指。

> 起身，在山式中休息一会儿。

> 再次完成右侧的四肢侧伸展式。这一次，将意识扩展到整个左臂，从腋窝一直到中指。

Pārśva Hasta Pādāsana（四肢侧伸展式），中指延展

> 身体向右侧弯曲，进入三角伸展式，保持你的意识在左臂所在直线上。

> 重复左侧体式。这一次，将意识沿右臂扩展到右手中线，穿过中指。

> 起身，在山式中休息一会儿。

> 第三次，进入体式前，先打开、拓宽胸腔。想象胸腔的中心是一个探照灯，光线同时辐射到双臂，并越过两侧中指辐射到整个空间。

三角伸展式，意识关注中指

辅　具

2块瑜伽砖，墙。

在瑜伽中，胸腔的中心被认为是灵性中心，buddhi（智性）所在地。这是 Anāhata Cakra（心轮）所处的位置。想象这个心轮是一个光源，将光辐射到全身。

> 右侧重复此体式。向右侧弯曲时，保持这个辐射从胸腔中心扩展到两侧中指。

> 双臂保持一条直线——这条直线在四肢侧伸展式中是水平的，而在三角伸展式中则是垂直于地面的。

> 回到山式，休息一会儿。左侧重复。

 你能保持将意识只关注身体的指定区域而不漂移到身体的其他部位，或不游离吗？

 将第一次和第三次进入体式进行比较，前者意识集中在一个较小的区域，而后者关注的区域向两边拓宽了。你的眼睛状态如何？稳定吗？你的目光扩展到身体外部的某个地方了吗？还是感觉内收了？呼吸怎么样？

 当你将意识沿着身体扩展到空间时，你是否感觉到已经沉浸在体式中了？你体验到冥想的状态了吗？

三角伸展式中的三角

专注于一点是 Dhāraṇā（专注）；沿着身体扩展你的意识可能导向 Dhyāna（冥想）。艾杨格大师这样解释专注和冥想的区别：

"意识集中到一个点上是专注。同时集中到所有点上是冥想。冥想既是离心的，也是向心的。……如果你把注意力从身体伸展的部分扩展到所有的部位，而不失去对伸展部位的注意力，你就不会失去体式的内在动作和外部的表现，这将教给你什么是冥想。专注有一个焦点，而冥想则没有。这就是秘密所在。"[1]

---

1　译文参考：B.K.S.艾杨格.瑜伽之树.北京：当代中国出版社，2011：41——译者注

## 探索 B.9

### 在站立体式中的根基

在本探索中,我们仔细观察脚部重量的分布以及对站立体式觉知的影响。

我们将每只脚分成四部分,如图所示。

> 山式站立,身体慢慢晃动,将重量从脚跟移向脚掌。然后,将双脚的外缘分别用力踩地,再将双脚的内缘分别用力踩地。

> 尝试将脚的四部分隔离开,分别控制每个部分的用力。观察这对山式站立觉知的影响。

 脚的各部分分别用力时,你感觉到了什么?

 脚后跟前缘和脚趾球后缘同时压地时发生了什么?你感觉到足弓提起了吗?

 当身体的重量从脚的一个四分之一部分转移到另一个四分之一部分时,稳定性和正位如何变化?脚后跟用力踩地有什么效果?脚的外缘用力踩呢?其他部位用力踩呢?

> 现在进入三角伸展式,意识关注后腿的脚(做右侧体式时是左腿)。一次只用脚的一部分用力踩地,研究这对体式的影响。

> 再次进入三角伸展式,这一次意识关注前腿的脚。

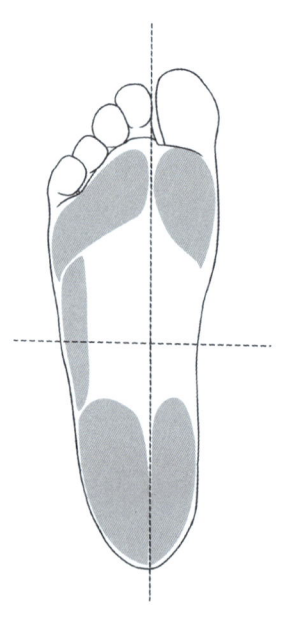

脚底的四部分

 两只脚的感觉有什么不同?你能同时关注两只脚吗?

我觉得(做右侧体式时)左脚脚后跟用力踩地会使我的腿向后移(我身后的墙的方向),从而提高了我在体式中的稳定性和平衡性。将左脚的外缘用力踩地可以提起左腿内侧,从而在骨盆和腹部创造更多空间。左脚内缘用力踩地可以拉长腿的内侧,当脚离地时腿的内侧往往会变短(如在半月式中)。

脚后跟前缘和脚趾球后缘下压可以提起足弓,并使重量更好地在脚上分布。

> **提 示**
>
> 在三角伸展式中，前腿的脚后跟后侧倾向于变重，而脚后跟前侧倾向于变轻。这可能会对跟腱（脚踝后侧）造成额外的压力。要避免这种现象，可以稍微弯曲前腿，将重量转移到脚后跟前侧，然后脚趾球和脚后跟前侧下压，蹬直前腿。你也可以尝试抬起脚趾，这有助于脚趾球更有力地下压。

## 尝试树式

› 抬起右腿，进入树式。仔细感觉重量在脚底的分布。

 左脚（站立的脚）的感觉如何？右脚有何感觉？

在树式中站立，我觉得身体重量有移向站立脚的外侧的倾向。为对抗此现象，我将站立脚的脚后跟内侧下压，使得站立腿更多地垂直地面（避免倾斜太多）。此时，平衡变得更精微，更难以保持；不过，身体重量在站立脚的四部分分布得更好，体式也会变得更舒展、更轻盈，能量也会向上流动得更好。

再观察抬起的脚，我感觉脚的内侧对站立腿内侧的压力更强了。当我将脚的外侧（抬起的腿）压向站立腿的内侧时，抬起的腿的膝盖就会向侧面移动，骨盆就会更好地打开。

树式　　　树式，右膝对齐左腿

你现在可以探索其他站立体式中重量在脚底的分布。观察 *Ardha Candrāsana*（半月式）和 *Vīrabhadrāsana* Ⅲ（战士Ⅲ式）等体式中的平衡会特别有趣。

## 探索 B.10
## 在战士Ⅱ式中转移意识

本探索中，我们完成战士Ⅱ式四次，每次激活不同的大脑区域，强调相应的意识关注点。

我们已经研究了（在探索 A.31 中）前脑的意识（Vitarka）和后脑的意识（Vicāra）。实际上，帕坦伽利提到过 4 种意识，即分析（Vitarka）、综合（Vicāra）、喜乐（Ānanda）和我是（Asmitā）（《瑜伽经》I.17[1]）。艾扬格大师将这四种意识与大脑的不同部位联系在一起：

"我们知道大脑分为四叶。我反复研读《瑜伽经》后，我认为帕坦伽利将大脑的四个叶区对应于智力发展的四个部分。这就是分析（Vitarka）、综合（Vicāra）、喜乐（Ānanda）以及我是（Asmitā）。"

"据说前脑是分析部分（Savitarka），后脑则是综合部分（Savicāra）。大脑的底部是喜乐部分（Ānanda），顶部则是智性的个体——我是（Asmitā）。"

他又将其与瑜伽练习结合到一起：

"在正常视野的情况下，当我们的眼睛从太阳穴前夹角的位置观看时，前脑是以'分析'方式运作。而当我们的视觉意识延伸到太阳穴靠近耳朵的位置时，我们的后脑开始以'综合'方式运作。前脑以其强大的穿透力能够进行分解，而后脑以其整体性可进行再次综合。……当练习体式的时候，如果行动仅仅由前脑'做'出，这就会阻断后脑的冥思式行动。……若体式仅仅由前脑机械性地完成，行动只能被身体外层所感觉，而没有内在的知觉，没有明亮的内心之光。如果体式由后脑不断参照而完成，那么每一行动都回应，敏悟性就会被触发。如此，生命不但具有活力，生命还会被其本体力量所激励。"[2]

---

1 经由止息而产生的三摩地是与"思考、深思、喜乐、我是"相关联之心。
2 译文引自：B.K.S.艾杨格. 光耀生命. 上海：上海锦绣文章出版社，2008：40——译者注

▷ 弯曲右腿，进入战士Ⅱ式。目光敏锐，好像要收进尽可能多的视觉信息。好像要从太阳穴前夹角开始向前拓展眼睛（前脑意识）。

▷ 保持 40~60 秒，同时思考保持这种意识关注点在体式中的感受。起身，左侧重复。

▷ 回到山式，休息一会儿。观察你的感觉如何。

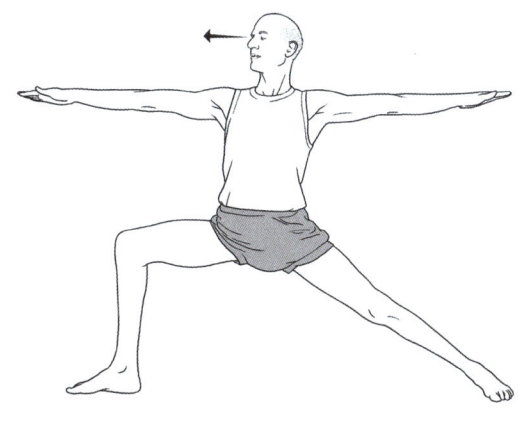

战士Ⅱ式，*Vitarka*（前脑意识）

▷ 重复这个体式。这一次，目光变得柔和，眼前景象有点模糊。眼睛虽然是睁开的，但不要聚焦某物，将视线内收。做右侧体式时，内视左臂。表面上看，你仍然看向右侧，但好像是从太阳穴后角，靠近耳朵处向外看。

▷ 保持 40~60 秒，同时思考保持这种意识关注点（后脑意识）在体式中的感受。起身，另一侧重复。

▷ 回到山式，休息一会儿。体会你的感觉如何。

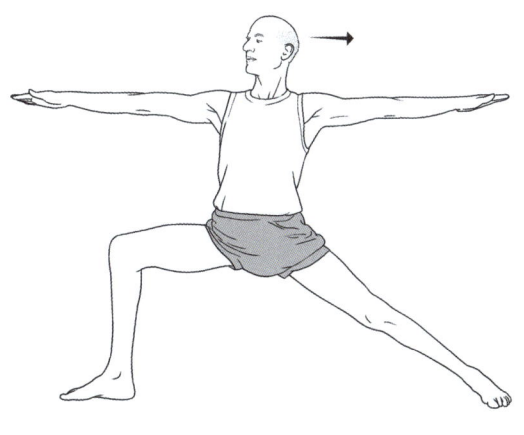

战士Ⅱ式，*Vicāra*（后脑意识）

再一次重复体式，这一次将意识关注头顶，好像眼睛向上，看向你的头顶。

▸ 保持 40~60 秒，同时思考保持这种意识关注点（上脑意识）在体式中的感受。起身，另一侧重复。

▸ 回到山式，休息一会儿。体会你的感觉如何。

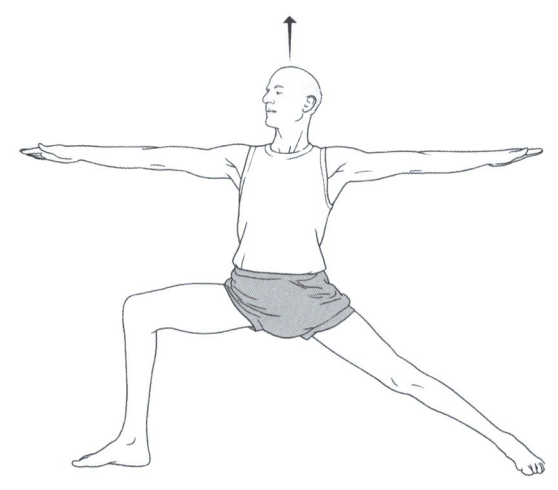

战士 II 式，*Asmitā*（上脑意识）

▸ 最后一次重复体式（第四次）。放松眼睛，向下沉降，好像看向你的心脏。将意识落向大脑的底部。

▸ 保持 40~60 秒，同时思考保持这种意识关注点（下脑意识）在体式中的感受。起身，另一侧重复。

▸ 回到山式，休息一会儿。

 比较在四种战士 II 式中的心理状态。试着说出你的感觉，以及它们的不同。

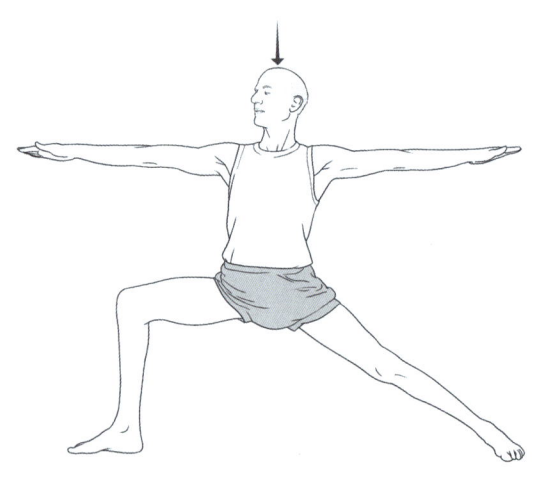

战士 II 式，*Asmitā*（下脑意识）

拓宽视野，不把意识集中在任何外部物体上，尝试视线内收，可以使眼睛柔和地平视，更多向内看。眼睛向上看会产生一种强烈的"自我"的感觉，甚至有点自命不凡。而将眼睛放松，关注大脑底部，可以创造一种喜悦。

# 坐立体式（B）

坐姿是瑜伽练习的基础，我们坐着冥想，坐着练习调息，在每一堂瑜伽课上我们坐着唱诵 OM，为练习和学习做好头脑的准备。我们在坐立体式中可以长时间地保持稳定、平衡和均匀。这有助于培养正位、延展和打开身体，以及意识集中和正念。在梵文中，体式 Āsana 的词根 Ās 的意思就是"坐姿"。因此，在某种意义上，我们练习所有其他体式——站立、前屈、后弯、扭转等，都是为在坐姿中保持稳定、舒适和平衡做准备。或者换个说法，做所有瑜伽体式时都要保持在坐姿中体验到的稳定和宁静的头脑状态。

坐姿就好像回到家里一样，完全回归到我们自己。在正确的坐姿中，不单是身体在坐着，头脑也参与其中，并与我们的身体连接。在坐姿中，身体的重心更接近于大地母亲，我们变得稳定而平衡。在这个放松、中立的状态中，可以观察我们的倾向和爱好，可以面对我们的不耐烦、无聊、心神不定、焦虑烦乱等。也可以跟随我们的呼吸，只是尽情享受"此时此地"，品味此刻的一切。

在 The Hero's Contemplation 中，Pisano 写道：

"活动器官（双臂、双腿）习惯于条件反射的运动以确保我们的生存。在坐姿中，双腿置于不太习惯的位置，应学会安静，免除一切进行防御、侵略或逃跑所需的动作。"

这段话对其他器官也同样适用（比如说，排泄或生殖器官），在坐姿中，它们也会变得平静。

## 探索 B.11
## 在 Daṇḍāsana（手杖式）中收紧双腿：从骶骨到脚后跟

在本探索中，我们用一根瑜伽带绑住双腿。我们比较用瑜伽带收紧双腿的手杖式和不用瑜伽带的手杖式。

> 坐立，进入手杖式，用双手将两侧大腿肌肉分别从外侧向内旋，展开臀部。

> 从骶骨到脚后跟套一根瑜伽带。

> 稍微屈双腿，套紧带子，这样蹬直双腿时带子就可以很好地拉伸。

> 延展双腿后侧，脚后跟用力蹬带子。

> 在体式中停留 2~3 分钟，观察呼吸。

◆ 观察双腿的收紧和躯干的感觉之间的连接。你的脊柱能在多大程度上延展？胸腔的空间多大？呼吸怎么样？

> 现在松开瑜伽带，重复此体式。激活双腿，好像脚后跟还在蹬着带子。

> 比较有带子和无带子这两种体式的体验。

**注意事项**

关于手杖式

如果你的脊柱下垂无力，或者你有哮喘，将脊柱靠墙。

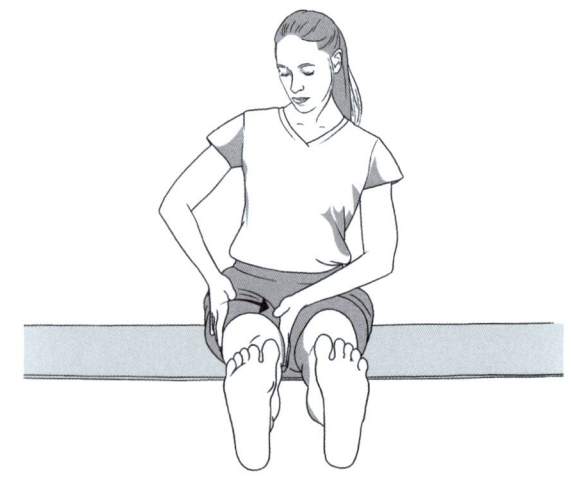

手杖式，将大腿向内旋

# 第一章
## 体式实践探索

**辅具**

1根长的瑜伽带。

### 动作

• 延展双腿后侧,将之压向地面。膝盖向骨盆方向收紧,大腿前侧展平。

• 观察双腿:双腿前侧应面向正上方,双腿后侧的中线,从臀部到脚后跟,应压向地面。

• 膝盖内侧下压,保持膝盖内侧不要抬起,膝盖外侧下压。两个膝盖骨应该看起来完全一样,面向正上方。

• 手掌或指尖压向地面,脊柱向上延展,背部凹陷,胸腔拓宽。

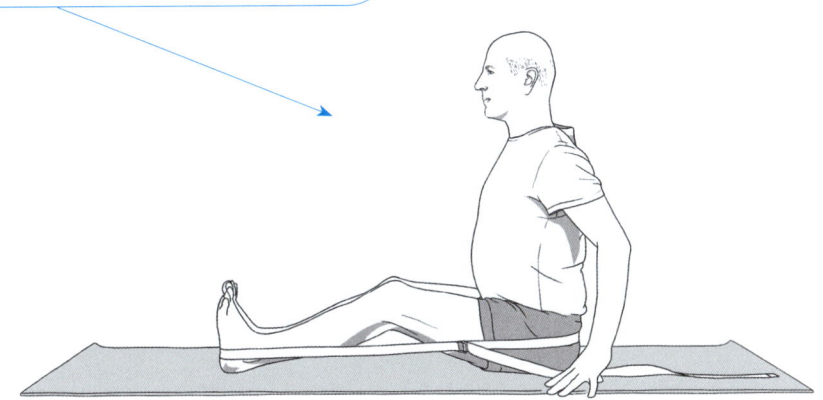

调整瑜伽带

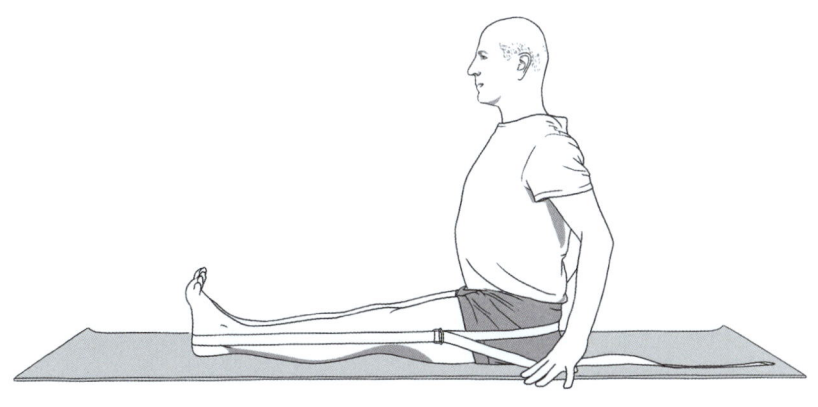

手杖式,瑜伽带从骶骨到脚后跟收紧双腿

## 探索 B.12
## 在 Daṇḍāsana（手杖式）中收紧骨盆：瑜伽带捆绑骨盆

在本探索中，我们研究用瑜伽带捆绑、收紧骨盆的效果，分别在山式和手杖式中实验。你可以继续系着瑜伽带，探索它在所有站立体式以及其他体式中的作用。

我们身体中有两对球窝关节，肩关节和髋关节。这些关节允许有大量运动。肩关节允许手臂自由活动，但容易脱臼。髋关节更强壮一些，但负荷很大，即使是一个轻微的错位也会削弱韧带，使大腿骨（股骨）特别是股骨颈更容易受伤。因此，在所有体式中，一个重要的动作就是将肱骨和股骨收进它们的窝槽中。我们需要激活这些关节周围的肌肉，用它们保持这些关节的稳定。收紧髋关节可以使大腿骨处于正确位置，有助于延展脊柱，打开胸腔。这里，我们用瑜伽带来创造这样的紧实度，并研究其效果。

 你注意到骨盆收紧与你的稳定性和脊柱延展、胸腔打开程度之间的连接了吗？

> **提 示**
> 如果感觉一侧髋关节比另一侧弱，则将瑜伽带从较弱的一侧拉向"好的"一侧。

> 山式站立。

> 在骨盆中部环绕一根瑜伽带。双膝稍微弯曲，拉紧带子，使之贴紧骨盆两侧的大转子，并与耻骨接触。

> 将带子拉紧时双手用力，使得骨盆两侧收紧均匀。

> 将带子多出的一段环绕到骨盆上，并将带子头塞进带子中。以免牵拉到地面。

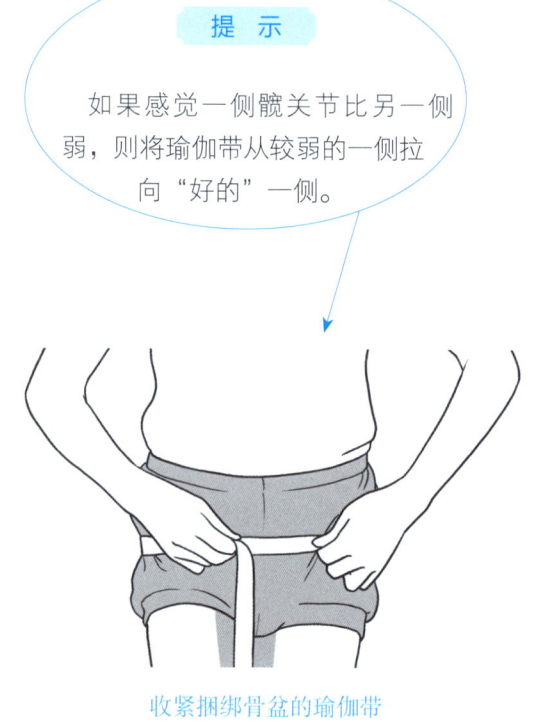

收紧捆绑骨盆的瑜伽带

### 辅 具

1根瑜伽带。

接下来，我们系着瑜伽带，手杖式坐立。保持一会儿后我们将带子解开，再保持片刻。为了方便解开带子，在坐下之前，先松开刚才多出的环绕到骨盆上的带子（只保留第一圈），并将环扣调整到身体前方，这样容易够到。

› 在山式站立时，用瑜伽带的一端作为尺子，测量出下腹部（从耻骨到肚脐）的长度。

› 骨盆环绕着瑜伽带，手杖式坐立。测量一次下腹部的长度。

› 保持一会儿，解开带子，在手杖式中保持一会儿。

 观察解开带子的效果。你能保持髋关节的紧实度不变吗？松开带子时，脊柱塌陷了吗？胸腔空间缩小了吗？

 手杖式坐立时你能保持下腹部的长度不变吗？

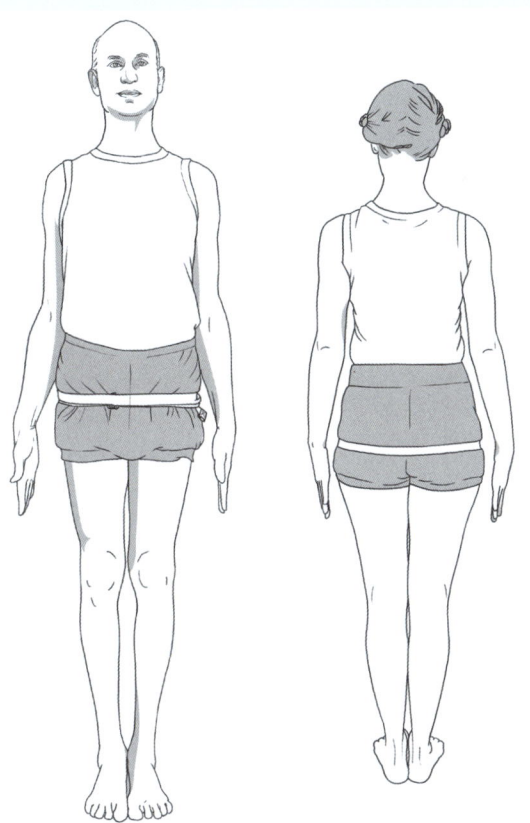

带子捆绑骨盆，前视图　　带子捆绑骨盆，后视图

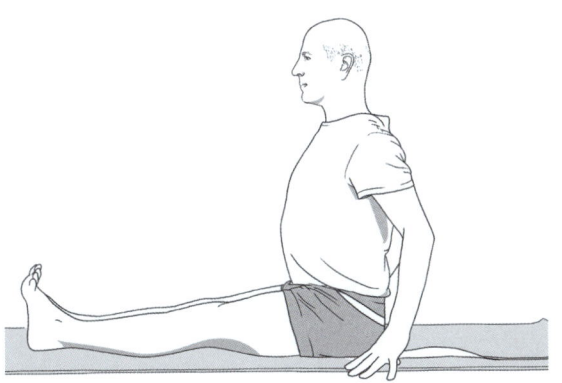

手杖式，瑜伽带捆绑骨盆

当我们坐下时，腹部竟然缩短了，真令人吃惊！

每当询问我的学生，骨盆绑着瑜伽带坐立，然后松开带子，有什么感觉时，他们都会说感觉有非常明显的不同。瑜伽带绑住骨盆保持髋关节收紧时，脊柱挺拔向上。他们经常表示愿意用瑜伽带绑住骨盆（这当然可以）。瑜伽带告诉我们这种紧实度的重要性。不用瑜伽带，用肌肉获得类似的效果是需要一些练习的（不可否认，不使用瑜伽带，效果绝没有那么明显）。

## 探索 B.13
## 使体式的根基敏感：Daṇḍāsana（手杖式），臀部和脚后跟在瑜伽砖上

在本探索中，我们在手杖式中，臀部坐在一块瑜伽砖上，脚后跟在另一块瑜伽砖上。我们将此体式与通常坐在地面上的手杖式进行比较。

> 手杖式坐立。在臀部和脚后跟旁边各放置一块瑜伽砖。

> 臀部坐在砖上，脚后跟也放在砖上。

> 观察当你的两块坐骨和跟骨下压瑜伽砖时的感觉。

 什么是双腿后侧的延展？什么是双腿的激活？还要注意在体式中身体抬高、压砖时的体验。

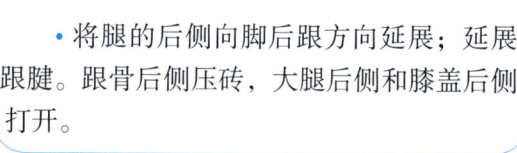

动　作

• 如探索 B.11 所示，将大腿前部从外侧向内侧旋。将臀部肌肉向两侧拨，坐骨更多地露出。

• 将腿的后侧向脚后跟方向延展；延展跟腱。跟骨后侧压砖，大腿后侧和膝盖后侧打开。

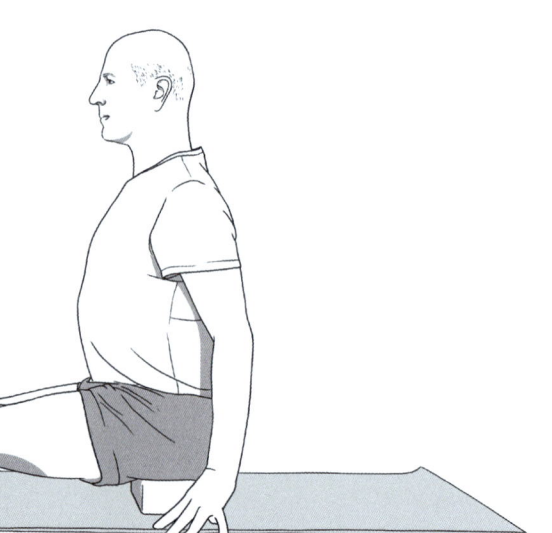

坐在两块瑜伽砖上的手杖式

## 辅具

2块瑜伽砖。

## 注意事项

**膝盖超伸**

- 如果小腿肌肉太多地落向地面，膝盖就会超伸。这对膝盖是有伤害的。

- 如果你不能阻止小腿肌肉的下落，可以用卷起的瑜伽毯支撑，以防止膝盖错误地锁紧。小腿有支撑后，将股四头肌收紧，大腿前侧向地面方向下压。

## 提示

为了更好地利用双臂的力量，双手可以放在砖上。

▷ 将砖撤掉，在地面上重复手杖式。

▷ 比较你在两个变体中的感觉（有瑜伽砖，无瑜伽砖）。

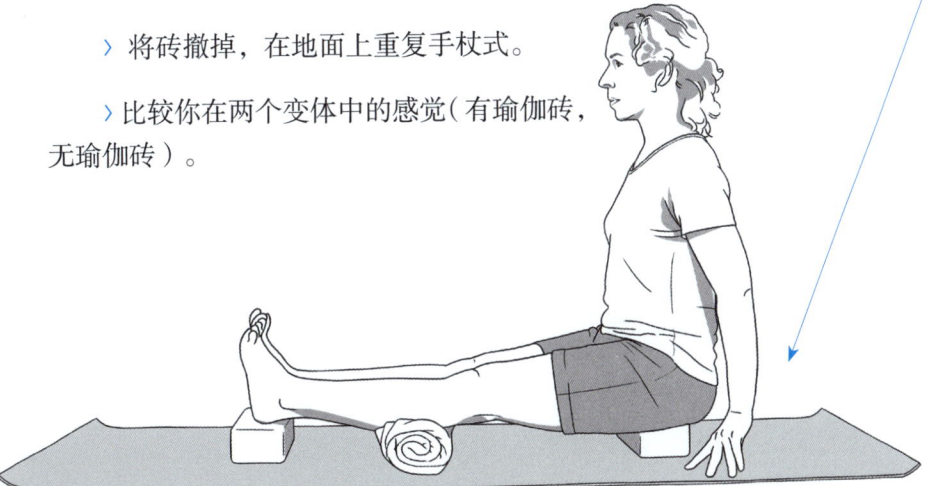

脚后跟在瑜伽砖上，小腿有支撑（防止膝关节超伸）

# 倒立体式

"所有从伟大的月亮（位于喉咙）流出的能量，都被太阳（在肚脐）吞噬，正是这个原因使身体衰老。"

"这个殊胜的练习关闭太阳的入口（在肚脐区域，来自月亮的琼浆注入的地方）。"

"此练习中，肚脐在上，上颚在下，太阳在上，月亮在下，称为颠倒式契合法（Viparīta Karaṇi）。此法由上师处习得。"[1]

以上引自经典著作《哈他之光》，形象地描述了倒立体式超常的益处。向下流动的能量被太阳吞噬，导致身体衰老。倒立体式使此过程逆转，至少可以使此过程的速度减缓。事实上，倒立体式——瑜伽独特的礼物——是一个伟大的恩惠。这些体式将我们带向通往自我深处的内在旅程。渗入内心深处，在深层次上给我们触摸和疗愈，我们的恐惧隐藏在那里，同样在那里我们可以发现力量和欢喜。

倒立体式激活并平衡我们身体的两大控制系统：神经系统和荷尔蒙（内分泌）系统，由此影响到我们的整个身心。此外，身体其他功能器官也会获益，最明显的是血液和淋巴循环系统，以及呼吸、消化、排泄系统等。它们给我们补足能量，同时带给我们专注、安宁和平衡。

### 注意事项

生理期不要练习倒立体式。另外，如果有下列问题，也不要练习倒立体式：

- 高血压
- 眼睛或耳朵有问题
- 心脏病
- 头晕或恶心
- 如果颈部受伤或颈部疼痛，可以使用辅具进行练习，但要在有经验的艾杨格瑜伽老师的指导下完成。
- 下面给出的一些 Śīrṣāsana（头倒立式）的探索属于高级体式，只有当你可以不靠墙在头倒立式中保持5分钟时才可以练习。

---

[1] 译文引自并参考：斯瓦特玛拉玛.哈他之光.兰州：甘肃人民美术出版社，2011：84——译者注

## 探索 B.14
## 核查 Śīrṣāsana（头倒立式）的稳定性：大脚趾上悬挂一根瑜伽带

辅 具

1根瑜伽带。

在本探索中，我们用一根瑜伽带套在大脚趾上，向下垂落，像一个钟摆，可以评估体式的稳定性。

› 取一根瑜伽带，一端做成一个小环，套在大脚趾上。

› 系紧，将环扣调整到两大脚趾顶端中间。

› 进入头倒立式。进入体式时，尝试使带子与身体中线对齐，正好在鼻子前方。

› 在头倒立式中停留几分钟，看着带子，并尽力保持其静止。开始时带子可能会晃动，不过随着双腿更加稳定以至于静止，瑜伽带也会随之不动了。

 当意识关注瑜伽带时你的眼睛有多稳定？呼吸的质量如何？头脑状态如何？

意识关注瑜伽带并观察它的移动，可以将双腿稳定性的情况很好地反馈给我。眼睛看着带子会逐渐稳定。当带子静止时，即使片刻，我也会感觉到处于体式中的稳定、平衡和宁静。当身体不动时，我的头脑也会变得静止。这个连接是双向的，因为头脑的每一个活动都会反映到双腿的细微移动上，进而又干扰了带子的静止。

**提 示**

• 虽然起身时双腿必须并拢着，但是你可以将其弯曲。

• 如果你自己不能将瑜伽带调整到身体正前方，可以请他人帮助。

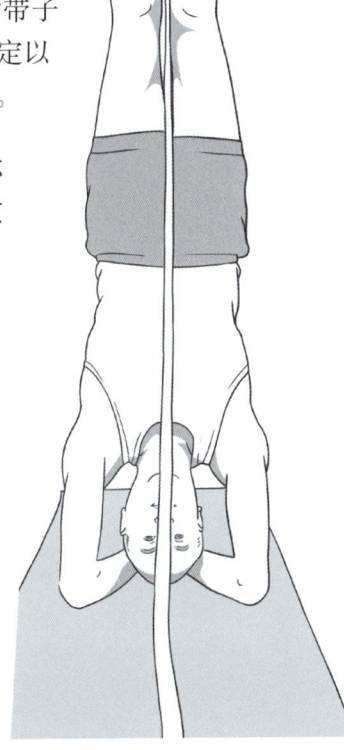

**挑战：**

在瑜伽带的一端绑一个小杠铃片（约2公斤），刚好离开地面几厘米。这将使带子更难静止，因为瑜伽带的每一个细微移动都会被杠铃片放大。

头倒立式，大脚趾悬挂一根瑜伽带

## 探索 B.15
## 在头倒立式中使用想象

在本探索中，我们使用想象并研究它对头倒立式中觉知的影响。

> 进入头倒立式。想象脚踝上绑有一根绳子，并将脚踝轻轻地垂直地面向上拉起。

 此想象对双腿的动作有什么影响？对你的整个体式的觉知有何影响？

> 我觉得这个想象帮助我将双腿用最小的力向上伸展。这也给我一种方向感，我的腿就沿着垂直方向伸展。只要我能在头脑中保持这一想象的画面存在，双腿动作的用力就会少一些，而且更加臣服于这个想象的外在的拉力。这样，我的双腿不用太收紧、太用力就可以保持伸展和稳定。当双腿向上拉伸，腹部变长、变柔软，腹部器官有一种被温柔地按摩的感觉。

头倒立式

## 探索 B.16
## 面向墙的头倒立式

本探索对我们的心理可能极具挑战,因为我们通常在头倒立式中出体式时双腿向前下落。当面向墙并靠近它做头倒立式时,好像下来的道路被挡住了。这使我们要面对身后看不见的、未知的领地,可能会产生本能的恐惧。以这种方式在体式中停留给我们提供了一个机会,探索这个本能以及对潜在的有压力的局面的反应。理性上我们知道可以像进入体式那样从体式中出来,我们可以由此学会克服恐惧,放松,并保持镇静。

› 先跪下,十指紧扣,形成杯状,身体一侧贴墙。将头放到杯状的双手中。

› 下身侧着,双脚沿墙向上爬。双腿向上伸展,脚趾尖靠墙。

› 双腿依次离墙,保持平衡。

 在体式中有什么感觉?感到恐惧和不安全吗?呼吸如何?眼睛怎样?

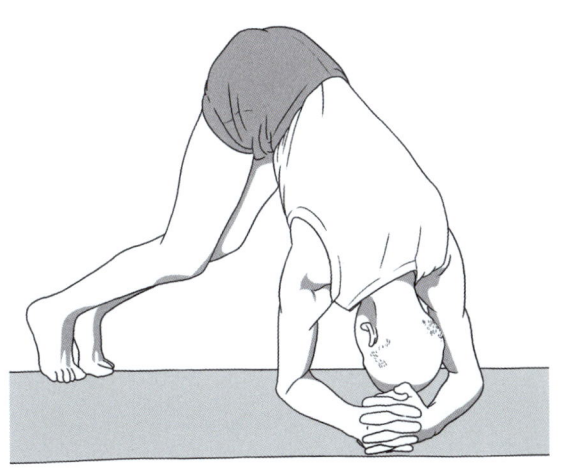

面对墙进入头倒立式

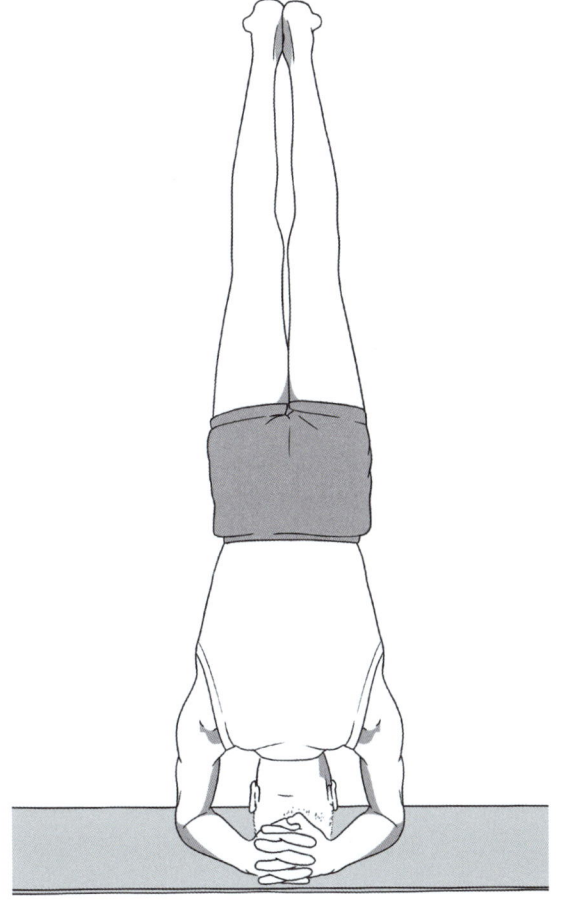

面对墙头倒立式

## 探索 B.17

### 在头倒立式中打开胸腔

在本探索中，我们使用瑜伽砖支撑胸椎和肩胛骨，体验有支撑的头倒立式。将其与不用支撑的体式进行比较。即使没有支撑你可以完成此体式，使用瑜伽砖也可以帮助你更好地完成体式，还可以教会你在头倒立式中双臂和上背部的用力方法。

头倒立式的挑战之一是将胸椎和肩胛骨收入身体。如果做不好，可能会对颈椎造成压力，久而久之，可能会引起伤害。这也会造成压力和不适。如果手臂无力或受过伤，或者上背部弓起（过度后凸），或者斜方肌僵硬，此体式很难完成，在某些情况下可能需要支撑。

瑜伽砖的放置有几种方式。每个人的需要可能略有不同，取决于练习者身体的大小和结构、肩部的灵活程度以及所用瑜伽砖的类型。

> 靠墙放置 1 块最高高度砖，其上再放 1~2 块最低高度砖。

> 不要将双手十指交叉，而应是紧紧握住底部的瑜伽砖。

> 头离垂直的瑜伽砖约 5 厘米，进入体式。

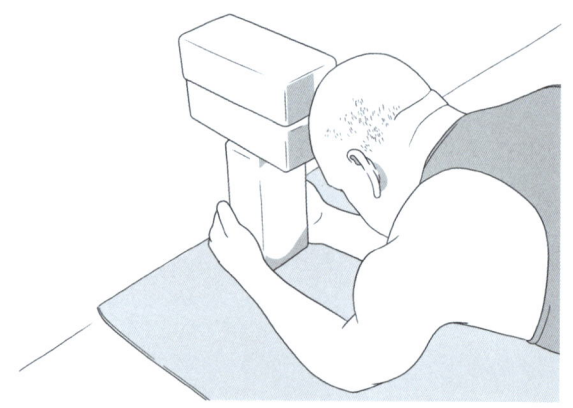

在最高高度砖上放置两块最低高度砖，用于支撑胸椎

 观察有此支撑时你的稳定性和胸腔的打开程度。你的呼吸如何？眼睛柔和吗？

 将此体式与没有支撑的头倒立式进行比较。

瑜伽砖显著改善了我的头倒立式。有了这个支撑，我发现保持肩部的稳定容易多了，觉得头几乎要漂浮起来了。颈部可以放松，远离双肩，沉向地面。有一种轻松而且稳定的感觉。当不用瑜伽砖练习时，此体验的细胞记忆也能帮助我改善体式。

第一章
体式实践探索 | 111

辅 具

2~3块瑜伽砖，墙。

**提 示**

• 上臂较短者可以放置1块最低高度砖。分别尝试放1块和2块砖的效果，找出最适合你的方案。

• 通过实验找到你的头与最高高度砖的正确距离。你应该能感觉到头顶落地时瑜伽砖对肩胛骨之间的胸椎的支撑。水平放置的砖不要过于凸出，否则将使你在进入体式时双腿难以抬起。

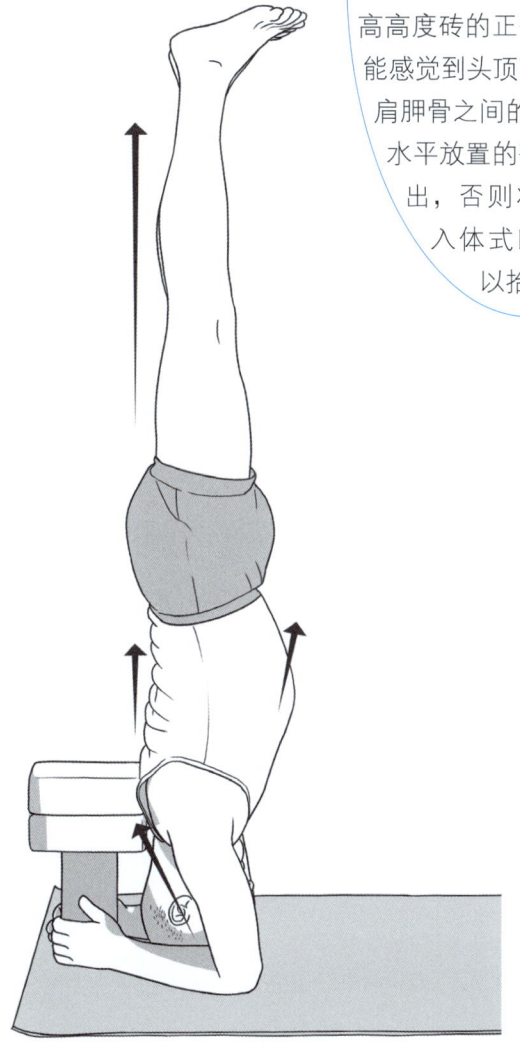

有砖支撑的头倒立式，
上面放置两块最低高度砖

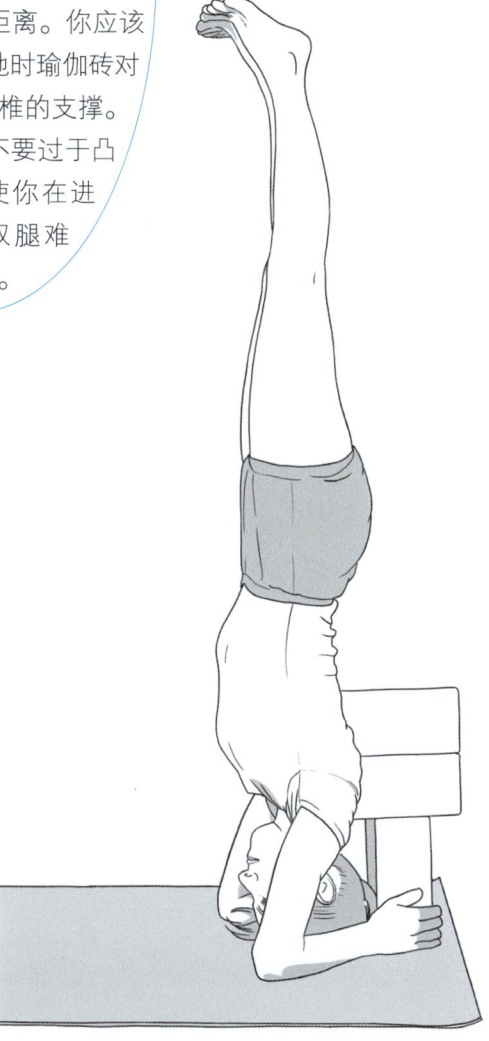

有砖支撑的头倒立式，
上面放置两块中间高度砖

## 探索 B.18
## 关注一条向前延伸的直线：头顶下方有一根瑜伽带

在本探索中，我们沿瑜伽垫的中心放置一根瑜伽带，进入头倒立式时带子的一端在头顶下方。在体式中时眼睛注视瑜伽带，并观察这对体式的影响。

辅 具

1根瑜伽带。

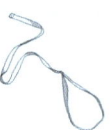

> 沿瑜伽垫中心放置一根瑜伽带，将其拉直。

> 将头顶顶到带子一端，进入头倒立式。

> 眼睛向前看。确保眼睛沿着瑜伽带所示方向。

> 一次闭上一只眼睛，检查左眼和右眼看到的图像是否对称。

> 睁开眼睛，保持眼睛沿着瑜伽带看向前方。目光保持柔和、稳定。

> 感觉头顶下的瑜伽带，检查它是否处于头顶的正下方。

 眼睛沿着向前延伸的直线向前看时感觉如何？

我的经验是，当观察瑜伽带并模糊地沿其方向看向远方时，在心理上拓宽了体式的范围。目光变得平静而稳定，并感觉到体式中的均匀和平衡。

头倒立式，头顶下方有瑜伽带

## 探索 B.19
### 在头倒立式前后做体式

在本探索中,我们先做三角伸展式,然后做头倒立式,再重复三角伸展式。我们比较头倒立式前、后两次三角伸展式的体验,看看完成头倒立式是否和如何改变了其后的体式体验。

在本探索中,我们简单地接触到了序列,这是一个重要话题,在体式练习中非常重要。在第四章介绍一些练习序列时将再次遇到它。

› 在两侧做三角伸展式。注意你的感觉。特别关注眼睛的放松度和头脑的状态。

› 做头倒立式。如果可能,至少在体式中保持 5 分钟。

› 双腿落地,低头待一会儿,起身,重复三角伸展式。

 你注意到两次三角伸展式中体验的不同了吗?如果注意到了,这些不同是身体上的还是心理上的?你能描述出这些不同并解释它们产生的原因吗?

## 探索 B.20

### 在头倒立式中计时的影响

在本探索中,我们做几次头倒立式,每一次持续不同的时间,并研究计时对在体式中觉知的影响。不像大多数其他探索,本探索不要试图一次就完成,而是要经历数天,否则前一次尝试会影响后面尝试的体验。

> 在连续的4天中,每天做一次头倒立式,分别停留1、3、5和8分钟(如果可能,停留更长时间)。出体式后,立即记下你的感觉,描述对你的生理和心理的影响。

**注 意 事 项**

只有当你能在头倒立式中停留8分钟或更长时间时才能尝试本探索。

 比较这4天的记录。计时以什么方式影响到你在体式中的觉知?你能解释为什么停留的长度会影响体验吗?

> 生理和心理都从容不迫。我觉得随着时间的延长,倒立的效果急剧增长。甚至可以说,大于线性增长率。例如,停留5分钟与1分钟相比,效果好像增加了5倍以上。用经验验证某些影响这种主观感觉的参数很有意思,但是,我认为就观察而言对于任一规律练习头倒立式者这都是显而易见的。有时我会在此体式中停留30分钟,这确实有很强烈的效果。(请注意,如果没有准备好,千万不要进行尝试)。当我下来时,双腿都是麻木的,一两分钟后我才能重新站立。

## 探索 B.21
### 肩倒立式中的不同支撑

辅 具

2个瑜伽抱枕，
5~6条瑜伽毯，
1根瑜伽带，
2块瑜伽砖。

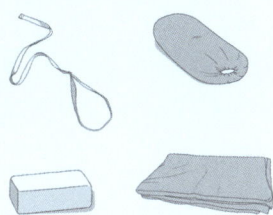

练习肩倒立式，应该使用一个辅具搭成的平台抬高双肩和上臂，使它们高于头，头落于地面。这可以避免对脆弱的颈椎施加压力，并可以抬起上背部，打开胸腔。如果你不熟悉肩倒立式的这种方式，请仔细阅读附2.3。

在本探索中，我们考察三种支撑的效果：

- 5~6 条瑜伽毯；

- 2 个瑜伽抱枕；

- 1 个瑜伽抱枕，2 块瑜伽砖和 2 条瑜伽毯。

不要一次完成上述三种支撑，而是分三次连贯地完成。每次写下你对所用平台的感觉。第三次完成时，比较所有记录。

### 注 意 事 项

当颈椎间盘突出时做肩倒立式是有风险的。如果你怀疑自己有这种情况，请咨询有相关知识的艾扬格瑜伽认证教师。

> **动 作**
>
> • 双腿向上伸展,从上背部开始到臀部提起背部。
>
> • 为了保持身体的直立、收紧,臀部中段内收,大腿前侧后推并上提。
>
> • 在肩倒立式中停留几分钟。

### A. 瑜伽毯支撑平台

我们由 4~5 条瑜伽毯组成的支撑平台开始。在平台两侧分别放置一块瑜伽砖和一个瑜伽抱枕,在进入体式前,用之矫正身体。

这个布置如下图所示。我们假设你了解在支撑上做肩倒立式的方法(附 2.3 给出了这种布置的详细说明)。

▷ 从 *Halāsana*(犁式)开始,做适当调整,使双肩支撑在瑜伽毯上。

▷ 抬起双腿(一条腿接一条腿,或者双腿同时),向上伸展,进入 *Sālamba Sarvāṅgāsana* Ⅰ(支撑肩倒立Ⅰ式)。

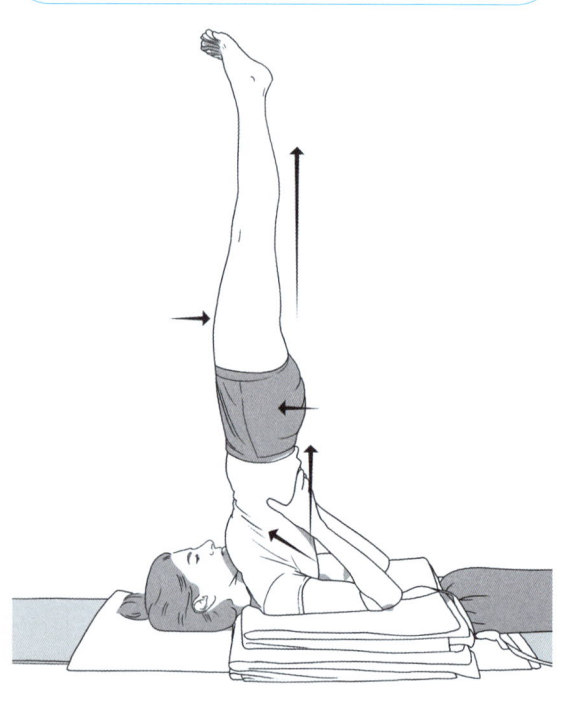

*Sālamba Sarvāṅgāsana* Ⅰ
(支撑肩倒立Ⅰ式)

使用瑜伽毯布置一个支撑,另加一块瑜伽砖和一个瑜伽抱枕

◉ 在瑜伽毯上做此体式有什么感觉？颈部舒服吗？你能提起上背部，打开胸腔吗？呼吸如何？总体上有什么体验？记下这些体验结果。

› 双腿下落，进入犁式。大脚趾应放在瑜伽砖的中线上。双臂向后伸展，抓住抱枕。

› 在犁式中保持 1~2 分钟。

› 出体式时，移开双臂上的瑜伽带，手掌支撑背部，身体慢慢向地面方向滚动，直到臀部落在抱枕上。

› 身体向头顶方向滑动，直到双肩落到地面，但是胸部仍然在瑜伽毯上。你可以弯曲双腿休息 1 分钟左右，然后身体转向右侧，慢慢起身。

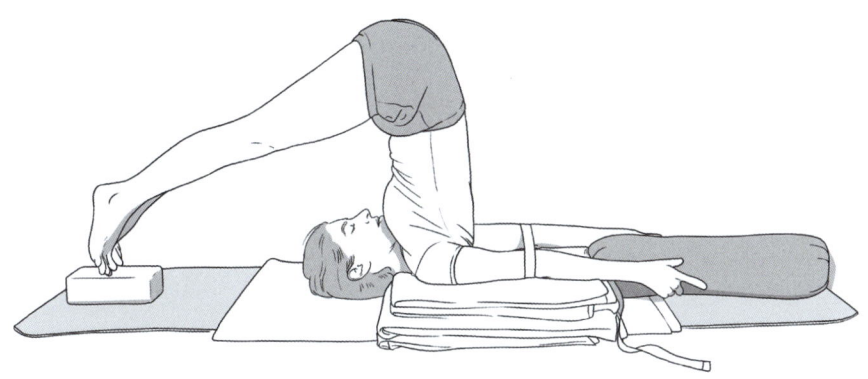

犁式，大脚趾放在砖上

离开肩倒立式

### B.两个抱枕支撑平台

› 铺一条瑜伽毯,并排放置两个同样大小的瑜伽抱枕。一个用于支撑双肩,一个用于支撑双肘。瑜伽毯在头部一侧超出抱枕,使头部与地面的接触部位柔软。

› 躺在抱枕上,肩膀位于前侧抱枕的中线,颈部完全落在抱枕圆边上。

› 进入犁式。双肘套上瑜伽带,身体向上,进入肩倒立式。

**提 示**

使用抱枕时,整个颈部落在抱枕上。(而不是像在用瑜伽毯支撑时,只是支撑颈部下端三分之一。)

用两个抱枕支撑进入肩倒立式

你感觉用抱枕做支撑怎么样?颈部舒服吗?你能提起上背部,打开胸腔吗?呼吸如何?体式中的总体感觉如何?记下这些观察结果。

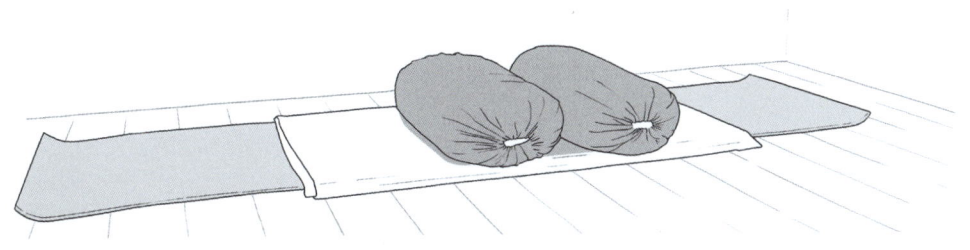

准备两个抱枕支撑

**C.用两块瑜伽砖、一个瑜伽抱枕支撑平台**

第三个选择,将支撑双肩的抱枕换成两块瑜伽砖。

> 在瑜伽垫上铺一条瑜伽毯,放置两块瑜伽砖。两块砖稍微离开一点儿,以便各支撑一个肩。

> 砖的旁边放置一个抱枕用于支撑双肘。

> 砖上铺一条折叠的瑜伽毯,作为软垫,让双肩舒服一些。

> 如前所述,进入肩倒立式。

肩倒立式,两块瑜伽砖和一个瑜伽抱枕支撑

双肩用瑜伽砖支撑感觉如何？双肩比前一个支撑感觉好吗？颈部舒服吗？你能提起上背部，打开胸腔吗？呼吸怎样？在体式中的总体感觉如何？记下这些观察结果。

抱枕比瑜伽毯的支撑更厚、更软，因此也更舒服一些。这种舒服很温和，很"友好"，我们可以在体式中停留更长时间。有了这个支撑，即使颈部疼痛或双肩很僵硬也能完成此体式。不过，我觉得抱枕缺乏瑜伽毯提供的那种稳定性和支撑力，双肩和上臂会陷入抱枕中，因此躯干的上提受到一些影响。支撑高度的加大也减弱了此体式的收颔收束（Jālandhara Bandha）的效果（胸腔上端与下巴接触时产生）。

这方面的作用瑜伽砖正好与抱枕相反：瑜伽砖比较硬，为双肩的下压提供了抗力。这种类型的硬支撑有助于肩头的调整，使上背部更好地上提，胸腔进一步打开。我感觉这会带来意识的警觉和头脑的敏锐。

我通常使用瑜伽毯，因为它们不太软，也不太硬，可为此体式提供一个合适的根基。但是，根据具体需要，我偶尔也会使用抱枕或砖，得到上述效果。

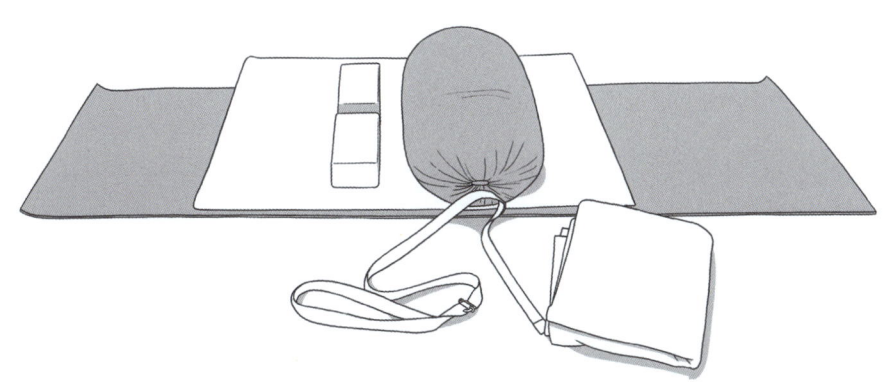

准备两块瑜伽砖和一个瑜伽抱枕作为支撑

### 探索 B.22

### 在 *Adho Mukha Vṛkṣāsana*（手倒立式）中克服恐惧：抱枕靠墙

倒立往往会引起不安全感和恐惧。对手倒立式尤其是这样。有些学生尽管可以用双臂支撑倒立，但也不愿意背部对着墙向上跳。它们害怕失去控制，头撞到墙上。靠墙放置的抱枕可以帮助克服这一恐惧。显然，这里有某些心理障碍需要跨越。本探索中，我们使用一个靠墙的抱枕，并观察其效果。在第四章中，我们提供了建立信心的一个序列(4.1)。

> 靠墙垂直放置一个瑜伽抱枕。

> 将双手放到抱枕两侧，手与墙、手与抱枕的距离相等。五指大大地分开，拓宽手掌。

> 一条腿弯曲，用其向上跳跃。另一条腿伸直，用其摆动身体进入体式。

> 一旦跳起，双腿并拢，手掌压向地面，整个身体向上伸展，脚后跟沿墙滑动。

> 坐骨向脚后跟方向提起，尾骨内收。

> 头部垂落，拉长颈部后侧，眼睛向上看向你的脚趾。肩胛骨内收，向背部肋骨方向收紧。同时，肋骨下端不要前凸，而是提起并靠向墙的方向。

**提 示**

• 留意进入体式时你是用哪条腿跳跃的。下一次尝试用另一条腿。练习此体式偶数次，每次换一条腿。

• 一旦掌握了单腿跳入体式，可以尝试用双腿同时跳入。此时，将意识集中于整个骨盆区域的上提，而不是将脚放到墙上。

用靠墙的瑜伽抱枕准备手倒立式

辅 具

1个瑜伽抱枕

### 动 作

- 向上看时，肩胛骨内收，腋窝延展。

- 三角肌向肩胛方向提起，打开腋窝。将这些肌肉吸向腋窝，同时，用双肘形成拮抗（好像将它们向墙的方向移动）。

- 胸腔不要下落，头部放松，自然垂落。向前看，面部放松，呼吸顺畅。

- 在此体式中停留30~45秒，一条腿一条腿地落回地面。双腿分开，在加强脊柱前屈伸展式中休息、调整。

手倒立式，向上看，肩胛骨内收

用抱枕支撑进入体式

柔软的抱枕比坚硬的墙壁更"友好"，有助于克服跳入体式时担心撞到墙壁的恐惧。我的一些学生从不敢尝试此体式的跳跃，有了抱枕的帮助便学会了（甚至他们实际上根本没有碰到抱枕）。正是抱枕的帮助，克服了跳入到一个不熟悉的、上下颠倒的体式中的心理障碍。借助于抱枕练习几次后，大多数学生都获得了足够的信心，可以丢开抱枕直接跳上去了。

如此这般，这个简单的支撑帮助我们克服了一个根深蒂固的恐惧。

# 前屈体式

向前延展可以使人安静、清爽,有安抚和放松的作用。可以降低血压,减轻焦虑,使头脑平静、意识集中。前屈时,我们亲密地向自身折叠,从中发现了我们习惯向外部寻求的支持。我们的视觉关闭,听觉内收:"身体向前伸展时,头落向或超过膝盖,象征着臣服以及放弃一切行动计划。前脑的感知消失,代之以谦逊地垂向大地。头脑完全放空。"[1]

我们现在做一些腿部的伸展,为前屈做准备。

Supta Padaṅguṣṭhāsana(仰卧手抓脚趾伸展式)是一个很好的腿部伸展体式,我们由此开始,为坐立前屈做准备。此体式还有很多其他好处。它可以创造骶骨区域的空间,缓解下背部的疼痛。也可以强化腿部骨骼,打开膝盖后侧。因此,有益于膝盖健康。

仰卧手抓脚趾伸展 I 式

---

[1] Cristian Pisano,The Hero's contemplation,p292

## 探索 B.23

### 稳定 Supta Padaṅguṣṭhāsana I（仰卧手抓脚趾伸展 I 式）

辅　具

1根瑜伽带。

在仰卧手抓脚趾伸展 I 式中，我们一条腿向上伸展，同时保持另一条腿在地面的稳定。抬起的腿是运动的，这是看得见的，感觉也是更明显的。而另一条腿也同样重要，因为它提供了稳定和静止。本探索中，我们不是将注意力集中到抬起的腿上，而是在地面上平时没有注意到的腿上。我们观察将注意力转向这条腿的心理效果。

> 从 Supta Tāḍāsana（仰卧山式）开始。拓宽双腿后侧与地面的接触面。双腿下压，以增加接触的区域。

> 大脑中画一张接触的地形图，接触越强，颜色越深。

> 保持左腿与地面的接触不变，弯曲右腿，进入 Eka Pāda Supta Pavana Muktāsana（单腿祛风式）。

> 现在将瑜伽带放到右脚脚后跟前侧，双手拉带子，伸直右腿，用脚后跟的力将带子蹬紧。

> 再一次检查，确保左腿保持不动。

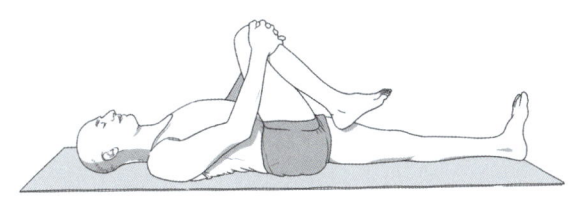

当右腿上抬时，你是否能保持左腿与地面的接触就像仰卧山式那样不变？抬头检查一下左腿：它外旋了吗？大腿上提了吗？左腿缩短了吗？

当意识关注左腿与地面的接触时头脑的状态如何？眼睛的状态如何？呼吸怎么样？

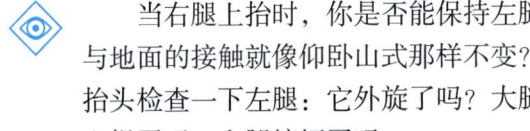

单腿祛风式

瑜伽是一段通往内在的旅程，它教导我们不要过度关注外在的形象和印象，或者被外在发生的事情过度干扰（或影响）。我们学习向内观察，研究我们自己的思想状态（Svādhyāya，自我学习）。《薄伽梵歌》说道："当飘忽不定的感官控制心意，就会盗走智力，使之无法抵达平静和快乐的灵性彼岸，就像海上的一叶扁舟在风暴中无法抵达海岸。……当众生处于黑夜时，自我控制的瑜伽士保持着清醒；当众生醒着时，瑜伽士却认为是黑夜。"（《薄伽梵歌》）[1]

抬起的腿是看得见的，是运动的，它吸引了我们的注意力。这往往会拉动另一条腿稍微抬起，从而失去这条腿与地面的接触。意识保持对下面的、未曾看见的腿的关注，并保持其稳定，对我们是一个挑战。这首先是一个心理活动，因为意识只是持续关注那条腿就可以保持其稳定。

---

[1] 引自并参考：毗耶娑.薄伽梵歌.成都：四川人民出版社，2015：57——译者注

## 探索 B.24
## 柔和、有支撑的 *Paścimottanāsana*（加强背部伸展式）

在本探索中，我们被动地停留在 *Paścimottanāsana*（加强背部伸展式）中，让地心引力将躯干拉向双腿。我们关注臣服于地心引力的体验。

▷ 在瑜伽垫上铺一条瑜伽毯，手杖式坐立。如果需要，坐在一条折叠的瑜伽毯上。

▷ 双膝下放置一条折叠两次或三次的瑜伽毯（对膝盖的这一支撑有助于柔软背部肋骨，躯干更自由地向前）。

▷ 小腿上方放置一个瑜伽抱枕（用于支撑头部）。如果身体比较僵硬，双腿上方可放置一把瑜伽椅支撑头部。

▷ 或者，你也可以在大腿上再铺一条薄的瑜伽毯（用于支撑腹部）。

▷ 双脚前放置一或两块瑜伽砖。

▷ 身体前屈进入 *Paścimottanāsana*（加强背部伸展式），双手抓住瑜伽砖。如果你做不到，用一根瑜伽带套住双脚，双手抓住带子。

▷ 前额放在抱枕上，静静地停留在体式中。

▷ 如果你想用沙袋，则请他人帮助将稍重一些的沙袋放在中背部，另一个放在头后（图中未示出）。

▷ 双眼闭合，呼吸顺畅，停留 3~7 分钟。

| 动 作 |
|---|
| • 保持双腿延展，但不要用力。想象大腿很沉很沉，但要保持柔软。<br><br>• 拓宽你的前肋，并向前滑动。腹部、横膈膜柔软，呼吸顺畅。<br><br>• 柔软你的后肋，任由沙袋的重量使之慢慢变平。 |

 在体式中停留，同时关注大脑逐渐平静、臣服于地心引力的过程。出体式时头脑的状态如何？

### 辅 具

3条瑜伽毯，
1个瑜伽抱枕
（或1把瑜伽椅），
1~2块瑜伽砖。
可选：2个沙袋，一个10~15公斤，另一个2~4公斤。

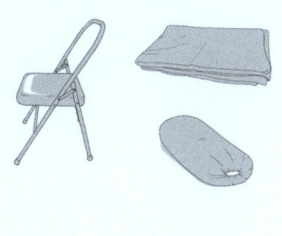

准备一个宁静的 *Paścimottanāsana*
（加强背部伸展式）

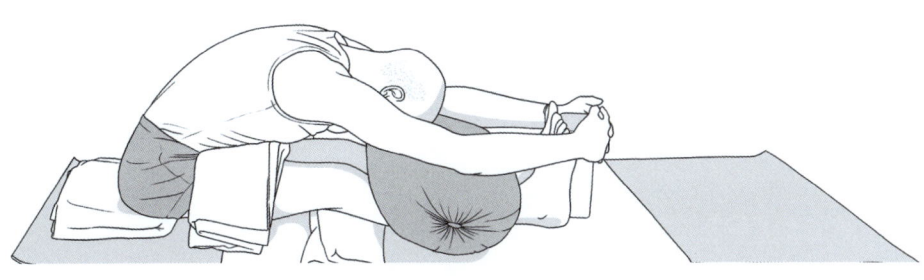

一个宁静的 *Paścimottanāsana*
（加强背部伸展式）

# 后弯体式

后弯是令人兴奋的，也是令人着迷的。背部永远看不到，因此它总是保留着它的某种神秘——未知领域可以令人兴奋，但同时也令人恐惧。通过练习后弯，我们深入这个领域，从而克服本能的恐惧，建立信心。培养我们对身体背部的意识和敏感有助于更深入地冥想。

艾杨格大师说过，呼吸和循环是通往健康的两扇大门。后弯可以扩张胸腔，从而改善呼吸和循环（血液的和淋巴的）。Christian Pisano 写道："向后的延展使我们与身体后侧建立了连接。按照艾扬格大师的说法，对于瑜伽士来说向后的延展是内省的手段。"[1]

打开胸腔，*Anāhata Cakra*（心轮）的住所，在瑜伽中被认为是灵魂所在，对我们的情绪有深远的影响。它可抵抗抑郁和焦虑。Bobby Clennell 写道，"焦虑和抑郁会降低免疫力，因此不要陷于抑郁而不能自拔。后弯可以改善心情。它们使人的头脑开放，提起胸腔，也就提升了精神。"[2]

---

1　*The Hero's Contemplation*，p324
2　*Yoga for Breast Care*，p19

## 探索 B.25

### 用瑜伽砖支撑胸腔

在本探索中,我们用1块瑜伽砖上提、打开胸腔,很像探索A.25 中的那样,那里是在做挺尸式,因此在头下也有支撑。这里,我们做有支撑的后弯,用砖支撑拱起背部。我们以三种方式用砖打开胸腔,并比较它们的效果,然后再将其与仰卧山式进行比较。你也可以与探索A.25进行比较。

辅 具

1块瑜伽砖。
可选:1条瑜伽毯。

### 变体1:仰卧山式(图中未示出)

> 躺在瑜伽垫上,臀部和双腿向脚后跟方向延展,脊柱向头部延展。

> 双腿保持伸展、并拢,但不要僵硬。

> 保持此体式 2~3 分钟。

> 然后坐起来,观察你的胸部区域。

 你的胸腔有多大的空间?你感觉到胸腔是轻盈的,还是沉重的?是窄的,还是宽的?它们是怎样影响到你的呼吸和总体感觉的?

动 作

• 颈部拱起前确保将其拉长,头部后侧远离躯干。

• 躺到瑜伽砖上之前,先将肩胛骨收进胸腔,好像你要避免将其重重地落到砖上。

### 变体2:中等高度横向放置的砖

> 瑜伽垫一端横向放置一块中等高度的砖。

> 躺下来,延展双腿,将肩胛骨放到砖上。

> 延长脊柱和颈部,背部拱起。

> 双手抱肘,延展过头。

> 如果可能,头、肘后侧落于地面;否则,用一条折叠的瑜伽毯支撑。

> 在本体式中停留 3~5 分钟。

横向放置一块中等高度的瑜伽砖

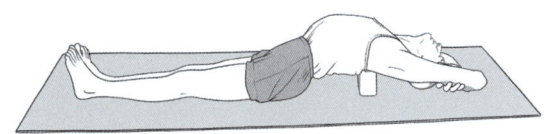

肩胛骨下有一块横向放置的瑜伽砖

### 变体3：仰卧束角式，用一块中等高度的砖支撑

› 将砖纵向放置，用于支撑胸椎。

› 躺下，同时延展脊柱，将胸椎放到砖上。

› 弯曲双腿，双脚并拢，进入束角式。

› 双手抱肘，延展过头。

› 如果可能，头、肘后侧落于地面；否则，用一条折叠的瑜伽毯支撑。

纵向放置一块中等高度的瑜伽砖

› 在本体式中停留 3~5 分钟。

现在重复仰卧山式。

› 如变体 1 所示，进入仰卧山式。

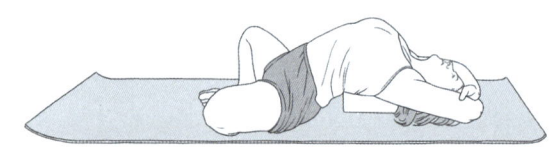

胸椎下有一块纵向放置的瑜伽砖

---

### 动 作

• 躺下时，延展、拓宽背部；背部肋骨远离脊柱，移向头的方向。

• 胸椎吸进胸腔，好像你要将其离开瑜伽砖。

• 颈部拱起前延展颈椎。

### 变体4：最高高度砖上的 *Supta Bandhāsana*（桥式）

› 瑜伽垫一端放置一块最高高度的瑜伽砖。在砖的前方坐下，背部拱起。

› 后仰，将中背部——心脏区域后面——放到砖上。

› 骨盆抬起，尽可能高，脊柱延展，向后拱起。

› 此时，砖可以稍微倾斜。头部后侧落于地面（或落到一条折叠的瑜伽毯上）。

› 双臂伸展过头，或互抱肘部。

› 停留 2~4 分钟。

 这四种变体各有什么不同？在最终的仰卧山式中你能保持胸腔的打开吗？开始的和最后的仰卧山式是否有所不同？如果有的话，有什么不同？

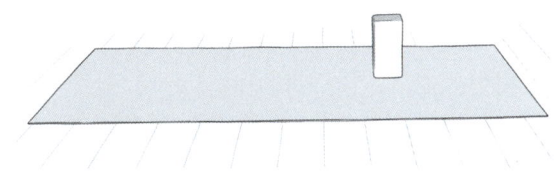

为桥式放置一块最高高度的瑜伽砖

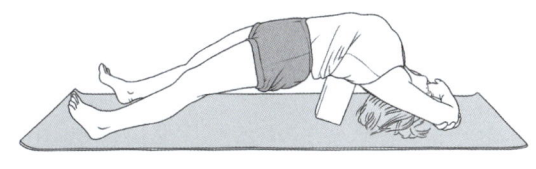

有支撑的桥式

### 提示

桥式是一个非常高级的体式，即使有辅具支撑，仍然有相当的挑战性。如果你觉得太具挑战，可以跳过它。

### 动 作

• 深深地、缓慢地呼吸，延展胸腔。

• 膝盖收紧，保持骨盆的上提。

## 探索 B.26
## 在 Uṣṭrāsana（骆驼式）中意识关注胸腔和骨盆

在本探索中，我们重复两次骆驼式，每一次意识关注身体的不同区域。我们利用触觉和呼吸将意识引向身体的指定部位，并且观察它对头脑的影响。

此探索也可以用于其他后弯体式，例如，Bhujaṃgāsana（眼镜蛇式）或 Dhanurāsana（上弓式）。但是，由于我们要利用触觉激活其他身体部位，双手应保持自由，而骆驼式比较理想。

> 跪立，双手放在骨盆上，拇指处于骶骨区域。用拇指和其他手指将骶骨推进骨盆中，并拓宽骶骨区域的皮肤。

> 将你的呼吸导向骨盆区域。想象骨盆皮肤上的毛孔就像鼻孔一样，通过它们将气体吸入骨盆，并通过它们呼出气体。

> 臀肌向下延展，尾骨内收。

> 在这里停留，直到骨盆区域的意识变得敏锐、稳定。

> 身体向后拱起，进入骆驼式。身体拱起时，尾骨持续向骨盆方向内收，脊柱从前侧尾骨开始向上延展。

> 背部拱起后，将双手移向双脚。在此体式中停留约1分钟。整个过程中，保持骨盆的呼吸，将意识关注那个区域。

> 出体式，坐到脚后跟上，身体向前伸展，放松。

**提 示**

如果双手够不到双脚，在双脚旁边放置两块瑜伽砖，双手放到砖上。

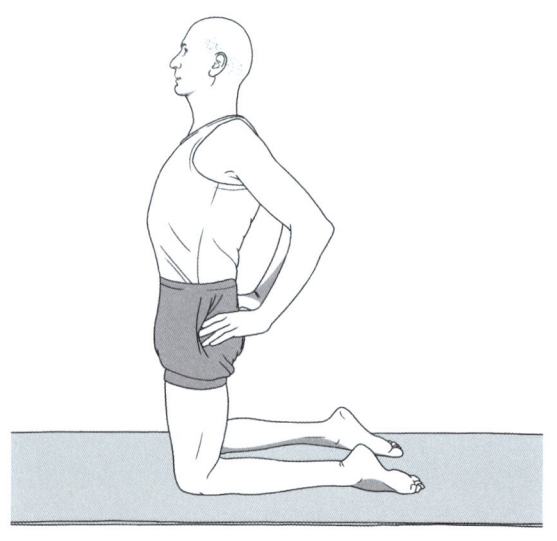

双手放在骨盆上，跪立

### 动 作

- 胫骨、脚背下压。

- 膝盖外侧、双脚外侧下压，大腿内侧上提，大腿根部内旋。

- 收紧臀部中段，肛门内收上提，以此内收尾骨。

- 双手下压双脚，提起胸腔。

- 斜方肌和肩胛骨下移（移向中背部）。

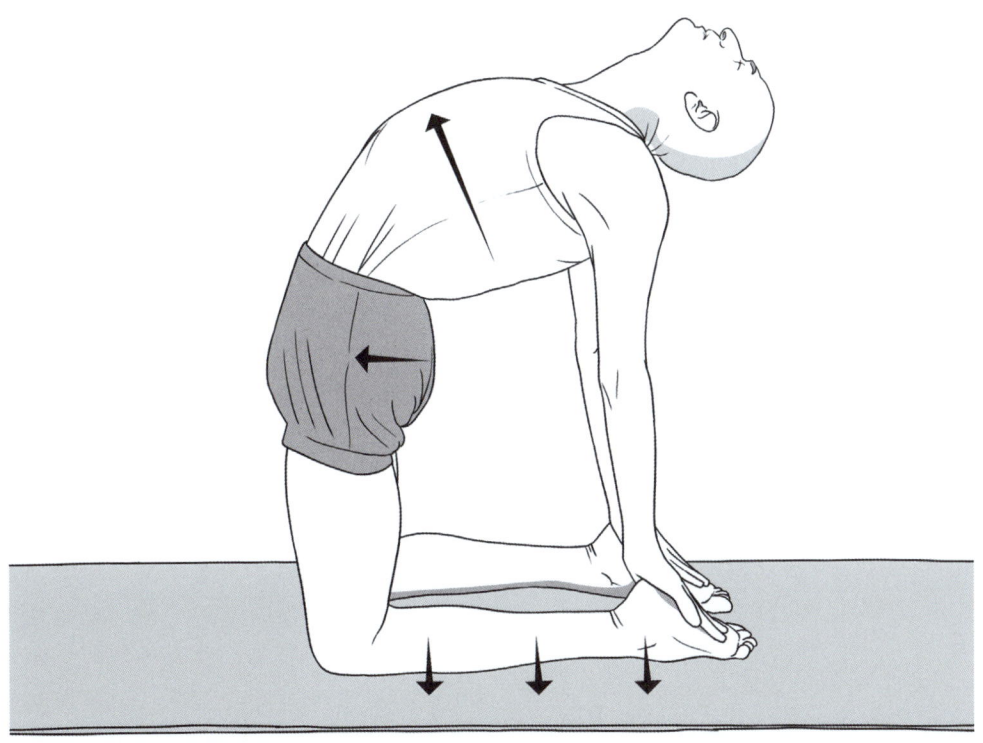

骆驼式

▷ 准备好后,再次跪立,进入下一次尝试。这次将双手放在胸骨区域。想象吸气时,气体触碰到你的手掌。利用吸气抬起并拓宽胸骨。想象你的心脏充满整个胸腔,从内部触碰到胸骨。

▷ 在这里停留,直到胸腔区域的意识变得敏锐、稳定。

▷ 身体向后拱起,进入骆驼式。身体拱起时,保持胸骨的上提。不要让胸骨和双手失去连接。

▷ 利用你的吸气加强胸腔的上提和扩张。利用你的呼气将身体后部的皮肤拉向脊柱,并将脊椎吸进身体。

▷ 保持心脏中心上提的感觉,这样它就不会失去与胸骨的连接。

▷ 背部拱起后,将双手移向双脚。在此体式中停留约1分钟。整个过程中,保持胸腔的呼吸,将意识关注这个区域。

将双手放在胸骨,将意识集中到胸腔区域

**动 作**

• 上提你的背部肋骨并拓宽,远离脊柱(但是,背部皮肤要收向脊柱)。

• 颈部先拉长再后仰。斜方肌向下,向下背部移动,同时后脑勺提起。

• 双手移向双脚时,胸骨不要塌陷。要保持胸骨的上提,保持它与胸腔皮肤的接触。

• 当身体后弯双手去找脚时,与大腿后侧形成拮抗。尝试使膝盖窝保持90°。

 比较两次骆驼式中的体验。哪一个感觉背部更自由,可以更好地拱起?呼吸怎样?意识如何?

尾骨内收、胸腔上提是两个重要的动作,在后弯中可以防止下背部受压。这两个动作同时进行有助于均匀地、协调地延展脊柱,使脊柱均衡地后弯。我觉得手的触碰有助于激活那些区域,使其敏感。上提和扩宽心轮的位置可以防止腰椎受压,也可使体式轻盈、精神振奋。

## 探索 B.27
## 比较手在 Ūrdhva Mukha Śvānāsana（上犬式）中的不同方向

在本探索中，我们做三次 Ūrdhva Mukha Śvānāsana（上犬式），双手每次在不同的方向。我们比较在体式中改变手的方向的体验。

辅　具

2块瑜伽砖。

我们从研究如下手和手臂在山式中的动作开始：

> 山式站立。弯曲手腕，掌心朝下，手指朝前。

> 双臂向下延展，双肩随之向下移动。同时，提起腋窝和胸腔。

> 观察肩胛骨的运动，以及肚脐周围腹部区域的感觉。

> 双手向外转90°，手指指向身体两侧（未示出）。再次观察你的肩胛骨和腹部。

> 将双手继续向外转，直到手指指向身后。转动的同时，体验肩胛骨和腹部的感觉。

以我的经验，提起腋窝和胸腔会使肚脐内收，上提。这是一个愉快的感觉，因为它可以减轻腹部的负荷。在后弯中总会有这种感觉：我们不应该使得腹部器官压向腹壁。双手外转90°，使肩胛骨下移，并收向脊柱。双手转向身后会将肩胛骨内收。但是，这里肩胛骨移动幅度的加大当然是会有代价的。你感觉到了吗？

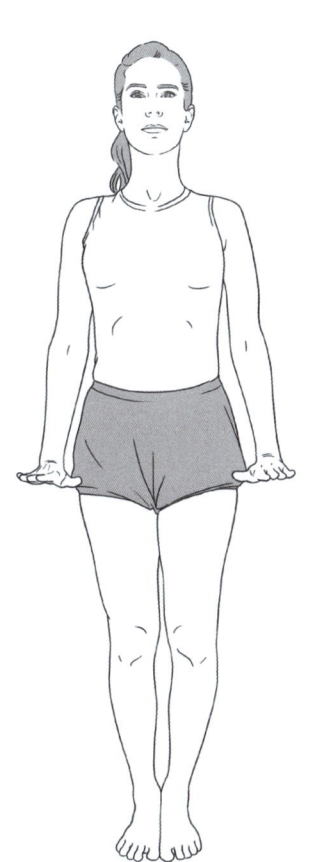

山式，手掌朝下，手指朝前

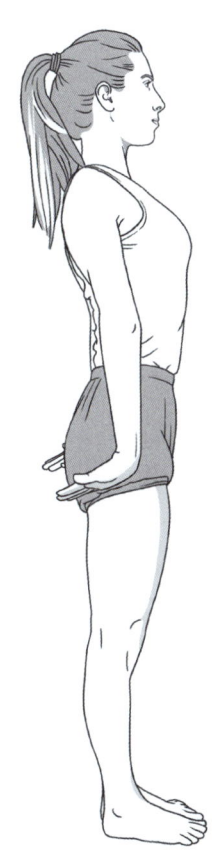

双手转动，手指指向身后

在上犬式中尝试手的三个方向。

> 双手放到砖上，手指朝前。调整两砖之间的距离，使上臂之间距离比胸部稍宽（胸部可以在双臂之间前后移动）。

> 双手撑砖，身体抬起，进入上犬式。

### 动　作

- 大腿前侧上提，膝盖窝打开。同时，大腿上端内旋，使得大腿外侧切向地面。

- 保持臀部的宽度，臀部中段内收。尾骨内收，前侧尾骨沿脊柱向上延展。

- 双手下压，提起胸腔。

- 双手上端的皮肤内旋，从小手指一边旋向拇指一边。同时，二头肌从内向外旋。

- 双肩后旋，手臂垂直地面。不要耸肩，上提，打开胸腔。

### 提　示

我们假定你已经熟悉此体式，在这里只给出几条简单的指导。

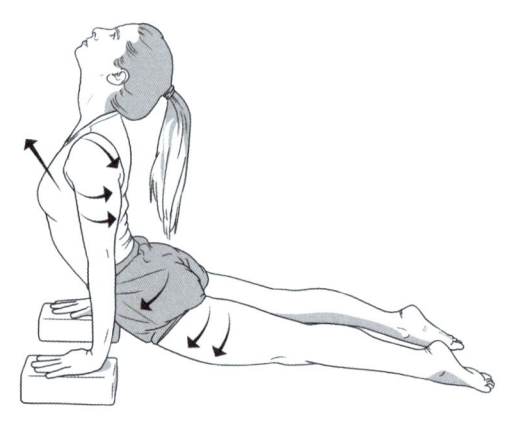

上犬式，双手撑砖，手指朝前

 你能将肩胛骨向胸腔方向收进多少？胸腔打开怎样？肚脐向哪个方向移动？

> 将砖和双手向外转 90°，再次进入上犬式。

> 双手向后，再做一次。

> 比较上犬式手的三种方向中肩胛骨、胸腔和肚脐的不同感觉。

 手在哪个方向时你感觉肩胛骨的移动更多，胸腔打开更多？在哪个方向时腹部更柔软？

上犬式，双手撑砖，手指朝外

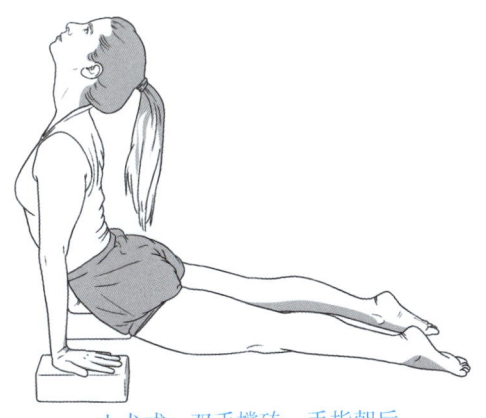

上犬式，双手撑砖，手指朝后

双手向外转有助于我的肩胛骨向下、向内移动，以及背阔肌由身体两侧收向脊柱方向并前推。这些动作对完成后弯体式很重要。然而，这是有代价的。随着双手的外转，腹部会有轻微的外凸，腹部器官好像被推向了腹壁。这给腹部造成某些紧张和僵硬。如前所述，体式做得好时，肚脐区域应该内收（向背部方向）、上提，腹部不应该紧张或僵硬。

为了达到体式中的均衡，你应该学会在标准体式中（指尖朝前）二头肌外旋（不要失去双手内侧下压地面或瑜伽砖的力）。这将在打开胸腔的同时避免给腹部造成紧张，也可以在体式中停留更长时间，并保持深长的呼吸、心情愉悦。当然，在学习阶段，尝试双手的不同方向有助于理解和改善这些动作。双手向外、向后转，使二头肌的外旋、肩胛骨的内收更容易，特别是对于双肩僵硬者更是如此。因此，这三种方向都非常有用，值得尝试。

## 探索B.28

## *Viparīta Daṇḍāsana*（倒手杖式）和*Setu Bandha Sarvāṅgāsana*（桥式肩倒立式）的比较

在本探索中，我们比较两个后弯体式。从外表看这两个体式很相似，但做起来感觉非常不同。

从椅子（或长凳）上的*Viparīta Daṇḍāsana*（倒手杖式）开始。

▷ 将瑜伽椅放置到离墙适当距离。

▷ 靠墙放置一块瑜伽砖（支撑脚），椅子另一面放置一个抱枕，再准备一个抱枕和几条折叠的瑜伽毯放在旁边（做桥式肩倒立式时用）。

躺在椅子上，准备进入倒手杖式

▷ 面向墙坐在椅子上，将骨盆滑动到椅背下方。双手抓住椅背，肘部支撑，身体拱起，提起胸腔。

▷ 身体向头的方向滑动，直到肩胛骨下缘靠在椅座边上。

▷ 保持双膝弯曲、双脚支撑地面一会儿，然后伸直双腿，脚后跟放到瑜伽砖上，双脚蹬墙（如果需要，调整椅子与墙的距离）。

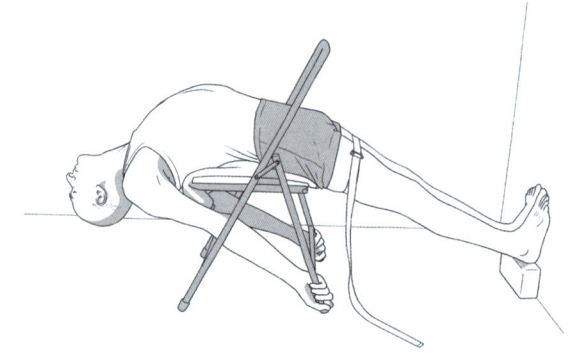

椅子上的倒手杖式

▷ 双臂插入椅子前腿之间，抓住后腿或后横档。双手用力拉，双肩后旋，背部进一步拱起。

▷ 2~3分钟后，双臂伸展过头，头放松下落，调整抱枕支撑头顶（如果需要，再加一条瑜伽毯）。再停留2~3分钟。

▷ 出体式时，弯曲双腿，双脚着地。双手抓住椅背。吸气准备，呼气时抬起上身。

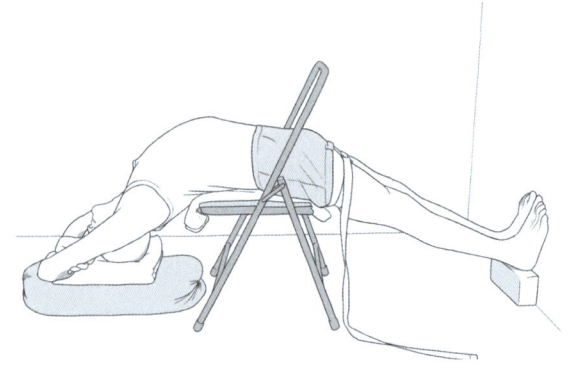

椅子上的倒手杖式，双臂过头，支撑头顶

## 注意事项

为防止身体滑动,椅子上面最好铺一张防滑瑜伽垫(或一小片瑜伽垫)。

### 辅具

1把瑜伽椅,1个长凳或任何类似物品(甚至一张床也行),1~2个瑜伽抱枕或2条瑜伽毯,1块瑜伽砖,1根瑜伽带,墙。

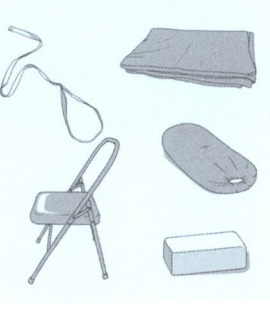

如果下背部感到有压力,可在骶骨下放一块瑜伽砖,它通常会帮助尾骨内收。

> 坐在椅子上,将瑜伽砖放在身旁。

> 将砖放到骨盆下。

> 背部向后拱起,进入倒手杖式。尾骨提起,好像要离开瑜伽砖。

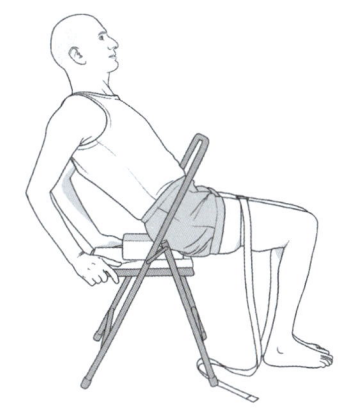

将瑜伽砖放在骶骨下

### 提示

• 当你滑动进入体式时,利用身体与椅子上的防滑垫之间的摩擦力抓住上背部的皮肤,然后慢慢滑落到中背部。这有助于颈部的放松。

• 将肩胛骨区域沿椅子向下滑落,但是肩胛骨下缘在椅座上。这使得上背部拱起,颈部放松。

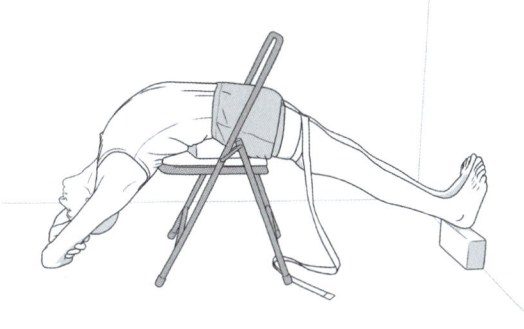

骶骨下放砖的倒手杖式

> 或者也可以将双脚抬到与椅座同高。

双脚抬到与椅座同高

> | 动 作 |
> | --- |
> | • 向墙的方向延展双腿后侧，大腿前侧向下压（向地面方向）。
> • 激活双臂，用力拉椅子，双肩向后旋，上背部进一步拱起。 |

在此体式停留 4~7 分钟后，继续，请他人帮助，头下放一个抱枕，进入桥式肩倒立式。

▷ 抬头，取刚才准备好的另一个抱枕，放在头下的抱枕上。

▷ 身体再向头的方向滑动一点，肩头和后脑勺落于抱枕上。

▷ 在此体式停留 4~7 分钟，缓慢顺畅地呼吸。观察你的感觉，与之前体式中的感觉进行比较。

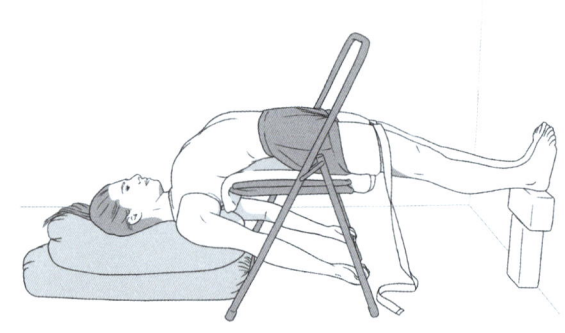

头下放置另一个抱枕

**提 示**

如果两个抱枕支撑肩部还不够高，再加一或两条瑜伽毯。

倒手杖式与头倒立式类似，因为两个体式中头部都是垂直的，头顶都落于地面。桥式肩倒立式与肩倒立式类似，在这两个体式中，头部都是水平的，肩头和颈部后侧、后脑勺都落于地面。

头倒立式是一个"太阳"体式，它给身体加热，刺激身体和头脑。而肩倒立式是一个"月亮"体式，它安抚和冷却身体和头脑。在比较倒手杖式和桥式肩倒立时，我觉得后者能带来安静和被动，使我更好地进入挺尸式；而前者刺激神经系统，为行动做好准备。后者将我的关注点引向内部，引向我的胸腔，眼睛倾向于闭合；而前者则刺激眼睛，使视力变得敏锐。

 哪个体式使人更有活力？哪个更放松一些？呼吸有何反应？

# 扭转体式

P. 艾杨格说过，扭转体式"扭转身体，解放头脑"，对于任何练习扭转者来说，这都是一个非常形象的比喻。扭转体式对于身体的挑战并不大，它不需要诸如后弯或手倒立式等体式所需的力量和柔韧性，但是扭转创造了一个安宁、平静的均衡氛围。它需要更多地释放和放手，而不是直接激活肌肉。

扭转可以促进消化，净化消化道，从而保证消化和吸收等基本功能的良好发挥。通过腹部区域的挤压和扭转帮助排毒，就像拧出湿毛巾中的水分一样。扭转脊柱的同时也可激活脊髓，从而使整个神经系统充满活力和能量。

在接下来的探索中，我们将体验到扭转体式的独特魅力。

## 探索 B.29

### 椅子上的 *Bhāradvājāsana*（巴拉瓦伽式）：骨盆有和无瑜伽带捆绑

躯干扭转时，骨盆应保持固定和稳定（否则，我们只是转动整个身体，而不是扭转脊柱）。在本探索中，我们坐在瑜伽椅上完成有支撑的 *Bhāradvājāsana*（巴拉瓦伽式）的两个变体。第一个变体中，我们用瑜伽带将骨盆固定到椅子上，避免骨盆的移动。然后，撤掉瑜伽带，再做一次。

> **提示**
> 
> 如果椅座高于膝盖，在脚下放置一点支撑。如果椅座低于膝盖，在椅座上放置一或两条折叠的瑜伽毯。

▷ 如果需要，调整椅座的高度。坐下时，大腿应平行于地面，小腿垂直于地面。面向椅背坐在椅子上，双腿在椅背下方。

▷ 大腿中间放置一块砖，双腿夹紧（有助于稳定骨盆区域）。

▷ 绕过大腿和椅座绑一根瑜伽带。

▷ 脊柱右转。停留约 1 分钟，随着每一次呼气，尝试加深你的扭转。

▷ 身体回正，脊柱左转。

▷ 每侧扭转两次，然后去除带子，重复上述扭转。比较两种扭转中的体验。

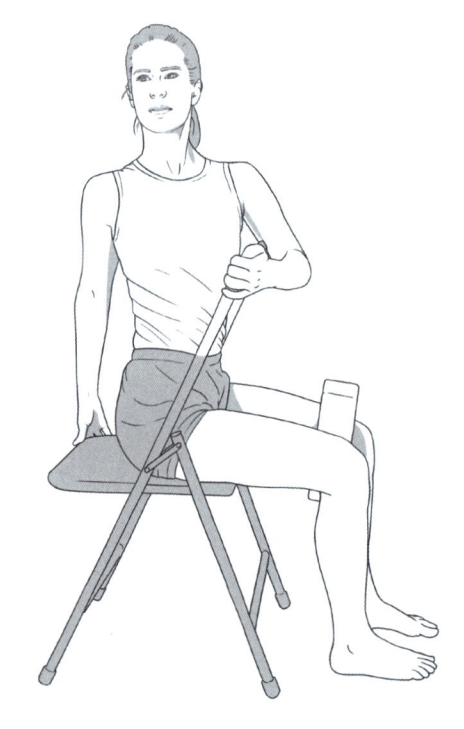

准备椅子上的 *Bhāradvājāsana*（巴拉瓦伽式）

第一章
体式实践探索 | 143

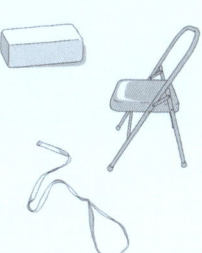

辅 具

1把瑜伽椅，
1根瑜伽带，
1块瑜伽砖。

 哪次扭转更深入一些？哪次扭转有更多的内部洞察？哪次体验到更多的稳定性，意识更集中？

绑紧带子，固定骨盆

### 动 作

- 右肩后旋，右手抓住身后的椅座，将其上拉，好像想要将其抬起。利用这个力将右侧肩胛骨内收，拓宽右侧锁骨。

- 左手抓住椅背，左肘弯曲，二头肌外旋，将左侧肩胛骨内收。拓宽左侧锁骨。

- 意识关注你的胸腔：肋骨倾向于水平向右移动——将中段肋骨从右向左移动，左侧躯干提起（直到腋窝，但不要提起左肩）。

- 吸气时，均匀地提起两侧胸腔，脊柱向上延展；随着呼气，加强扭转。

## 探索 B.30
## 在 Bhāradvājāsana（巴拉瓦伽式）中固定凝视点

在本探索中，我们保持头和眼睛的方向固定不动，将躯干向侧面扭转。体会将躯干和头的移动分开对头脑的影响。

**辅　具**

1把瑜伽椅或
1条瑜伽毯。

› 坐在瑜伽椅或地面上，准备做 Bhāradvājāsana（巴拉瓦伽式）。如果坐在地面上，将双腿在身体左侧交叠，右侧臀部下垫一条折叠的瑜伽毯支撑，避免身体右倾。

› 开始扭转前，眼睛向前看，观察前面墙上的固定一点。

› 将躯干向右侧扭转，但是要保持凝视点固定在刚才你前面的一点不动。

› 为了加深扭转，吸气时提起躯干，呼气的同时双臂用力使躯干进一步扭转。不过，记住不要转头，眼睛保持前视。

› 在此体式中停留1分钟左右，然后身体回正，左侧重复。

› 加深扭转时体验头脑的状态。

 你能描述出当凝视点固定到一点时扭转的体验吗？呼吸顺畅吗？

坐在地面上，准备Bhāradvājāsana
（巴拉瓦伽式）

**动　作**

当躯干向右侧扭转时，左膝容易向前滑。如果你坐在椅子上，可用左小腿骨抵住椅子阻止此倾向；如果坐在地面上，则下压左膝，稳定骨盆，它就不会向前滑动。

我觉得当躯干扭转时固定凝视点和头部可以产生一种非常特殊的效果。例如，当右转时，躯干右侧远离右眼，同时远离右脑。这是一种非常不寻常的体验，因为我们习惯于躯干和脑袋同时转动。实际上，颈部与躯干的扭转方向正好相反。头部保持不动创造了安宁和平静的感觉。

# 调 息

在 *Yoga in Action——Intermediate Course I*（艾扬格瑜伽教程，入门篇）中，吉塔·S. 艾扬格写道：

> "呼吸系统可以净化身体、心灵和智性。它是练习调息的主要工具。通过练习调息，可以学会与我们自身的呼吸、*Prana*（生命能量）、心灵以及自我进行连接。"

### 注 意 事 项

- 只有通过体式练习，能够在一定程度上控制身体后才能练习调息。尝试本节探索前，请仔细阅读《艾扬格调息之光》，特别是第19、22和26章。

- 调息非常精细，但是非常有效。它对我们的呼吸系统、神经系统以及头脑有强烈的影响。练习时要小心，要有耐心。如果练习调息时过于粗心或用力，也许会伤到自己。

## 探索 B.31

### 比较 *Ujjai*（乌加依呼吸控制法）和 *Pratiloma*（反自然顺序呼吸控制法）的吸气

› 选择一个舒适的坐姿，后背挺直，胸腔完全上提并打开。

› 低头，进入 *Jālandhara Bandha*（收颌收束法）。

› 深呼气，然后进行一次缓慢、轻柔、深深的 *Ujjai*（乌加依呼吸控制法）吸气。

› 进行几个正常的呼吸，体验你的感觉。

› 完全呼气，然后堵住左鼻孔，堵住部分右鼻孔，进行一次缓慢、轻柔、深深的吸气。

› 再次进行几次正常的呼吸，体验你的感觉。

› 深呼气，然后堵住右鼻孔，堵住部分左鼻孔，进行一次缓慢、轻柔、深深的吸气。

› 进行几次正常的呼吸，体验你的感觉。

› 再重复上述循环，通过右侧和左侧鼻孔进行 *Ujjai*（乌加依呼吸控制法）吸气和 *Pratiloma*（反自然顺序呼吸控制法）2~3 次，然后抬头。

 打开两侧鼻孔吸气后有什么体验？它与通过一侧部分打开的鼻孔呼吸有什么不同？

 你注意到右鼻孔和左鼻孔的反自然顺序呼吸控制法有什么不同吗？

**提 示**

对于本探索，你应当非常熟悉调息的练习。如果你不知道在手指调息中如何使用手指，请略过此探索。

# 第二章

## 通过瑜伽练习提高身心能力

"哪里是身体的终结,精神的开始呢?……它们彼此相连,密不可分。"

——B.K.S.艾扬格[1]

---

1 译文引自并参考:B.K.S.艾扬格.瑜伽之光.北京:当代中国出版社,2011:23——译者注

## 介　绍

人们常说，体位法的练习是变革性的。这虽然听起来不错，但它并没有指出这些变革究竟包含些什么，更难找到关于体位法练习如何带来变革的介绍。本章我们将讨论这一重要的问题。2.1~2.15 节，重点讨论通过瑜伽练习可以帮助我们培养和提高积极心态的几种方法，例如，稳定性、耐力、疼痛耐受性、自信心和平和的心态，以及帮助我们应对轻度抑郁、恐惧和焦虑等状况。

依照本书的主题，我们将特别关注身体方面的能力，诸如稳定性、灵活性等对心理方面的影响，探索身心发展的相互关系。例如，我们将试图解决诸如通过瑜伽练习获得的身体稳定性可能对心理稳定性的影响，以及对我们日常生活中的行为的影响。更一般地说，我们试图探索如何将瑜伽垫上的练习以及取得的某些方面的进步延伸到日常生活中。这些观察和思考来自我们自己的练习经验，也来自其他练习者和我们的学生。如果成功的话，他们可能在某种程度上证实瑜伽练习具有变革性的理念（否则这种理念总有口说无凭的感觉）。

应该首先声明，我们这里讨论的所谓能力和作用都是一些例证和案例。我们完全没有试图彻底研究这个课题。

我们在此讨论的话题有些许重叠。的确，对它们进行排序和分类并非易事。我们已经努力按最合理的顺序安排这些内容，但是仍然感觉安排的顺序以及选择的内容都有些随意。当然，读者可能对其中的某些内容更感兴趣，您完全可以根据自己的喜好进行选择阅读。

在艾扬格的重要著作《瑜伽之光》的"序言"中，著名小提琴家，艾扬格的第一批西方学生之一耶胡迪·梅纽因（Yehudi Menuhin）写道：

"过去 15 年的瑜伽实践使我确信，我们对于生活的基本态度，大多数情况下，在我们的身体中都有具体的对应。因此，比较与批评必须始于对我们身体左右两侧的校正与协调，使之达到可以对身体进行更细微的调整的程度；又如，意志力促使我们开始从脚到头尽力向上伸展身体以抵御地心引力。动力和进取心也许始于在随意摆动肢体时所产生的重量感和速度感；而有意识地控制延长单脚、双脚或双手的平衡，带来的却是安然自制。顽强是在各种瑜伽体式中伸展数分钟的过程中获得的，而平静却来自悄然持续的呼吸和肺部的扩张。循环不止和宇宙一体观则出于对一张一弛、无限往复的永恒节律的认识，而每一次呼吸又构成了宇宙万物无数循环、波动或振动中最基本的单元。"

"瑜伽是一项理想的预防身体和精神疾病的技巧，它可以全面保护身体，逐步培养人的自立和自信。从其本质来说，瑜伽与宇宙法则紧密相联，因为真爱生命、遵循真理和保持耐心是修习者平静呼吸、内在安宁和坚定意志所不可或缺的要素。"[1]

事实上，每一个经验丰富的瑜伽练习者都体会到后弯中胸腔扩展、打开带来的喜悦；前屈中肌肉持续地、轻柔地伸展得到的宁静和满足；与单腿或双手的身体平衡动作相伴的精神的平衡和专注；强壮优美的大腿的站立带来的稳定和自信；自由活动关节导致的清新和轻盈；聆听内在的呼吸声油然而生的平静；稳稳地停留在例如头倒立式等倒立体式中蔓延开来的安宁和沉稳；克服周围所有干扰我们的嘈杂"噪音"，坚持日常练习建立起来的意志力和自律。

接下来我们将讨论一些实例，用以说明瑜伽练习如何提高练习者的身心能力。正如我们相信的那样，如果身体和心理是相互交织的，可以同时得到成长和增强，那么毫无疑问，体位法的练习必定会影响我们整个人的个性。

---

[1] 译文引自：B.K.S.艾杨格.瑜伽之光.北京：当代中国出版社，2011：1——译者注

## 2.1 处理消极情绪、疲倦和沮丧

奥哈德

本书的一个中心主题是我们的感觉和心理状态与我们的身体状态和行为紧密相关。如果确实如此，那么调整我们的身体必将影响我们的心理状态。当我们感到沮丧或有点抑郁时，这种联系是很明显的。通常，情绪低落会有明显的身体或行为表现：双肩下沉，身体前倾，胸腔关闭，呼吸不畅，背部拱起，目光低垂。久坐者（我们中的许多人长时间在计算机前工作）脊柱向前弯曲、双肩前收最明显。

在练习瑜伽时，人们总是抵抗这种趋势。我们试图挺直、延长脊柱；旋肩向后向下，肩胛骨向前（向背部肋骨方向），创造胸腔空间。练习瑜伽的人都知道，这会对情绪产生迅速而强烈的作用（参见探索 A.1、A.5 和 A.11，以及练习序列 3）。此影响立竿见影。

但是也有一些微妙的长期影响可能不太容易被觉察。鉴于身体的姿势和心理状态之间的这种直接联系，可以毫不夸张地说，通过简单地打开胸腔、旋肩向后就可以对抗轻微的抑郁倾向。真的这么简单吗？在某种程度上，答案是肯定的。这一结果令人欣喜，因为我们中的许多人可能都遭受过负面情绪的折磨。当然，这主要用于较轻的情绪低落，我们不是说这种简单的措施可以作为治疗抑郁症的一般方法。至少，如果一个人经受更严重的抑郁症，他/她就不可能有足够的能量和欲望去进行体态的调整。事实上，我们这里并不是针对相对严重的或经临床诊断的抑郁症患者，只是应对短暂的、较轻的负面情绪。

因此，我们这里的建议是持续的瑜伽练习可以非常有效地处理这种非临床的情绪问题，诸如情绪低落或缺乏活力等。例如，我早上起床时有时会感觉迷茫、情绪低落、缺乏目的。但当我设法坐起来，挺直背部，打开胸腔，立即就气血复活了。接下来的一切就自然发生了。方向感、乐观的情绪慢慢驱散了疲倦和迷茫。这时，通常就会萌发练习的欲望，从而身心充满能量，以更好的心态开始全新的一天。

多年来，我切身体验到如果早上练习瑜伽，不但这一天会充满正能量，而且长此以往，整个人都有改变。它也教会我处理时而出现的一些负面事情，例如轻度的抑郁或负面情绪。因此，当我感到疲惫或心烦意乱时，我就做几个体式（我通常会倒立，接着是倒箭式），大多数时候，这足以使我恢复能量，重获积极心态。

因为这种身心联系似乎相当明显，用于解释练习的长期效果也应该很简单。如果我们能改善日常的体态，脊柱直立，双肩后旋，胸腔打开，呼吸自然会轻松、顺畅。然而，发生这种变化远非易事，并不能一蹴而就，要改变经年累月形成的习惯也要经过相当长时间的努力。不过，虽然慢，但变化肯定会有的。如上给出了处理反复出现的疲倦和情绪低落的方法。[1]

Viparīta Karaṇi（倒箭式）

---

[1] 有一些科学证据表明瑜伽练习有助于应对这种抑郁情绪。

## 2.2 灵活性和敏捷性

瑜伽练习当然能改善身体的灵活性和敏捷性，但它能改善头脑的灵活性吗？这是一个有趣的问题，很难给出客观的答案。很明显，并不是每个身体灵活的人都有灵活的头脑，它们之间的关系肯定并不简单。有些人天生灵活，而有些人则差一些。有些人双肩灵活，而有些人骨盆更灵活一些。天生的灵活性和后天习得的灵活性之间是有区别的。也许通过锻炼改善身体的灵活性可以增强头脑的灵活性。随着身体灵活性的改善，我们更愿意接受变化，更快地适应环境的变化，更开放地接受新的观念，也更能从不同角度看待事物。

我主观上认为这个问题的答案是肯定的。我感觉瑜伽练习肯定有助于提高我的头脑灵活性、敏捷性，使心情轻松愉快。这种感觉如何解释呢？

具体来说，瑜伽练习中有几个因素可以提高头脑的灵活性。首先，瑜伽带来了更多运动的自由，当身体更灵活、更舒适、更轻盈，解决问题的心态可能就会更轻松，你与他人的沟通就会少一些固执。其次，瑜伽提供了多样的身体动作，远远超出我们"日常的"走路、站立、坐立和仰卧（对某些人还有跑步）。将我们置于不熟悉的动作中——模仿各种生物——换一个角度和态度观察我们自身和我们所处的环境。我们一会儿模仿青蛙，一会儿又是蛇，接下来又是狗……使我们慢慢习惯了视角和观点的改变。这些都有助于打开我们的思想，能够看到其他人看问题的视角和观点。

这方面倒立体式，像头倒立式和肩倒立式的作用尤其突出，因为它们给我们提供了一种以完全不同的角度看世界的可能性。完全的翻转——翻转的角度，翻转的高度。翻转中，我们看到的东西是完全不同的。我常常在海滩上练习倒立体式，我看到潮涨潮落，人来人往，都在我的视线高度——这是一种很独特的体验。

但是倒立体式并非唯一的换一个视角看世界的体式。大多数成年人身体从不向后弯曲，后弯对他们来说是完全陌生的。因此，后弯体式就会改变他们感知世界的方式。例如，在

Uṣṭrāsana（骆驼式）中，身体后弯，目光与正常的向前看不同，练习者也会看到一个完全颠倒了的世界。

在前屈体式中，我们从不同的亲近度和角度看到自己的身体。当身体向前弯曲时，躯干靠向双腿，可以非常亲密地看到自己的双腿。高级的前屈体式，例如 Kūrmāsana（龟式），或将一条腿放在头后的 Eka Pada Śīrṣāsana（单腿倒立式），四肢处于异常不习惯的位置。这再一次改变了我们的感知。

身体水平方向的扭转（例如，圣哲马里奇Ⅲ式）也使我们的身体处于一个陌生的位置，特别是将躯干和头部向相反方向扭转时。

当身体做出这些不寻常的体式时，我们的头脑可能也更容易变化，因为身体的姿态会导致特殊的头脑状态。当身体做出更多的变化，我们就会习惯于体验更多的心理状态，也更容易从一种状态转变为另一种状态。

*Uṣṭrāsana*（骆驼式）

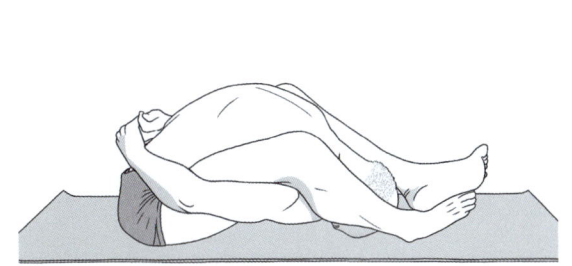

*Supta Kūrmāsana*（卧龟式）

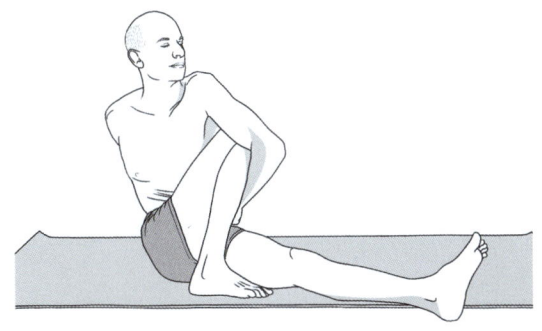

圣哲马里奇Ⅲ式，躯干和头部向相反方向扭转

带有觉知的练习也可以让我们暴露某些无意识的行为模式和习惯。这些习惯使我们的行为成为一种自动反应。但是，这种自动反应行为往往不是最有效或最健康的，可能会引起很多痛苦。这些不良习惯或模式一旦被注意到，它们就开始改变了。看见限制或束缚我们的习惯、观点、想法，以及似是而非的信念和解读，我们就会更加自由。从而我们学习如何"放手"，不仅是身体上的，还有心理上的。[1] 总而言之，我的确认为练习瑜伽有助于提高思维的灵活性——提高身体的柔韧性有助于减少思想的僵化。

当然，练习者需要有意识地将那些练习所得延伸到瑜伽垫之外，带入日常生活中。

*Chakorāsana*（鸟式）

---

1 最近的研究表明，专注和冥想可以改善大脑的可塑性。因此，就练习而言就可能提高我们思维的灵活性和适应性。

## 2.3 自信和勇气

站姿的练习提高了根基的感觉。我还能回忆起（1982年）当我从 *ShivĀnanda* 瑜伽转向艾扬格瑜伽，开始大量练习站立体式后，真切感觉到的站立或走路时双腿的力量。这种侧重力量和体态的练习帮助我提高了与他人交流乃至面对整个人生的信心。根基能力的提高不但影响到我的身体，也影响到我的精神。瑜伽练习流派的改变会产生这种影响，听起来有点令人吃惊。但是，想想有强壮、坚实双腿的人和有虚弱、摇晃着的双腿（由于某种原因）的人的走路状态，来自强壮双腿支撑和对各种事情的灵敏反应带来的自信我们都不陌生吧。

平衡体式有助于提高自信和勇气。当我们在 *Vṛkṣāsana*（树式）、*Ardha Candrāsana*（半月式）和 *Utthita Hasta Pādāṅguṣṭhāsana*（手抓大脚趾伸展式）等体式中学着单腿站立时，我们的稳定性和信心随之提高。战士式（Ⅰ、Ⅱ、Ⅲ）特别有助于强壮身体、打开胸腔，让人感觉自身充满力量和勇气。据说湿婆——瑜伽之王——给予这些体式的目的就是帮助我们直面恐惧。

开始时难以在体式中保持平衡是正常的，但是一旦有了更多的控制力，就会体验到之前看起来如此困难甚至是不可能的事情竟然可能了；然后，变成自然的；最后，不费吹灰之力就可以完成了。这种经验完全可以拓展到我们在日常生活中应对其他事情中。

倒立和后弯体式对于心理的挑战常常大于对身体的挑战。有些学生虽然可以轻松地用手臂支撑身体，仍然害怕靠墙的 *Adho Mukha Vṛkṣāsana*（手倒立式）。头倒立式也会引起担忧和焦虑——有些学生对做倒立体式感到特别不安。似乎身体处于不熟悉的方位造成了一种精神障碍。一些学生练习了多年的头倒立式，还是只能背部靠墙才行。背后的一切似乎是未知的。可能是因为我们看不到背后有什么，因此产生了向后方摔倒的恐惧。（当面向墙壁站立时就可明显感到这一点——参见探索 B.16）。

*Viparīta Daṇḍāsana*
（倒手杖式）

*Ūrdhva Dhanurāsana*
（上弓式）

对于在日常生活中从未尝试的后弯体式，情况也是如此。我们经常前屈，有时也会扭转，但是对于后弯我们一点也不习惯。这也许是后弯会导致焦虑或恐惧的原因之一。学生们常常不愿意尝试哪怕是很简单的后弯体式，因为担心伤到后背。[1] 从头倒立式下落到 *Viparīta Daṇḍāsana* （倒手杖式），或从 *Tāḍāsana* （山式）后弯到 *Ūrdhva Dhanurāsana* （上弓式）也是对心理的极大挑战。即使规律练习这些体式（在地面上）的高级学生也害怕将身体向后落到未知的领地。

只要坚持这些体式的练习，你就可以慢慢克服心理障碍，突破自己的极限；持续地练习，就会逐渐较好地掌握这些令人恐惧的体式。我们完全有理由相信，在瑜伽练习中获得的信心将以各种方式进入我们的生活。将看似不可能变为可能，教会我们如何增强个性，建立信心：我们获得了一种能力，可以完成之前似乎不可能完成的任务。它还教会我们，这种成就的取得绝非易事，而是需要付出耐心和持久的练习。其中的进步是渐进的，缓慢的，有时缓慢得甚至难以觉察。但是，突然间，你就可以离墙完成头倒立式或是毫无畏惧地完成后弯体式了。正如我们学习其他知识，有的时候，一旦条件具备，一切就会突然而至，之前所有缓慢和极富耐心的学习都没有白费功夫。

---

1 事实上，身体前屈更容易产生下背部疼痛问题。

## 2.4 快乐

体式的练习让我们看到，参加简单的活动就可以获得快乐，并不需要很多的花费或奢侈的装备，也不需要过分的刺激或冒险。释放身体的紧张，平静内心，会产生无名的快乐。这种快乐简简单单地从健康和平静的感觉中就可收获许多。我们的担忧和问题似乎不那么重要，我们可以欣赏实实在在拥有的健康和幸福。

我们静静地、毫无抗拒地待在一个体式中，感受呼吸时空气与鼻孔隔膜的轻柔接触，学习欣赏微妙和精致的快乐。我们不需要极限跳崖，也不需要潜入大海来获得幸福。虽然后者本身并不是坏事，但是依赖这些东西将会干扰我们的幸福。当我们更加安静、更加专注时，可以享受自然的奇异和艺术的美丽。这些单纯的快乐不需要昂贵和复杂的手段，总地看来，也不会产生更多的欲望。

这是修行 *santosha*（知足），是帕坦伽利《瑜伽经》中 *niyama*（劝制）的第二条。[1] 追求放纵，依赖外在的、过于复杂的享受会在头脑中产生焦虑。当我们获得所渴望的物质或所追求的体验时，会有一个暂时的释放，也会体验到快乐。但是这种快乐是短暂易逝的，因为头脑很快就会开始追寻下一个目标。拥有一种渴望的物质时所体验到的放松只是短暂的。帕坦伽利在 *yamas*（禁制）中提到了 *aparigraha*，即不贪欲、不占有、不囤积，就是说过简单的生活，没有不必要的财产和消费，这与追求成功、名望、财富正好相反。*Aparigraha* 和 *santosha* 是一个硬币的两面：*aparigraha* 是一种约束，*santosha* 是培养知足的积极的练习。这是感恩一切我们所拥有的修行，帮助我们不要过分陷入不可避免的损失、疼痛、失败带来的痛苦中。

*Santosha* 和 *aparigraha* 都是体式练习的重要组成部分。我们不要追求某一给定体式的"成功"，也不要被某一特定体式的"失败"所摧毁。要培养我们在一个给定体式中的满足，也包括不要因练习水平的不稳定而动摇。（有时我们可以保持手

---

[1] 帕坦伽利是一位传奇人物，被认为是多部经典著作的作者，其中，《瑜伽经》是古典瑜伽哲学的基础。

臂的平衡，有时则不能；有时感觉平衡很完美，有时则难以进入。）当我们学会放手，不过分执着于成功或失败，一种平静感就会油然而生。

瑜伽可以建立我们和自己的连接，让心灵从无休止的忙乱中安静下来。通过这种安静，我们可以获得极大的快乐。不是获得某物或达到某个目标的快乐，而是活在当下的简简单单的快乐，是对每一次呼吸的新鲜感的单纯的欣赏。一种健康、活力、喜悦和宁静的感觉，都是将一个喜怒无常的人转变成一个快乐的人所必需的。

## 2.5 努力管理

通过专注的有意识的瑜伽练习提高技能的另一个例子是管理我们为完成一项任务所投入的努力的能力。首先管理在瑜伽练习中投入的精力，随之就可将这种能力带到瑜伽垫外，带到生活中。帕坦伽利谈到瑜伽体式时说：

> 当体式的完成变得毫不费力时，体式就臻于完美，修习者即抵达内部的无限存在。（《瑜伽经》2.47）[1]

不费力的努力是体式练习中的一个核心观点，虽然听起来有点自相矛盾，让我们解释一下。我们完成一个体式当然需要努力，但是随着练习的日益熟练，会发现（如上面经文所说）完成相同的体式所需的努力会变得越来越少。努力是重要的，但学会如何在不降低体式质量的前提下减少努力同样重要。在完成一项任务中付出的努力是显而易见的，而减少付出则就不那么直观了。然而，过于努力，可能适得其反，因为它妨碍了我们在体式练习中以一种全神贯注的、自省的态度安静地保持体式的能力。

在《瑜伽之树》中，艾扬格大师问道："当你练习瑜伽体式时，一个是延展到最大程度，另一个是延展超过这个极限，从而由于用力过多给身体造成错误的紧绷。你能找到两者之间微妙的平衡吗？"[2]

令人惊讶的是，在一个体式中取得更多的进步，往往不是通过更多的努力，而是通过释放不必要的压力，减少或消除不必要的动作，降低努力的程度。这也使我们保持体式更长时间，疲劳更少。在一个体式中保持更长时间时，比如在头倒立式中，需要平衡我们的用力，以免很快精疲力竭。在任何工作中，都需要平衡力量，不要用力太多（过度），也不要用力太少（不足）。我们应该尝试掌握好节奏，以所需的最少的能量很好地

---

1 译文引自：B.K.S.艾扬格. 帕坦伽利瑜伽经之光. 海口：海南出版社，2016：205——译者注
2 译文参考：B.K.S.艾扬格. 瑜伽之树.北京：当代中国出版社，2011：40——译者注

完成体式。[1]

当尝试一个新的或挑战性的体式时,都会产生过度的紧张,或用力过猛。沉着地保持体式,必须建立呼吸或放松的空间。只有这样,才有可能拥有全神贯注的对自身观察的态度,这种态度是瑜伽练习者所渴望的。练习者应该观察和识别僵硬、收缩、粗暴和抗拒。这些障碍一经识别,我们就可以摆脱它们而不降低体式的质量。

呼吸是达到这一目的的重要工具。当呼吸从急促转为平缓、柔和,我们就可以减少肌肉的力量,更容易停留、沉浸在体式中。随之会带来喜悦,有时甚至是极乐的状态。这时,我们只想待在此中而忘记了结束体式,再也不需要锻炼什么毅力,也不需要所谓精神力量。正如艾扬格大师所说,"当智慧的动作出现时,你就不再感到努力只是努力,而是感到努力是一种喜悦。"[2]

实际上,在瑜伽中这并不奇怪。我们都知道,学习一项新的技能需要花费大量的时间和精力。但是,一旦我们获得了更多的技能,随后需要的用力就少多了。努力管理是生活中十分值得拥有的能力。我们习惯于通过行动和努力达成目标。然而,情绪紧张,过度的压力,额外的用力,并不会有助于达到目标;相反,这不但费力而且有损健康。例如,设想一下常常出现的面部紧张。通过瑜伽练习可以训练我们释放过多的用力、抻拉或不必要的动作。学会在练习中用力最少,也使我们在完成其他任务时管理我们的用力,这将使我们的动作更扎实,工作也更有效率。

瑜伽练习也使我们懂得休息的重要性,以及如何根据外部环境及生命阶段的不同调整节奏的能力。我们应该探寻评估和很好地发挥自身能力水平的方法。

---

1 观察这里的态度与体育锻炼中追求燃烧尽量多的卡路里时的态度的不同。练习的目的有很大不同。
2 译文参考:B.K.S.艾扬格. 瑜伽之树.北京:当代中国出版社,2011:45——译者注

## 2.6 应对压力、疼痛等问题

释放身体的紧张的能力与我们以更加平衡和镇静的态度面对纷繁复杂的问题的能力，甚至是应对危机的能力，密切相关。在体式练习中，我们面临诸多限制、困难、挫折、恐惧和挑战，这些可能给我们带来巨大压力。这种压力会影响到我们的身心状态。压力出现时，我们往往屏住呼吸，绷紧某些肌肉，或因疼痛不安而面部扭曲。我们常常过度拉伸肌肉，身体从而经受各种疼痛和不适。过度的用力或紧张也会使心脏不堪重负而受伤害。在瑜伽中学习如何处理这些问题可以帮助我们应对生活中的诸多压力和困难。但是，在瑜伽练习中怎样面对疼痛和压力呢？

艾扬格大师有两句话精辟地概括了瑜伽练习者面对疼痛应有的态度。第一句话是："战胜疼痛就是应对疼痛之道。"建议我们面对疼痛时不要惧怕。疼痛是生活中不可避免的，最好的方法是学会忍受疼痛和不要被它打倒。这是 *tapas*（苦行，热情）的一面。

第二句话是 *svādhyāya*（自我学习）："疼痛为指引你而来；她是你的古儒。"这就是说，我们必须倾听疼痛，从中学习——让疼痛作为一名古儒指引我们前行。事实上，疼痛可以告诉我们某些事情出了问题；迫使我们检查和分析产生问题的原因，学会如何避免。在某些情况下，疼痛迫使我们退出体式，否则，也许会伤到自己。但是，这时需要保持警醒，因为我们常常不会因为有害的疼痛而是因为疼痛带来的干扰或烦躁退出体式。例如，在仰卧手抓脚趾伸展式中，腘绳肌会有轻微的拉伸，这是一个常见的体验。如果我们没有过多的拉伸，就不会造成伤害。我们的意识自然会全部集中在被拉伸的肌肉上。然而，我们也可以学着将意识分布到全身，沉浸在体式中。这会使得我们在体式中停留，并承受此疼痛。疼痛也许还在那里，但将不是我们最关注的，也不会那么多地干扰我们了。事实上，持续一段时间后，我们甚至都注意不到它了。

再看一个例子。我们可能会决心在下犬式中停留 5 分钟，这是一个挑战，单靠肌肉的力量不足以完成。不过，我们可以学习用呼吸帮助克服这个过程中产生的不适和紧张。我们将意识带到身体疲劳的部位,通过吸气克服疲劳带来的不适,或者通过呼气释放这些区域的压力。通过将意识延展并扩散到全身,学会使用更少的力量拉伸四肢。

逐渐地,我们也可以学习识别和减轻对疼痛和压力的自动反应,随着练习的深入,就能使面部和喉咙放松,呼吸顺畅,心率正常。我们学习与不愉快共处,没有抗拒和反感。感到不愉快没关系:不愉快来来往往,我们只是接受它,而不立即对它做出反应。这需要耐心和关注——瑜伽练习的重要组成部分。

这种态度和觉知可能会逐渐地被带到我们的日常生活中,甚至在日常活动中,我们也能更快地识别这种紧张,并学会通过呼吸与我们的身体连接,释放、降低这些紧张及其影响。我们学会接受生活中难以避免的悲伤和困难,它们有时可能会压倒我们,甚至会在毫无准备的情况下打垮我们的精神。这些训练可以改变我们的态度,使我们的反应更巧妙,保持冷静,减少压力,更有效地应对生活中的意外事件。

## 2.7 稳定和平衡

帕坦伽利用"*sthira*"和"*sukha*"定义体式，前者的意思是坚定的、确定的、稳定的；后者的意思是幸福、快乐。（《瑜伽经》2.46）这些感觉既有身体层面的也有心理层面的。这些感觉是相关的吗？通常，在练习体式的时候，当大脑开始走神身体就会失去稳定（例如，想象在加强侧伸展式中的情况）。完成一个持久稳定的体式当然需要意识集中。但是，在体式中获得稳定和平衡有助于增强心理的稳定和平衡吗？

稳定和平衡是密切相关的。如果某人摇摇晃晃地设法停留在 *Vṛkṣāsana*（树式）中，我们不会说他（或她）的平衡很好。在体式中保持平衡意味着平静地、稳定地停留在体式中。

在探索 A.3 中，我们比较了双腿并拢和双腿分开的山式。你可能已经发现，双腿分开可以增加稳定性，不过这种稳定是沉重和呆滞的，不需要意识的集中和警觉。双腿并拢会减少体式的稳定性，但是可以带来更多的灵敏和轻盈；保持身体静止更具挑战性，但正是这一点提高了我们意识的关注度和精力的集中度。许多体式可以创造这样的挑战，引导我们获得其中的稳定性。

体式中的平衡常常需要根据身体内部的变化不断地调整身体。这是一个十分系统的、自我适应的过程。即使在一个看似稳定的、坚实的坐姿中，脊柱也需要保持稳定，一方面不能塌陷，另一方面也不能僵硬和紧张。这需要不停地调整，不停地平衡，因为身体的生物本性就是不断地变化，如果失去意识，我们的身体就会下坠，而过于用力地控制脊柱，脊椎就会有过多的紧张。

瑜伽中有很多种平衡：单脚（例如树式）；单脚和单手（例如侧手抓大脚趾式）；双手（例如手

*Pārśva Hasta Pādāṅguṣṭhāsana*
（侧手抓大脚趾式）

倒立式）；头和前臂（例如头倒立式），两个前臂（例如孔雀起舞式），等等。这些体式都训练我们在日常生活中不常遇到的姿势中保持平衡。

在受限的基础上保持平衡有点像走钢丝。例如，在 Adho Mukha Vṛkṣāsana（手倒立式，字面意思是向下的树）中，特别是离墙时，总有一些小的偏移和活动。这是因为肌肉的生物本性，呼吸的持续进行以及思绪的持续波动。因此，要保持平衡，必须不断地控制大大小小的肌肉，从双手直到双脚，进行持续地调整，当然思维必须稳定。

如果在一个平衡体式中你在想"我永远不可能完成"，或者甚至是"看，我平衡做得多好！"你的平衡就会随之弱化。意识只关注平衡本身，不要有其他想法，是提高平衡能力之关键。

体式越难，面临的挑战越大，就需要更好的关注。例如，在 Pārśva Hasta Pādāṅguṣṭhāsana（侧手抓大脚趾式）中，提起的腿从重心向外伸展，因此，比 Vṛkṣāsana（树式）的平衡更难。

高级体式需要更多的努力，会使我们身心更紧张，对我们的心理也是一种挑战。要在这些体式中保持镇静和专注需要更加成熟和大量的练习。这里所说的成熟包括心理和身体两方面的成熟。

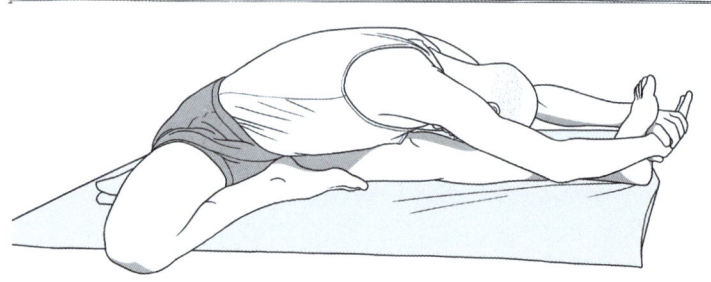

Paścimottanāsana
（加强背部伸展式）

Janu Śīrṣāsana
（头碰膝前屈式）

### 其他类型的平衡

在瑜伽练习过程中可以学到其他类型的平衡：运动和稳定、收紧和扩展、僵硬和柔软以及灵活性和力量之间都需要平衡。我们需要拉伸肌肉，同时也要增加肌肉的强度。我们需要在过度用力和用力不足之间、在过度疲劳和过于懒散之间保持平衡。

另一种平衡是拮抗的平衡，通过相反方向的拉力，以及在完成一个动作的同时完成其反动作等。例如，在山式中，大腿前侧后推和尾骨前收就形成这样一对动作。通过这对动作的平衡可以保持身体前侧和后侧在体式中的对位。

### 对位和平衡

平衡的另外一个重要方面是身体的左右两侧对位。我们的身体在解剖学上是沿中线平面对称的。[1] 在探索 A.3 中，我们探索了在山式中通过将身体的重量均匀地分布在双脚上来找到平衡。在诸如山式或 *Paścimottanāsana*（加强背部伸展式）等对称体式中，我们学习身体两侧均匀地延展。而其他不对称的体式则对保持左右两侧的对称提出了挑战。例如，在三角伸展式中，身体向右侧弯曲时，练习者身体的右侧就容易缩短。挑战在于身体要从骨盆开始弯曲（将骨盆从股骨头处开始转动），躯干两侧均匀延展。这使我们能更好地伸展脊柱，并在躯干中创造更多的空间。很多不对称的体式都有同样的挑战。在 *Janu Śīrṣāsana*（头碰膝前屈式）中，弯曲腿使躯干拉向一侧，偏离了 *Paścimottanāsana*（加强背部伸展式）中躯干的对称。尽管如此，我们仍需要努力调整身体，使躯干两侧均匀地向前伸展。

---

1 艾扬格大师称此中线平面为"神圣的平面"，因为通过均匀地延展躯干的两侧，可以灵敏此中线，即脊柱，并在体式中做到协调和优雅。他进一步强调了正确的对位，说道："对位引向开悟"。的确，通过正确的对位，头脑会变得平衡和中立——不偏袒任何一方，不带偏见，只是中立地接纳一切。

在日常生活中我们也常常发现自己失衡。类似情况和在不对称体式中面临的挑战相同。一旦获得左右两侧的平衡，我们就可以拥有某些新的技能。这种技能堪比双眼观看"魔眼图"获得的能力。我们一开始看到的只是一个二维的不含任何图形或数字的图片。但是，一旦找到正确的平衡，图形或数字就会神奇地"弹出"平面，好像三维的一样。

### 用力过度和用力不足的平衡

如上所述，体式是稳定和舒适、轻松的平衡。类似地，我们需要平衡 prayatna（持续的努力）和 shaithilya（松弛，放松）（《瑜伽经》2.47）。我们在这些看似矛盾的态度中寻求一条"中间路线"（通过媒介）。这需要极大的关注和专心，因为在体式中的身体反应会随时变化。我们必须学会不断地监督身体的努力水平和伸展程度，并随时进行微调，以保持体式有效而不带来伤害。一方面要避免过度拉伸，另一方面也要避免松懈，没有僵化又没有塌陷地保持体式。

学会平衡用力和放松，就是帕坦伽利所说的，不再被二元性所扰（《瑜伽经》2.48）。帕坦伽利似乎是告诉我们，当一个人学会在这些对立中保持中间道路（它是不断变化的），他就会更少地受到诸如成功和失败等二元性的影响，并且能够在困难的环境和突遇不幸时保持头脑稳定。正如耶胡迪·梅纽因所说"瑜伽的修习给予我们最基本的对身心的调协和均衡。"[1] 这种调协和均衡也有助于我们发展智性和感性的平衡。这就是平静——这种品质将在本章后面进行讨论。

### 长期平衡

还有一种平衡是长期平衡。这是一种可以长期保持大脑平静的能力。在实践中，可以演变为寻找一套体式序列，使我们保持宁静的状态（梵文为"sattvic"）。随着我们练习逐渐成

---

[1] 译文引自：B.K.S.艾杨格.瑜伽之光.北京：当代中国出版社，2011：1——译者注

熟，了解了身体和大脑对不同体式序列的反应，找到了使我们不过于兴奋也不过于沉静的序列，就不会使我们疲惫不堪，但可以创造足够强烈的头脑和情感的转变。

在瑜伽练习中获得平衡也可以帮助我们在日常生活中，例如在工作日的诸多活动、休息日的长途旅行以及其他事情中，保持平衡状态。正如艾扬格大师在《光耀生命》中所说："平衡不仅仅意味着平衡身体。身体之平衡是生活平衡的基础。无论在何种姿态，无论在何种生活境遇，我们都必须找到平衡。"[1]

如前所述，瑜伽练习提供了充足的机会训练我们保持各种平衡。虽然很难说清如何将它们的影响延伸到垫子之外，但依我们的经验，在练习中获得这些平衡的确有助于人们在日常生活中保持更平衡的心态。不过，这种事情只能由练习者自己去探索。在任何环境中获得心理和情绪的平衡，即平静，是下一节的话题。

---

[1] 译文引自：B.K.S.艾扬格.光耀生命.上海：上海锦绣文章出版社，2008：47——译者注

## 2.8 宽容和平静

当奎师那教他的弟子阿周那瑜伽时说:"瑜伽就是平静"(《薄伽梵歌》2.48)。

平静或心境平和，就是即使面对困难、失望、悲伤、冒犯和失败，也能保持镇静的能力；就是面对成功和失败、快乐和痛苦、得到与失去以及荣誉与耻辱等二元性时保持稳定的、不受干扰的能力。我们都会在日常生活中经历这样的二元体验。我们受到大自然（例如，天气变化[1]）和社会环境的强烈影响，对此我们的控制十分有限。

所有这些世间沧桑都会扰乱我们的心绪。我们常常被诸如愤怒、悲伤、焦虑和冒犯等情绪搅得心烦意乱。我们对痛苦和不适的自然反应是 dvesha（厌恶和拒绝），而对快乐和满意的自然反应是 raga（执着和依恋）。但是，因为有些时候我们不得不面对疼痛和失败，最好学会更冷静地接受这些不如意。

显然没有人会在所有事情上永远成功，总是远离疼痛和失败，不断地受到赞扬。然而，大多流行的理论告诉我们，应该最大化地追求成功、减少失败——成为人生"赢家"而不是"失败者"；一些功利主义的道德理论告诉我们，人生的全部意义在于寻求快乐，避免痛苦；经济学的一个基本假设是，人的一生就是为了获得最多，失去最少。但是，瑜伽修行者的态度却与上述观点颇为不同。我们的福祉不应取决于股票市场的变幻莫测，也不应取决于我们的文章是否被接受出版，我们的书是否畅销，或者我们最喜欢的足球队是赢还是输。我们寻求使我们的福祉植根于我们自己的能力，承受和接纳出现的不测之事以及不可避免的变化和事件。这并不是说我们不在乎这些事情，我们当然在乎。平静不是冷漠、迟钝或不在乎。我们确实想感受生命的喜怒哀乐；我们在乎，但是我们尽力不让成功或失败破坏我们的稳定和信心。从这个意义上说，在世事变幻莫测的人生中保持头脑的稳定是拥有福祉的关键。

但是，体式的练习如何帮助我们获得平静呢？

---
1 瑜伽工作室的温度控制就是一个证明，这通常是一个有争议的问题，会引起很多人的愤怒和不满。

在前一节中，我们讨论了与此相关的一些能力：应对压力、疼痛等问题，稳定和平衡。这里，我们讨论另一个与养成平静心态有关的能力，它可以通过体式的练习来养成，这就是通过非反应性来承受不适的能力。

非反应性是一种以非自动驾驶方式回应刺激的能力，以便人们能够判断和辨别。如前所述，在体式的练习中我们经常面对压力和不适。我们习惯性的、自动的反应（可以称为：我们的自动驾驶员）告诉我们要避免这种麻烦，立即离开体式。但是，忍受不适和不悦状态的能力是可以通过体式练习和冥想练习而习得的一种品质。我们学会不惧怕疼痛和不适，以非自动驾驶模式和非立即行动应对它们。我们带着兴趣和好奇心观察、研究它们以及对它们的反应。在观察疼痛时，应首先尝试确定它是否有害；如果有害，就应该对体式做出某些调整，或者干脆退出体式。[1] 但是，疼痛经常是由于健康的、温和的肌肉拉伸引起。在这种情况下，我们可以在体式中停留，观察疼痛的性质：疼痛的根源是什么？我能在体式中保持并放松吗？我能保持呼吸顺畅吗？这种反思性的练习可以增强疼痛耐受力，有助于我们接纳疼痛，更主要的是学会在日常生活中处理疼痛。

在日常生活中，我们经常遇到不适的甚至是痛苦的境况，这种境遇有时是不可避免的。我们对此的反应倾向于将注意力转移，离开此体验，或寻找其他令人愉悦和满意的事情（从冰箱中取一点东西吃，看看电视或玩玩手机）。瑜伽练习可以教会我们更好地处理此类困难处境，而不是关闭情绪，也不是失去大脑的平静。

现代通信技术提高了我们的反应能力，因为技术总是触手可得，我们往往会期待即时反应。但即时反应未必是最好的。正念体式练习有助于减少反应，与面临的境况有更多的连接，延迟我们的自动反应。由此，我们获得了更多的宽容，更有技巧地做出回应，而不是自动反应。

当我们一方面能够更镇定地接受生活带来的不可避免的疼痛和不适，另一方面能够对生活带给我们的简单快乐心存感激和满足时，我们就获得了"平静"。

---

[1] 确定某一疼痛是否有害是一个非常微妙的问题。我们将在2.14节讨论它。

## 2.9　坚持和热情

> 修习就是坚持不懈地努力，以平息这些波动。（《瑜伽经》1.13）
>
> 长时间、不间断、警醒的修习，是控制心意波动的坚实根基。（《瑜伽经》1.14）[1]

正如帕坦伽利在如上两条经文中所指出的，能够保持 *abhyasa*（规律的、不间断的练习）是 *sadhana*（修习）成功的关键。这包括两方面：坚持——日复一日，将我们带回瑜伽垫；热情——满腔热情地练习。

许多学生，即使他们享受瑜伽，也会发现很难在平日里保持规律的练习。他们或者停止练习，或者时断时续，没有坚持。我们面对很多阻止我们持续练习的障碍，帕坦伽利提到了其中9个障碍（《瑜伽经》1.30）。[2]

### 坚持

有人说，最难的体式是打开我们的瑜伽垫。这个简单的动作需要坚强的意志和决心。这需要我们做出选择，正像任何其他选择一样，它必定意味着我们不得不放弃很多其他的事情。如果我们选择将我们的资源（时间、能量、金钱）投资某项活动，就等于放弃了很多其他的选择，这些选择也需要资源的消耗。因此，问题不是是否放弃，而是放弃什么。

我们常常太忙，找不到时间练习，或者太累，或者太懒，或者太冷了，或者……（你可能会罗列更多的原因）。因此，很多事情会分散我们的注意力，让我们远离练习。让我们自己打开垫子开始练习可能并非易事。这就是需要培养自律的原因。

---

[1] 译文引自：B.K.S.艾杨格.帕坦伽利瑜伽经之光.海口：海南出版社，2016：71-72——译者注

[2] "这些障碍包括疾病、懒惰、疑惑、粗心、懈怠、欲念、妄见、缺乏毅力和退步。"（译文引自：B.K.S.艾杨格.帕坦伽利瑜伽经之光.海口：海南出版社，2016：205——译者注）

即使现在，坚持了近 40 年练习之后，许多早晨我仍然听到这样的声音告诉我："哦，今天有这么多事情要做，也许我应该放弃练习，只是一天。"或者"今天我缺乏活力，我可以休息一天吗？"对这些声音，我学会了听见，但并不会听从。一旦做出承诺走向瑜伽之路，我就知道必须坚持日常的练习，否则就不可能深入地探索这个专题。所以，无论我觉得自己是否喜欢，都要坚持练习。通常，一旦完成第一个下犬式，练习就会像水流一样自然流淌，并不需要太多的意志力就可以进行下去。[1]

**热情**

另一方面是带有能量和热情的练习。有些学生坚持每周去上瑜伽课，持续多年，但是，如果缺少热情和兴趣，就不会取得显著的进步。这里所谓的进步不一定是指能完成高级体式，而是培养我们所讨论的诸如平衡、自信和敏感度等身心素质。帕坦伽利指出，这种进步可以通过"长期的、不间断的练习"来获得。

帕坦伽利还使用了术语 *tapas*（热情）（《瑜伽经》2.1）和 *samvega*（愉快的，快速的），前者指练习和转变所需的坚定的决心和燃烧的热情，后者指那些在练习中极具活力和热情的人。他说，对于这些 *sadhakas*（修习者，练习者），目标

---

[1] 在我的文章 *Establishing and Structuring Self-Practice*（建立和构建自我练习），发表在 *Iyengar Yoga News*，No. 26，Spring 2015 & No. 27，Autumn 2015，我提供了一些实用建议，可以帮助你建立良好的自我练习，包括在家里选择一个固定的地方用于瑜伽练习；在墙上悬挂一个你喜欢的练习序列；因为瑜伽对你的生活意义重大，应优先安排瑜伽的练习；使瑜伽练习成为一种习惯，饱含激情地练习；有趣和愉快地练习；使用计时器培养忍耐力；适应目前条件和环境；使用记录下来的指导；最后，但并非不重要，需要时获得家人和朋友的支持。保持日常的练习很重要。因为对于那些由于工作需要经常旅行的人来说，常常离开家可能是练习的一大障碍，我也给出了一些如何在离家的情况下坚持练习的技巧。

近在咫尺（《瑜伽经》1.21）。这些素质可通过体式的练习来培养。

每位练习者都知道，在体式中停留常常需要克服退出体式的冲动，因为需要忍受不适和压力。这种情况下，在体式中保持需要强大的决心和意志力。那么，瑜伽练习怎样培养决心和意志力呢？你可能会说，这是一个循环，因为要开始练习，首先就要锻炼意志力。

然而，在任一培养和教育过程中，进步都像滚雪球一样由小到大。因此，我们可以通过积少成多的方法，即慢慢增加在体式中停留的时间，提高练习的品质，解决这个问题。牢记，只要方向正确，日积月累，就可取得一个大的进步。只要方向正确，动作（或决定）会自带能量（即使借助于某种外部的支持，例如计时器），会使得下一个动作（或决定）更容易、或更自然地沿着正确的方向实现。

任何习惯的养成过程都是如此：通过坚持和热情地练习，就可获得意志力；有了充足的意志力，就可以坚持长期目标。一旦养成自律的能力，就足以说明意志力已经得到内化。一旦形成了练习的习惯，练习的成果自身就足以维持不断地练习和强化。练习者不再需要一个外部的计时器，而代之以一个内部的身心计时器，可以以更加自然的方式确定出体式的时机。

任何重要的事业，无论是艺术、科学、体育还是商业领域，都是如此。你选择去做将使你长期获益的事情，而不是一时的冲动，而后，你就会培养坚持的能力，抵制诸多诱惑，沿既定路线行动。

如果坚持日复一日、年复一年，饱含热情和执着地练习，培养起来的瑜伽练习的自律能力将会使你的性情发生更多的改变：一个练习瑜伽的特定的自律将变为更普遍的自律，不只是适用于瑜伽，而且适用于其他更多的实践和任务。

## 2.10 意识和敏感性

意识可以导向一个人的内部和外部。导向内部，我们需要将意识关注在解剖学方面（例如，四肢在空间的位置）、生理方面（例如，呼吸和心跳）以及心理方面（包括感觉、情绪和占据我们头脑的想法）。导向外部，我们需要将意识关注在周围的环境、身边的人上面等。

意识和敏感性与专注和正念紧密相连。如果头脑散乱，意识将会迟钝，敏感性则会变弱。如果你总是纠结于自己的烦恼和计划，就不会注意到他人，也不会意识到他们的感受和忧虑。

在自我练习中，我们会更加警醒，培养自己的内部意识。在课堂上，我们的意识还需要导向外部：需要聆听老师的指令，关心其他同学，了解所处空间以及所用辅具。

敏感性与意识有关。当内在意识加强时，我们将变得对感觉、呼吸以及本体感受系统接收的信息更加敏感。皮肤是最大的感觉器官，在体式练习中，密切关注皮肤的感觉非常重要。在大多数体式中，眼睛的使用受限，因为我们只能看到身体的一小部分（例如，在头倒立式中，我们只能看到肘部）。因此，我们不得不对从皮肤以及本体感受系统接收到的信息保持敏感。

在瑜伽练习中我们完成动作就是为了增加敏感性。我们的练习就是为了更多地感受，学会观察我们所做细微动作的效果及其反应。毫不夸张地说，在体式中的觉知和做体式是一样重要的。

因为我们所处世界正在不停地变化中，意识和敏感性的一个重要方面就是关注我们的内在和环境发生的变化。常常是，当变化发生时，我们没有注意到，或者是我们没有觉察到细微的变化，只是当一长串细微的变化已经引起一个较大的变化时我们才注意到。例如，与熟知的人在一起生活时，我们通常不会注意到他们外表的变化。但是，如果见到一年多未见的熟人时，我们则会较容易地发现他们外表的改变。怎么会注意不到发生的变化呢？这是因为我们对细微变化缺少敏感吧。

帕坦伽利写道（《瑜伽经》3.15），瑜伽士可以注意到发生的连续不断的变化，这是一个令人吃惊的 *siddhi*（超常的、奇异的成就），需要非常发达的敏感性以及极其敏锐的记忆力。

至少在某种程度上，我们可以通过体式练习培养这种能力。例如，在头倒立式中，需要持续地上提双肩，这是一个需要小心翼翼的并需要不时被提醒的细微动作。我们的双肩常常会慢慢地失去控制而下坠，而我们只有在它们已经塌陷时才注意到。通过不断地练习，我们学会更密切地监视双肩的状态，能够注意到任何细微的变化，并可以随时做出调整。我们学会更加关注这个过程，更快地辨认任何变化。这种敏感性的提高对我们的生活是一种恩惠，因为如果变化发生时我们注意不到，一旦发现并做出反应时可能为时已晚。

在瑜伽练习中获得的敏感性会使我们对他人或我们所处的环境更敏感。敏感性是智性的一个重要组成部分。它是体贴、关心他人以及我们与大自然相处的基础。

## 2.11  动机和臣服

做体式时，我们力求达到完美。这包括许许多多的动作，需要根据体式的要求，调整身体正位。不过在体式中停留时我们常常会左右为难：要不停地调整身体进行纠正吗？或者说，是否有一个完美的状态，我们可以安全地在体式中停留，而不需要无休止地微调、矫正或改错。

"做得够好"和"做得完美"是一对矛盾。当然，当身体处于错误的姿势时，我们需要进行调整。但是，如果不停地纠结于追求完美，会发现我们可能陷入一个执着于动作和不满的怪圈中，永远不能享受体式中的安宁。

《瑜伽之光》一书中展示的许多体式对我们大多数人来说可能永远无法完成；即使可以，我们也不会完成得像书中所示的那样完美和优雅。但是，这就意味着我们不能享受体式的积极作用吗？难道不应该有一种状态，我们满足于自己完成的体式，感到自己做得已经足够好了，并能阻止进行调整的冲动吗？

日常生活中，人们经常面临同样的情景：我能满足于我是谁，所拥有的一切吗？或者，我是否总是在努力变得更好？我能接受目前的样子，不需要做任何纠正吗？完美主义的确很累人，在某个时候我们需要学会止步；放弃为了转变和变得更好所做的无休止的努力。但是这让我想起艾扬格大师说的话："不要只是因为不够完美而停止努力。完美并不存在，只有不断改善；这就是生命，这就是兴趣。"

这个矛盾在精神追求中也同样存在，为了达到精神上的安宁，我们需要接受自我。俗话说，人人皆佛陀。我们现在已经是完美的，这一点必须被认同，否则将会因永不满足，而过于苛求自己。

在《瑜伽经》中，帕坦伽利说道，达到 *vritti nirodha*（头脑平静）的两种方式是 *abhyasa*（规律的、不间断的练习）和 *vairagya*（弃绝、不执、不动心）（《瑜伽经》1.12~16）。*Abhyasa* 是一种持续的努力（*yatnah*）；*vairagya* 是无欲无求。表面上看起来它们是对立的，实际上则是一个硬币的两面。我

们需要 *abhyasa*，因为自身有很多问题，我们不会真的认为自己就是佛陀了。我们经常纠结和困惑，需要练习以提高自身能力，获得更好的清晰度和辨别力。然而，如果太雄心勃勃，急于改善自己，将会平添一种欲望，使得我们心神不定。不停地努力导致难以安宁。因此，*abhyasa* 和 *vairagya* 之间需要平衡，只强调其中一个则不会走远。

通过瑜伽练习我们可以学会在这些看似对立的态度中取得很好的平衡。可以在本能的追求改善和进步的积极态度与接纳自身现状之间取得平衡。当我们沉浸在体式中时，就不会有二元对立——既没有 *abhyasa* 也没有 *vairagya*。文字的表达是二元的，也许我们的练习体验会更加统一和完整。我们可以一方面学会满足于现状，另一方面仍然保持正常、合理的追求进步的动机。无须期待立即得到结果。在头脑的某个角落，我们知道正确的行动和态度一定会带来好的结果，但是并不渴望得到任何特定的回报。

当以这种方式调整瑜伽练习时，我们就学会了接纳。我们将能够接受自身的缺点和局限，而不会陷入沮丧和绝望。这也将帮助我们以更多的宽容和同理心接纳他人的缺陷。

## 2.12　专注与冥想

专注（*Dhāraṇā*）就是将意识集中在一个点或一个地方（《瑜伽经》3.1）。在体式练习中，我们将意识集中在身体和呼吸上。我们被要求仔细观察和检查四肢及各关节的位置、伸展的程度、呼吸的流动等。我们必须观察我们的身体，确保其保持正位。做体式时四肢位置如果不正确，可能会导致关节、肌腱和韧带的磨损和撕裂，最终可能造成伤害。在这里，更重要的是，保持正确的对位需要始终如一的关注和观察。我们坚持完全的正位，必须既不纠结于过去，也不担心未来，需要时刻关注当前的动作和调整，精力完全集中到当下。

如果体式练习时心怀正念和关注，并且在一个体式中保持足够长的时间，就可以提高专注度。[1] 在体式中停留时，有时专注会丢失，大脑会出现一些杂乱的想法，练习者将不再关注应该完成的体式。这里面临的挑战是：一旦注意到这些想法出现，就需要提醒自己，将自己一次又一次地拉回来，回到当下——感受身体和呼吸，将意识重新关注体式，关注动作。应该问自己：我能保持关注和警觉吗？能保持顺畅的呼吸吗？在体式中能找到宁静吗？能释放不必要的紧张吗？能拉伸到我的极限又不过度吗？

当丢失专注时，我们常常不经思考就随意地离开体式。这是我们应该提高专注力的另一个方面，也就是说我们能集中精力，在正确的时间，满怀正念地、从从容容地出体式，而不是因为某些想法突然冒出吗？

这需要练习。专注可以看作是一种"精神肌肉"，需要锻炼和加强。我们都知道，激活肌肉可以使之增强——这是体育锻炼的理念。同样，一次又一次地将意识拉回到关注点上是一个头脑的练习，头脑的努力可以强化我们的专注能力。

---

1　一般说来，所谓体式，是指能够保持较长时间的一个姿势。但是，有一些瑜伽形式强调 *vinyasa*（串联）的练习，动态地、连续地完成一系列体式，而每一个体式的停留时间相对较短。但这不是瑜伽练习的普遍特点。根据体式的不同，练习者能力、经验和目的的不同，在体式中停留的时间不同。

专注带来宁静和清晰。当意识从一处跳到另一处，从一个想法转到另一个想法，我们就不能深入探索和发展一个想法或见解。专注能创造头脑的平静。要想有效地完成一项任务，专注必不可少。说到瑜伽练习，专注可以使我们有可能实现冥想，从而深化我们的 *svādhyāya*（自我学习）。

体式练习不但可以教会我们 *dhāraṇā*（专注），而且还有 *dhyāna*（冥想）。冥想涉及广泛的练习，不像专注，它不需要一个特定的目标（例如，将意识集中到某一点上）。一般来说，冥想需要活在当下，意识到此时此刻发生的一切。在某些探索中（例如探索 B.8），你可以感觉到关注一个动作或地方和将意识拓展到身体的较大区域或整个身体的不同。后者是一种冥想式的体式练习类型。

## 2.13 放松

瑜伽练习可以训练我们放松身体,放松我们的肌肉和器官。它也可以教会我们放松头脑,使头脑平静、安宁。这个能力与我们已经讨论过的专注、不要用力、释放紧张等有关。正如"努力管理"一节所说,放松是体式练习的一个重要方面。但是,我们练习彻底放松的主要体式是 Śavāsana(字面的意思是挺尸式,通常称为放松式)。练习瑜伽时,最后都要以挺尸式结束。在挺尸式中可以学习放松的艺术。躺在那里什么也不做,看起来是在浪费时间。但是,实际上,挺尸式是最重要,也是最难的体式之一。说它难,当然不是指身体上的,而是指头脑方面;它的困难正是因为没有涉及任何身体的动作。当身体被动时,头脑则容易活跃。所以我们需要练习并学会怎样放松忙碌(有时是烦乱的)的头脑。

表面看来放松身体好像比放松头脑容易一些。然而,在更深的层次上,我们会意识到两者之间的联系。在挺尸式中,我们会越来越多地发现身体中的紧张——之前觉察不到的紧张。通过深度的专注和观察,这些身体上的紧张得到释放。这需要将意识集中到头脑,在此过程中,头脑会得到放松,因此,身体和头脑一起放松;它是一个互惠的过程。头脑变得越来越平静,越来越稳定,观察就会更加深入,反过来身体又得到进一步的放松。身心放松的这种相互影响反应最明显的是脸部肌肉。在挺尸式中,想法飘过头脑时面部自然会有反应,面部肌肉轻微收缩或收紧。另一方面,放松面部肌肉则会使得头脑被动、释放。

在《艾杨格调息之光》中,艾扬格大师写道:

"Śavāsana(放松)中的 śavā 在梵文里的意思是尸体,āsana 是姿势的意思。所以,挺尸式是一个模仿尸体的姿势,并且获得一种仿佛处在死亡状态的体验,心跳停止,血肉的振动也停止。挺尸式意味着放松,也意味着修复。挺尸式不是简单的仰卧下来,使心意放空并且专注,也不是要你睡着。它是瑜伽体式中最难的,也是最令人精神焕发、回报最高的体式。"[1]

挺尸式是需要什么也不做、不做任何反应的艺术,只是关注当下,头脑既不游离到过去(记忆),也不思虑未来(计划)。在我们忙碌的生活中,学会暂时的停止和放松很重要。深度放松可能是我们能做的最健康的事情了。身体是一个神奇的机器,内部器官负责我们的健康,在没有意识的干预下自发有序地工作着,但是压力有损于它们的正常工作。在日常活动中深入放松的能力有益于身心的健康工作。我们在所有体式中练习放松,其中身体是活跃的,但是,只有当身体被动时,特别是在挺尸式中时,练习才是疗愈的。

在 *Yoga —— the Path to Holistic Health*(《瑜伽——通往整全健康之路》)(p179)中,艾扬格大师写道:

"如果承受压力,你可能会消化不良、腹泻或便秘、头痛、偏头痛、横隔膜受限、呼吸不畅或失眠……"

"瑜伽的深度放松法可以明显改善所有身体系统。当身体的某一部位紧张时,流向那里的血液就会减少,免疫力也会降低。瑜伽可以缓解这一区域的紧张,改善全身的血液流动,稳定心率和血压。急促、粗浅的呼吸将变得深长和缓慢,随着更多氧气的吸入,身心压力就会随之消除。"

---

[1] 译文引自:B.K.S.艾扬格.艾扬格调息之光.海口:海南出版社,2015:295 ——译者注

## 2.14 非伤害和其他禁制

*Ahiṃsā*（非暴力，非伤害），是帕坦伽利瑜伽八支中的第一个，也是最重要的一个戒律。它是八支中的第一支 *yama*（禁制）中的第一条戒律。

理论上谈论 *ahiṃsā* 很容易，然而，即使你尊重他人的权利，也不想故意伤害到任何人，当有人踩到你的脚趾，即使是无意的，你会怎么样？当然会很疼，但是，你会如何反应？你会对那人生气吗？你会带有敌意地做出反应吗（冷静地或激动地）？或者，你可能不是做出向外的反应，而是心里产生愤怒，这也是一种伤害（首先是对自身的伤害）。

我们需要问一下自己：在他人威胁要侵犯我们的权利，冒犯或攻击我们或我们亲近的人时，也能做到 *ahiṃsā* 吗？

绝对的 *ahiṃsā* 并非易事。培养一种非伤害的态度与我们数百万年来进化形成的生存本能是冲突的。至少在某些层面上，生存法则和自然选择机制似乎更倾向于奖励强者和好斗者，因此更刺激了 *hiṃsā*（伤害）。以目前的技术水平，暴力可毁灭掉地球上全部人类的生命。正如圣雄甘地所说，以眼还眼，只能使全世界的人都变成盲人。

在瑜伽练习中，我们也会伤害到自己。瑜伽练习中的伤害通常是由于错误的态度和过高的期待引起的。如果我们过于雄心勃勃，或者不够专注，往往就会发生伤害。与内在的动机不同，野心是问题驱动的，因为它是成就导向的，因此，自然引向"只要目的正确，可以不择手段"。动机则是一种积极的态度，我们努力的目的是自身的改善和转变。因此，尽管我们有目标和方向，但是我们应关注达成目标的路线，而不是过于关注我们所取得的成就。野心过大可能会驱使我们牺牲自身的健康和幸福，去追求某些外在的目标。（诸如为了引起他人的注意而炫耀一个高级的体式，或者只是为了证明自己很能耐就在一个体式中停留太长的时间。）

即使动机正确，我们在最初阶段也还是容易受伤，因为我们还不熟悉自己身体的局限，也没有培养出所需的敏感。

"不敏感意味着身体的那个部位是迟钝的——就是说它没有觉知——这就是疼痛将会发生的部位。"[1] 最初，我们的意识可能有限，从而会造成一些轻微的伤害。如果我们以非伤害的态度练习，这些伤害通常可以很快康复。

例如，我们从疼痛中学到的一点就是尊重我们的局限性。学习倾听我们的身体，尊重身体的局限性和短处，我们练习对自身的非伤害。在瑜伽中，我们转而向内，研究自己的动机，这是一个观察我们的野心或 *parigrah*（贪婪）习性的很好的实验。如果在体式练习中我们毛毛躁躁，或者不尊重自身真正的能力就急于完成或炫耀，就会立马得到惩罚。瑜伽体位法是一个非常强大的工具，如果不加小心、谨慎地使用，就可能会很快受伤。

例如，在尝试后弯时，如果后弯动作不是从尾骨和胸椎开始，而是"从下背部偷（*steya*，偷盗）了某些东西"，导致下背部的过度使用，这可能会受伤。

因此，在体式练习中，我们实际上可以实践所有的 *yamas*（禁制）：对自己诚实（*satya*）、不偷盗（*asteya*）、禁欲（*brahmacharya*）、不贪婪或不占有（*aparigraha*）。专注的体式练习提供了一个考验我们动机的机会。我们可以最深刻地了解自身，学会接纳和尊重自己的局限，体贴和忠实地对待自己。由此，我们培养对他人的关心。仅仅谈论或听到禁制是不够的，改变来自不断重复的练习，来自带有意识和反思的练习。

在《瑜伽之树》中，艾扬格大师讨论了在体式练习中暴力的两个可能的来源：谨慎的和非谨慎的（或粗心大意的）。"在练习中，你将发现在你自己的身体中一个部位是暴力的，而另一个部位则是非暴力的。一边是谨慎的暴力，因为细胞过度努力。在所谓的非暴力的另一边，存在非谨慎的暴力，因为那里

---

[1] 译文参考：B.K.S.艾扬格.瑜伽之树.北京：当代中国出版社，2011：41——译者注

的细胞正在死去，就像死产的婴儿。"[1] 身体中的细胞需要关注。要保持细胞的健康，必须为每一个细胞提供新鲜的血液——长期忽视这一点，会给我们造成伤害。这里有趣的一点是，忽视、掉以轻心、不加关注也是一种 *hiṃsā*，也可能造成伤害。践行 *ahiṃsā*，我们需要培养关注和敏感，否则，我们可能无意中伤害到自己或他人，甚至都没有意识到伤害已经发生。

践行 *ahiṃsā*，不仅仅是约束。*ahiṃsā* "……不仅包含着对杀生的否定，而且还具有更为广泛、积极的一层含义，即爱。这些爱包含了对众生的博爱……"[2] 根本上，培养 *ahiṃsā* 需要灵性的觉悟，承认人类的相似性，甚至与所有有情众生的相似性。只有当我们看见这种共性——我们在别人身上看到自己，在自己身上看到别人——真正的 *ahiṃsā* 之花才能绽放。瑜伽的练习应该最终培养这种对兄弟姐妹们的觉知，向宇宙打开心胸，施与无条件的爱。因此，瑜伽八支的第一步（即 *ahiṃsā*），也是最后一步就是：完成第一条戒律要求我们沿着瑜伽之路一直走下去。

---

1 译文参考：B.K.S.艾杨格.瑜伽之树.北京：当代中国出版社，2011：42——译者注
2 译文引自：B.K.S.艾杨格.瑜伽之光.北京：当代中国出版社，2011：18——译者注

## 2.15 真实和诚实

*Satya*（诚实）是 *yamas*（禁制）的第二条，意思是事实、真实、真诚、诚实和可靠。意味着诚实地生活，真诚地对待自己，不欺骗他人，真实地思考、言谈和行动。它是对一个人言行方面远离虚假、远离扭曲事实的道德约束。这在于不要做也不要说虚假、夸大、扭曲、捏造或欺骗的事情。如何通过瑜伽练习来提高这一素质呢？

在瑜伽练习中对自己真诚，就是尊重自己的极限，接受日复一日尤其是随着年龄增长发生的不可避免的变化；就是不要装作你能做到你不能做的事情；就是不要为了欺骗他人而进行炫耀。在教学中，意味着不要装作你发明了一些你并没有发明的东西——你应当真诚地承认你已经接受的教育，对你的老师表示感谢，避免给人留下你无所不知的印象。

诚实地练习，意味着接受瑜伽包含的所有内容，不要只选择你喜欢的内容进行练习，遇到困难时不要"走捷径"；意味着以同样开放的方法和同样严肃的态度练习瑜伽所有的方面。

如果你练习时带着真实和诚实，就是在践行 *satya*。真诚对己，就会真诚对人。这种态度将蔓延到你的日常生活中，你将变得更加诚实，更加值得信赖。

## 2.16 观察和转变倾向

瑜伽练习为 *svadhyāya*（自我学习）提供了一个广阔的空间：我们可以观察心理和情感的倾向——是分心、小题大做、以自我为中心，还是强壮、善良、开放、心胸开阔。通过观察，就可以认识到我们拥有什么，我们的本性是什么。这需要极大的诚实和接纳。不过，只有了解我们的真实情况，转变才能发生。

我们在一个小组中练习或在家里单独练习暴露出的倾向会有所不同。尽管两者都提供了足够的反思空间，但它们之间存在重要的区别。

**在课堂上的倾向**

不管喜欢还是不喜欢，集体练习中，我们会不自觉地与其他学员进行比较。这会使我们产生（或引起）诸如竞争、炫耀的欲望、嫉妒、骄傲、优越感或自卑感等。我们都需要一些承认和关注：想要被看见、被认可；想要被记住、被承认以及被爱的渴望是很自然的，也是很基本的。你可以在儿童那里很清楚地看到这一点，他们还没有学会怎样克制这种倾向。然而，这是瑜伽练习的一个错误动机，因为它将使我们远离自己，远离瑜伽所需的内在的功课。它也可能带来伤害。

归根结底，任何比较都与瑜伽无缘。在瑜伽中，每个人都沿着自己的道路前行，都有自己的步调，进步因人而异。在课堂上你旁边的学员在 *Paścimottanāsana*（加强背部伸展式）中几乎不能向前弯曲，而你折叠时却能超过双腿，但是他可能进步比你快。也许他全神贯注，能够释放他的僵硬，取得一点点进步，对他而言，就是前进了一大步。瑜伽不是表演艺术，也不是炫耀。因此，外表不是主要的。

在课堂上，我们可以识别出、更近距离地观察到这些倾向。当然，这种观察在任何群体中都可能做到。但是，本质上在体式中更能激励我们进行自我观察和学习。当练习是动态的或处于竞争的环境中，这种观察可能很难。各种体育运动本身就鼓励竞争，不适合观察我们的竞争倾向。

### 在家中自我练习的倾向

群体练习，虽然可能引起上述的倾向，但仍然比较适合大多数学员。为什么？因为当独自练习时，更容易受到个人性情的影响。没有老师的指导，身边也没有他人的引导或激励，我们只能依靠自己，受制于我们自己的倾向和游离的头脑。在瑜伽中，这些倾向归为三类要素（guṇas，三德），即惰性要素 tamas（懒惰、迟钝、沉重、抗拒改变）、动性要素 rajas（主动、活力、躁动、烦乱）和明性要素 sattva（纯洁、安宁、清晰）。个人练习确实重要，因为独自练习时，这些特征和倾向会显现出来，我们可以通过练习观察应对它们。

有些时候，动性要素 rajas 主导：我们会感觉焦躁不安、不耐烦或心绪烦乱。练习时，手机可能就放在身边，随意中断我们的练习；容易受到其他没完没了的干扰，注意力难以集中。

与动性要素 rajas 有关的另一个倾向是雄心勃勃。我们可能发现自己挣扎着完成某些困难的体式，不假思索地与体式以及我们的身体进行着一场战斗。我们关注的是外部的目标，而不是享受达成目标的过程。我们想要立竿见影的成就，不尊重进步自有的客观节奏。

有些时候，惰性要素 tamas 主导：我们会觉得沉重、迟钝或懒散。甚至开始练习都难以做到，即使我们开始了，也是懒洋洋的，缺乏能量和热情。我们还可能对自己的身体持有消极态度，诸如不满意自己的腿长或体重。我们还可能感到悲观，难以忍受或接纳练习中面临的挑战。

有些时候，明性要素 sattva 主导：我们会感觉一切光明，注意力集中，练习像流水一样顺畅，毫无困难，我们沉浸其中，体验到喜悦和富足。

在我们的练习中，应该寻求和强化 sattva，减少或弱化 rajas 和 tamas。如果在练习结束时，与开始时相比，rajas 或 tamas 没有变化，这次的练习目的就没有达到。

即使在课堂上，我们也可能在某种程度上遇到这些倾向。尽管教师提供了整体框架，但是如何完成这些体式，每个学员都有很大的自由度和选择性，需要在教师给出的诸多指令中做出选择。例如，教师可能在课堂上给出做 *Trikoṇāsana*（三角式）的指令，同时又给出了几个技术要点，但是教师难以详细描述完成的每一个动作，也难以明确指出身体弯曲多大，两脚之间的距离，或者如何将呼吸与动作结合，等等。所有这些细节都需要学员自己选择和完成。学员可以决定小心缓慢地完成或尝试拉伸到他们的极限。因此，即使在课堂上，*rajas* 或 *tamas* 也能显现出来，意识集中的练习者应该能够观察到。

## 2.17 将练习拓展到瑜伽垫之外

通常在瑜伽课结束时我们会感觉到平静、安宁，但是离开课堂后，我们将很快恢复常态。一旦遇到某些困难或意外事件，我们会立即失去所有的平静。当下课后驱车回家时，如果有车无意中切入我们的车道，我们稳定、平静的心态可能会立即转为不耐烦的反击或沮丧。[1]

那么，怎样才能将练习更好地与日常生活结合呢？如何即使离开瑜伽馆也能保持平静和安宁呢？我们如何不只是意识集中地练习，而且还要意识集中地生活呢？这些问题非常重要，因为许多练习者发现很难将瑜伽的体验与日常的生活方式联系起来。

在梵语中正念是 *smriti*，字面意思是"记住的东西"。它也意味着"记忆"——为了意识集中，正念需要克服你的健忘。你需要记得回到当下，记得在一个活动或互动中停止，缓慢地呼吸，身体稳定，重新与自己取得连接。这会彻底改变你的生活质量，因为你不再迷失在纷纷扰扰的事情中，能够更熟练地回应生活中的各种挑战及意外事件。

将瑜伽练习拓展到日常生活中的一个好方法是在一天中设置一些小的提醒，包括小的日常活动，可以作为暂停、呼吸和重新与自己连接的提示。

一旦瑜伽课结束，立即行动起来。你怎样卷起垫子？如何叠起瑜伽毯？如何收拾你用过的辅具？做这些时是否能像做体式时一样意识集中？在调息课上，我们经常使用弹性（棉质）绷带包裹头部；课程结束后，我会要求学员做一个"卷绷带冥想"；在聊天和走动之前花点时间，意识集中到卷起绷带的动作上。

课后走出教室时，尝试让瑜伽的影响停留时间长一点，在急于处理业务前，花点时间享受一下新鲜的空气，欣赏一下美

---

[1] 在大型工作坊中，参与者都会带上自己的瑜伽辅具，在寻找辅具时平静的大脑会迅速蒸发得了无踪影；如果你丢失了一根瑜伽带或瑜伽毯，放松会立即变为烦恼和不满。

丽的风景。

在日常生活中有更多的正念，指定几个动作，作为暂停、重新与自己连接的提醒，白天定时完成。例如，每次进入车内，可以做 5 次有意识的呼吸。只需要几秒钟，但可以有助于你更平静地驾驶。或者，当遇到红灯时，代之以不耐烦的等待，可以再次关注呼吸——不需要闭上眼睛，只需感觉气流在鼻孔里的流动。只是一个小小的提醒，只要坚持，这将成为一个习惯。这个习惯可能会改变你的生活。就我个人而言，我已经养成习惯，每餐前暂停，观察我的坐姿和呼吸，这是一个好机会，练习感恩，沉思我们是多么幸运拥有这些食物，默默感谢所有参与制作和准备它们的人（和其他生物）。

我们也可以借助于技术，例如，可以使用相关正念的应用（App）设置一个声音，在指定的时间间隔提醒我们。当你坐在办公桌前，每次听到铃声就暂停，起身伸展一下身体，或有意识地放慢呼吸的速度。这可以改变工作日的体验。

我相信，如果坚持练习瑜伽，就会发生显著的变化。如果发现自己处于压力或沮丧的状态，要记得与身体的感觉重新建立连接，立直脊柱，恢复平衡和安静。瑜伽通常看起来是孤立的、独自的（有些人甚至会说是自我中心的）练习，但是，以我的经验，当你积极地改变，变得更冷静、更平衡、更善解人意，它就会向外扩散，影响你和他人的关系。

## 2.18　追求长远目标，成功时保持谦逊

奥哈德

我喜欢、感恩瑜伽练习的原因之一是它设定了一个长远的目标，并提供了一个向此目标努力的系统方法。这对于缓慢而持续的进展具有很强的现实意义。同时，人们不禁会觉得某些体式是如此之难，如此具有挑战性，某些时刻会感到简直不可能完成。某种意义上的确如此。不过，如果你坚持练习，就会感受到改善和进步（当然，这取决于你的练习强度和质量）。即便这样，完成某些体式看起来仍然是万里迢迢，遥不可及，至少现在看来如此，或者是完全如此。这无疑会使你沮丧。

对于某些体式我已经体验到了改善，而对于其他一些体式则毫无进展。经过数年的练习，我现在可以离墙做手倒立了，这简直是奇迹；而其他简单的、基础的体式，例如 *Paścima Namaskārāsana*（反祈祷式），我却完全做不到。

即使进步非常缓慢——在某些情况下根本不存在——我仍然觉得瑜伽练习的长期坚持对一个人的健康、幸福具有重要的、有益的影响。一方面，人们认为一个认真、投入的练习终究是会有回报的，有结果的；另一方面，人们也意识到，即使你终其余生练习，还是会有很多需要改进、需要学习和完善的地方，更不要提那些永远难以捉摸的体式了。你可能希望未来有一天可以说：我已经达到了既定的目标，可以休息一下了。事实上，这一天永远不可能到来。这与瑜伽精神毫不相干。因为练习的意义就在练习之中，除此之外没有其他。这是一项活动，通过它可以观察和关注身体层面和心理层面水平的提高和改善。我们总是在改变，日渐成熟，年龄增加，头脑和身体的能力也随之改变。因此，总有新的东西需要去学习，去观察。

对我来说，通过专注的练习取得缓慢进步的复杂轨迹帮助我逐渐获得了一种谦逊和务实的态度，以面对生活中的其他挑战。它鼓励人们勇于追求非常困难的长期的挑战，同时认识到，追求本身（以反思和探究的态度）可能比你设定的目标更重要。我认为这不但适用于职业生涯，也适用于个人生活。例如，如果你是一名作家，会感觉写作需要花费大量的时间和精力。虽

然这种投入是有回报的，但是总有一些书是你想写但又没有时间或能力去写的。如果你是一名建筑师，对于项目的开展情景也会差不多。即使你是一名狂热的旅行者，喜欢徒步旅行，具有类似的态度也是有用的。每一次远足都很重要，很有价值，但你必须认识到，某些地方你一生也无法到达。如果你喜欢阅读，那么阅读本身就是很珍贵的，令你愉快的——即使有很多书你永远无法读到。好奇心和动机驱使你想做得更多，这是健康的、积极的，但是这需要谦逊的态度和现实的认知，接纳个人的局限，适当弱化它。瑜伽的练习有助于你逐步拥有这种态度。

面临的巨大挑战无法阻挡我们的追求，我们更不应自欺欺人。这需要付出努力，持之以恒。进步不会不请自来，也不会突然而至。假以时日，你会逐渐意识到练习本身就是真正的益处，而不再是取得这样或那样的成就。用一生的时间关爱自己，对自己进行观察和研究——包括身体和心理维度——就是练习的真正果实。

## 2.19　非竞争

奥哈德

　　由此，引出来瑜伽练习的另一个特点：它不是一场比赛。与许多运动项目或其他体育锻炼不同，与我们拥有的天生的炫酷造型和比成就的偏好相反，瑜伽中的进步不能（也不需要）与其他练习者的成就比较。尽管有明确的标准，可以评估我们完成体式的好坏，但是，将你的表现与其他练习者的进行比较毫无意义。这不仅仅因为人们的身体条件和能力（例如力量和柔韧性等）差异很大，而且因为即使你比别人做得好也不能多得到点什么，也不能因为你比别人"做得差"而失去点什么。比如说，完成手倒立式就是如此。所谓进步只能以你之前的练习为基准衡量。因为优雅得体地完成体式需要大量的全神贯注的练习和许多能力的训练，当然可以被认为是身体和心理水平的一个重要的提高。但是，由于瑜伽练习的目的是自我提升，没有任何理由与他人进行比较。一句话，进行瑜伽比赛毫无意义。

　　当然，在瑜伽课上，我们自然会环顾四周看看其他练习者。无疑，从别人的表现中我们可以学到很多，包括正面的也包括负面的，这常常是课堂演示的一部分。不过，与他人的表现进行比较毫无意义，无论是比自己好或是比自己差。对某些人来说，*Urdhva Dhanurāsana*（上弓式）很容易，而对另一些人，这可能不可想象；对某些人来说，头倒立式是相当自然的，而对另一些人来说，则十分恐怖。我们需要认识自身的能力和局限，提高能力、消除烦恼、克服障碍。从中得到更深层的领悟：练习的最终目标是自我完善，竞争对此毫无意义。

## 2.20　关于瑜伽练习的几点其他建议

在我们看来，瑜伽练习可以超越上面讨论的身心能力的改善，它还可以使我们成为更好的人，使人更谦虚、更体贴、更富同情心。讨论如何实现这些可能需要再写一本书。但我们不想对之一点没提就结束本章。

帕坦伽利将练习的一个重要方面称为 *ishavara pranidhana*（敬奉自在天），这是他提到的 *niyama*（劝制）的第五个（也是最后一个）。*Ishavara pranidhana* 通常翻译为"臣服于上帝"，但是瑜伽不需要对上帝的信仰。在《瑜伽经》中，*ishavara* 被描述为完全摆脱冲突，不受行动影响，对因果无动于衷，是所有知识的至高无上的种子（《瑜伽经》1.24，1.25）。

*Ishavara pranidhana* 可以被视为一种培养谦逊和减少我们以自我为中心和自大倾向的练习；它还建议我们向其他人敞开心扉，向周围奇妙的自然敞开胸怀。

我们相信，按照这里所建议的方法进行练习，尤其是每天与我们的局限性进行对抗以及对它们的认识，可以培养这些态度，这样的练习将提高我们的能力，也就是说，有助于提高我们的道德水平。

# 第三章
## 身心关系简史

认识你自己。

——苏格拉底

我思故我在。

——笛卡尔

人体是人类心灵的最佳图景。

——维特根斯坦

## 引 言

心（mind）身（body）关系，又称心灵（psyche）与肉体（soma）或灵魂（soul）和躯体（body）的关系。本章我们将简单回顾身心关系概念的发展和演变历史，帮助我们理解身心关系问题的形成以及内涵。

我们曾设想身心关系问题提出伊始应该是相对清晰、简单的，随着时间的推移变得日益混乱和复杂。事实上，身心关系及其概念似乎从开始就是错综复杂的。早期的希腊文学和神话中，这两个概念的表述方式就是模糊不清的。本章我们将尝试在身心关系的各种观点中，梳理出一条简单和清晰的发展脉络，在历史发展中理解这一问题。

这无疑是一个大问题，甚至说在有限的时间和篇幅内难以完成。我们为什么会明知不可为而为之呢？

我们的主要目的不是研究身心关系的发展的详细历史，我们将删繁就简，主要介绍西方传统关于身心概念的描述，从而了解人类对身心问题的思想演变过程。

在说到身心问题时，清楚地知道讨论这个问题的场合是非常重要的。如，是在医学的、哲学的、伦理的还是科学的背景下。本书其他章节，我们讨论瑜伽练习对身心的影响，我们主要关注健康问题。本章中，我们将这个问题置于一个更广泛的哲学背景下。一方面有助于丰富瑜伽练习，赋予瑜伽练习更深刻的意义；另一方面，更重要的是有助于为我们在本书中所采用的瑜伽练习方法提供理论依据，即探索人类的本质，最终改善我们的健康状况。

## 起源——心、身，哪个先发现？

心，英文为 mind，中文为头脑、思维、意识、心理等与精神相关的活动和事件。身，英文为 body，就是指我们的躯体。古代哲学家常常争论的一个有趣的问题是：心、身，哪个先发现？这个问题有点奇怪，就好像人类可以没有身只有心，或者没有心只有身似的。我们这里要说的是"心""身"这两个概念哪个先出现的，不是说这两个概念所指代的实体哪个先出现的。这样想来，势必在某个时期人们的确没有这些概念。也就是说，这个问题关系到人类怎么认识自身，即怎么理解自己是有别于其他生物的。

显然我们每个人都拥有一个身体，我们通常就能感觉到身体的存在。当我们生病或经受痛苦时，这一点尤其明显。即使一切正常，我们也总会不时地感受到快乐、不适、疲劳和饥饿，这些感觉都会让我们意识到拥有一个身体。稍难理解的一点是，正是这些认识，我们拥有一个身体，我们拥有这些感觉，导致我们假设人类拥有某种像"心"一样具有感知能力的东西，正是这个"心"意识到我们自己拥有一个身体。虽然我们感受到拥有一个身体可能比感受到拥有"心"更直接和明显，但是我们可以感受到自己拥有身体本身就表明，我们具有感觉和内观的能力。

以上讨论引出一个有趣的观点。如果没有"心"的概念，我们会有"身"的概念吗？也许描述"身"的概念需要"心"的概念，反之亦然。这就是说，"心""身"的概念是相互定义的。这从而间接回答了心、身概念哪个先发现的问题。明白点说就是，如果一个概念的定义需要另一个概念的定义，讨论谁先谁后就没有意义了。

我们后面将会进一步讨论这个问题。现在，我们先来探讨历史上关于身心关系最具影响力的概念。从中可以看出身心概念及其关系的各种观点、演化，及这一问题带给人们的诸多困扰。

探讨身心概念出现的先后也许没有什么意义，但关于这个问题的争论引出了一个有趣的问题：对于我们理解诸如"自我""我们是谁"以及"人类的本性"等问题，心、身，哪个更重要？西方哲学的早期创立者苏格拉底和柏拉图把真正的自我等同于灵魂（心）。更精确地说，真正的自我等同于理性的思维。后来的许多思想家，包括笛卡尔和康德，也持有类似观点。根据这些观点，作为一个道德的人，需要在各种行动方案中运用理性进行选择。这种观点对于莱布尼茨尤为明显，例如，根据他的说法，一个非理性的选择根本就不能被视为一种选择。

## 概 览

西方哲学传统上将真正的自我等同于灵魂（心）或理性思维。回顾苏格拉底和柏拉图的思想（第一部分），可以找到灵魂高于身体的一些佐证。柏拉图认为灵魂和身体是各自独立的实体，柏拉图强调理性（灵魂的最高部分）是人类的本质特征。我们将在第二部分中看到亚里士多德也有同样的认识。但亚里士多德认为的灵魂则是以一种完全不同的方式构想的。亚里士多德认为，灵魂并不是一个实体，而是各种能力（和力量）的总称。由于生命体的能力不同，灵魂也随之不同。因此，所有生命体都有自我进食的能力，但只有动物才有感觉的能力，而且只有具有理性的动物（即人类）才有语言说话和推理能力。特别是，亚里士多德认为任何一种感觉能力都有与之相对应的感受器官。例如，视觉能力对应眼睛，听觉能力对应耳朵。由此可推出一种模式，灵魂和身体，就像视觉与眼睛一样，具有某些不可分割的联系。

普罗提诺是新柏拉图学派最著名的哲学家（3.3节），他强调灵魂为善之源，物质为恶之源。奥古斯丁（3.4节）的观点具有明显的新柏拉图学派的色彩，并与4世纪的基督教融合。与此类似，托马斯·阿奎那（3.5节）在12世纪将亚里士多德的灵魂观与基督教进行了调和。尽管在中世纪晚期和文艺复兴时期的哲学和科学受到亚里士多德主义的统治，但在16世纪和17世纪早期现代哲学兴起期间，这种倾向遭到了笛卡尔和大多数新哲学家的强烈反对。这种反对随着1687年牛顿的《自然哲学的数学原理》一书的出版和万有引力理论的提出达到顶峰。

笛卡尔（3.6节）采取二分法，将实体分为心灵（或思维性实体）和身体（广延性实体）。后者可以进行科学描述，而前者只有那些拥有它的人才能感知。笛卡尔认为两类实体完全不同，身体可以在空间中延展，而心灵则根本不占有空间，因此，它们之间如何相互作用就成为一个难解之谜。这就是我们所谓的身心问题。尽管我们都能感觉并体验到心理状态和身体状态的密切联系，但无法解释这一切是如何发生的。我们将讨论笛卡尔时代对此问题的解答（3.7节），以及对当今理解这一问题的影响。我们将简要介绍马勒伯朗士和莱布尼茨的观点，重点介绍斯宾诺莎的自然主义方法，其基本思想是尝试从物理角度描述精神问题，这也是当今的主流方法。然后，我们简单介绍康德的怀疑论，他认为任何证明灵魂不朽的尝试都已超出了人类的认识限度。

第二部分，我们将快速进入20世纪，在当代哲学和科学的背景下介绍我们自己关于身心问题的解决方法。

# 第一部分
# 从苏格拉底到康德[1]

## 3.1 苏格拉底和柏拉图：哲学和二元论的开始

### 3.1.1 背景

公元前 5 世纪，苏格拉底（Socrates，前 469—前 399 年）在雅典生活并实践着他的哲学思想。尽管他没有留下任何书面资料，我们关于他的了解都来自于他的学生柏拉图以及其他哲学家的记载，但他的精神遗产在西方哲学史上扮演着核心角色。苏格拉底被认为是西方哲学的奠基人。

哲学往往被认为是纯粹理论性的，而且常常被视为只是一种学术活动，但苏格拉底却向我们展示了如何过上赋有哲学意义的生活。苏格拉底之死就是其哲学实践的突出体现。雅典当局指责苏格拉底通过哲学活动腐蚀青年，并判其死刑。苏格拉底拒绝了朋友们提出的帮助他免除审判和逃避死刑的建议，以绝对的尊严饮下毒酒自杀而亡，矢志不渝地捍卫了他的理想。他向我们表明哲学可以使人平静地面对死亡。在《斐多》中苏格拉底告诉他的朋友们，"哲学就是学习死亡。一生追求哲学的人临死的时候一定是轻松愉快的。"苏格拉底相信，哲学的作用不仅是理论上的，而且主要是实践上的和伦理上的：它涉及正确的生活方式，当然包括正确地对待死亡。

总之，谈到死亡，特别是苏格拉底之死，使得我们更加关注身心关系的本质。或者说，如何理解死亡对于理解身心关系至关重要。根据苏格拉底的说法，死亡只不过是"灵魂与躯体

---

[1] 第一部分进行了适当删减和改编，参照了《哲学100问》（书杰著，华文出版社，2018年版）、《惊呆了！哲学这么好》（[日]田中正人著，南海出版公司，2018年版）。——译者注

的分离"。人死后灵魂是否存在？自古至今，研究身心关系主要目的之一就是回答这个问题。

显然，死亡问题是灵魂和身体是可以分离观点的一个最重要佐证。人死后，灵魂可以继续存在，而身体则变为一具尸体。人死后灵魂还能存在吗？二元论者，如柏拉图（Plato，前427—前347年）和笛卡尔，认为人由两个可以分离的实体组成，他们的回答为"存在"；一元论者，如亚里士多德和斯宾诺莎，认为灵魂和身体是同一实体的两个不同方面，他们的回答通常是"不存在"。

苏格拉底认为：我们可以通过灵魂获得知识和真理，而身体却是追求这些目标的主要障碍。此外，虽然身体是不断变化的，但灵魂始终是同一个。因此，一个寻求知识和真理的人，名副其实的哲学家，应该不断寻求滋养、净化灵魂的方法。正如苏格拉底所说，"哲学家的灵魂相信应当摒绝欢乐和痛苦的情感，在平静中生存；应当追随理智，永远跟着理智走。他认识到什么是真实而神圣的，就只把这个作为自己的粮食。这是认识，不是什么意见或主张。他深信人就应该这样活在世上；死的时候，就会跑到和自己熟悉、舒适的境界去，不受人间疾苦的困扰了。"（《斐多》84a[1]）

这里明显地暗示可以将死亡看作是灵魂从身体的束缚中的解脱。因此，苏格拉底面对死亡甚至有些因为灵魂的解放而感到兴奋。

之所以相信灵魂不灭，是因为苏格拉底认为智慧即灵魂的理性层面，必须是非物质的，因为它所感知的对象——理式——是非物质的。两者想必应该具有类似的属性。那么，我们又如何判断灵魂在死后的确存在呢？苏格拉底对此问题也进行了论述。18世纪著名的哲学家伊曼努尔·康德（Immanuel Kant）则认为这个问题超出了人类的经验，是不可知的。稍后我们将会讨论。

---

1　此为原文段落编号。下同。——译者注

苏格拉底没有留下半点自己的著作，我们只能通过他的学生柏拉图的记载了解他的哲学思想。

苏格拉底与他的学生柏拉图，以及柏拉图的学生亚里士多德并称为"古希腊三贤"，被公认为西方哲学的奠基者。

柏拉图的大部分著作都采取了对话体。苏格拉底是对话中的主要角色。正是由于柏拉图的写作风格，以及他所记录的苏格拉底式辩论，哲学写作从早期就采取了对话形式。更准确地说，它采取了提问和解答、逻辑推理和辩论以及讨论实录的形式。

在柏拉图的对话录中，苏格拉底是哲学家的主要原型，既代表一种哲学精神，又体现某种哲学方法。这种精神和方法一方面是对任何权威的质疑，另一方面是对人类理性的信仰。注意，这种对权威的质疑和理性的信仰，在哲学史上是首次。正如约翰·M.库珀所说，"在苏格拉底和柏拉图之前，哲学家们通常把自己看作拥有特殊洞察力和智慧的人：他们拥有真理，而其他人只需倾听和学习。"他们的智慧和知识的来源通常是不透明的、神秘的。苏格拉底之前，真理来自德尔菲箴言。这些所谓的真理不需要任何理由或证明。这些智慧和知识来自特殊的、奇特的途径（通常源于神）。

苏格拉底质疑任何所谓的权威和自称无所不知的人。在对话中他极力反驳那些声称知道真理并教导他人的人。苏格拉底认为：那些声称拥有真理之人应该能够提供可信的理由，证明其真理的来源。也就是说，他们应该提供论据，并经得起质疑。苏格拉底的另一特点是，他蔑视诡辩家们花言巧语的论证。相比之下，苏格拉底试图仅仅运用理性和逻辑来建立信念和信仰。逻辑的使用，在论证观点和主张的意义上，成为哲学的本质特征之一。

根据柏拉图的说法,他在雅典街头参加了一些这样的辩论，然后根据记忆记录下来，形成了这些对话。但这些对话哪些是真实的，哪些是虚构的，我们现在只能猜测了。不过，我们有充分的理由推测，至少在一些中后期的对话中，柏拉图借苏格拉底之名表达了自己的观点。所以，鉴于作者、书中人物和实际人物之间的复杂关系，苏格拉底和柏拉图的思想很难完全区分。

然而，从哲学和理解的角度，苏格拉底和柏拉图的思想可以按如下方面区分。苏格拉底的大多早期对话都以一个悖论，即自相矛盾，或者以一个僵局结束。在这些早期对话中，苏格拉底通常会反驳和击败他的对手。对话中所展示的是，诡辩家自诩知道，并因此教导他人的知识是错误的，因为他们无法说明白他们所说的到底是什么。这些通常涉及真理、正义、美和其他美德的定义。苏格拉底要求，如果有人声称在教授某种美德，他们就应该明明白白地告诉我们他们在说什么。例如，如果你声称要教导怎样做一个"好"人，你就应该能够告诉我们什么是"好"，即"善"（或美德）。甚至，苏格拉底要求定义应是普遍适用的，在任何情况下都成立，例如善、正义等。同时，苏格拉底本人也并没有对其给出任何定义。这样，对话往往没有任何结果。他本人似乎并没有因为此类结局而烦恼。他欣然承认自己的无知，并因为诚实、谦虚，而比对手更睿智。与诡辩家们不同，他从不声称知道他不知道的事情。例如，在《理想国》探讨什么是正义的对话中，色拉叙马霍斯给苏格拉底施压，要求他给出问题的答案，而不仅仅是提问。色拉叙马霍斯说："苏格拉底又来玩那一套了。他自己不肯回答，人家说了，他又来推翻人家的话。"苏格拉底回答到："是的，亲爱的朋友，当一个人不知道，而且自己也承认不知道，怎么能给出答案呢？"（《理想国》337e）。

这也许是苏格拉底"认识你自己"的最深层含义——要诚实、正直，不要不懂装懂。这种怀疑态度随后成为哲学的本质特征之一。在我看来，这是哲学最本质的特征。哲学不是一门特定的科学，或者是某一拥有确定的知识体系的学科，而是探求真理、批判性的思维，不满足于肤浅的解答的学问。这样看来，哲学是一种检验理论和概念的内在一致性和确定性的方法。哲学不仅仅是一个知识体系，而且是以一种探索的态度，寻求解决我们使用某些概念时产生的冲突。本书中，我们试图澄清关于身与心、躯体与灵魂概念及其关系的模糊认识。

可以想象，不是每个人都会乐意接受苏格拉底对话中的无答案结局。事实上，柏拉图本人就表明了不满。设想一下，我们连什么是"善"都无法定义，确实令人不安。因为，如果不知道什么是"善"，我们又怎样教育人们"善"，又怎样判断哪些是"善"的，哪些不是呢？尽管苏格拉底给出了有关定义的极高的，难以达到的标准，柏拉图还是挑起了打破这一僵局的重担。

柏拉图提出了一种理论，这种理论堪称西方哲学的革命，颠覆了之前身心的定义及其关系的描述。柏拉图最著名的发明是他的"理式"理论以及"存在"和"生成"之间的联系。简言之，"理式"被视为纯粹的概念，是最重要的；它们是非物质的、不变的、永恒的和绝对的。而在空间和时间的物质世界中，具体可见的事物是不断变化的、相对的。例如，善的理式（或定义）是同一个，是一直不变的；但是，被称作善的事件、行为或事物只是在某种程度上或在某些方面是"善"的——向来不是绝对的。任何善行都可能被不那么好的意图或不那么好的后果所玷污；但是"善"的定义依然是纯粹的、完美的，不能被任何事物玷污的。也可以将"理式"视为普遍属性。例如，苏格拉底和柏拉图都是有智慧的，但智慧本身是可分享的，他们以及其他的许多人都能多多少少拥有。同样，例如苹果、玫瑰和西瓜等，它们都可以是红色的，红色就是另一种纯粹的具有普遍属性的"理式"。

"理式"也可以用几何示例说明。这可能是柏拉图的"理式"理论的出处。例如，三角形的性质或定义始终保持不变；它是普遍的、永恒的，但是单凭这个定义我们并不能知道我们见到或绘制的某个特定三角形的大小或颜色。同样，任何现实中存在的三角形都不是纯粹的，完美的。又如，我们见到或绘制的直线永远不会是满足定义的直线，它们总会有一定的厚度或宽度，这不符合直线的定义，按照定义，直线是没有任何宽度和厚度的，只有一个维度。这与三角形的情况类似，它们被称为直线或三角形的实例。漂亮的物品、善行和红玫瑰都是同样的道理。对于柏拉图来说，所有特定的事物都是理式的实例，"理式"的确存在着。

### 3.1.2 灵魂和身体

苏格拉底以鼓励雅典人好好照顾自己的灵魂而闻名，他认为这是照顾自己的最好方式。在《理想国》里，苏格拉底说到："一个好的身体不能凭它的'好'使得心灵好。相反，有了好的心灵就能使天赋的体质达到最好。"（《理想国》403d）。

苏格拉底认为从德行上讲，灵魂高于身体。在他看来，好好照顾自己主要是指好好照顾自己的灵魂。对灵魂的照顾涉及一个人更重要的、更深的层面，精神的和内在的生活，而不是其外表、衣着或财产。今天看来，这一点尤其重要。苏格拉底说，在我们照顾好自己的外表和财产之前，应该首先照顾好自己的灵魂（不要弄反了）。

对于苏格拉底和柏拉图来说，真正的自我更多的是指灵魂而不是身体。在希腊人更崇尚身体的时代提出这点实属不易。众所周知，在希腊文化和艺术中高度重视人体，发源于两千多年前古希腊的奥林匹克运动会就是此传统的充分展示。但是，柏拉图认为，灵魂是（或至少应该被视为）我们真正的主人。我们的行为应该受理性，而不能受身体的需求和欲望控制。这意味着，一个人可以把自己的身体与灵魂分开，分别加以关注。苏格拉底建议我们首先照顾灵魂（而不是身体）。柏拉图在他的著作中也提出了同样的观点：对身体的关心可以（也应该）与对灵魂的关心分开；这是他对灵魂和身体二元论说法最清晰的表达之一。对灵魂的训练有两个目的：（1）使我们更好地感受"理式"世界；（2）使我们不屈服于肉体的诱惑和需求。

苏格拉底认为，在体育锻炼之外再关心身体就是过度的，也是关心灵魂所有障碍中最大的。最重要的是这将使学习、思考或沉思都变得困难。一天到晚神经紧张，怀疑身体不对劲，

以致头晕目眩，并且将之怪罪于哲学研究，那么他将永远无法找到通往完美的道路。（《理想国》407b，c）

柏拉图认为，过分关心身体是有害的，因为它妨碍了灵魂更重要的功能（教学、学习、反省）的发展，最终会妨碍我们拥有高尚的道德。

苏格拉底认为，灵魂不仅优于身体，而且构成了真正的自我。这是因为灵魂有理性，可以控制和引导自己的行为。因此，哲学实践的一个重要活动就是使灵魂远离对身体的关注和欲望。灵魂被束缚在身体中，因此它渴望脱离束缚："灵魂的向内关注，最大程度地减少了与可见（即物质）的现实世界的接触，以及它们所带来的问题，诸如暴食、暴力、酗酒等。"（*Holmes* 2016）

把我们的注意力（和关注点）向内转移到我们的灵魂上的想法对西方哲学和文化产生了巨大影响。这一提法在与基督教结合后，被宗教大大歪曲了——奥古斯丁在4世纪将哲学和宗教调和起来。事实上，灵魂和身体之间的关系当前仍然是心理学、伦理学和宗教领域的争论问题之一。

正如我们前面提到的，柏拉图认为，灵魂明显优于身体。灵魂的优越性主要指其伦理和美德层面。例如，柏拉图认为，医生的心灵可以治愈患者的身体，注意，"是心灵治愈了身体"，而不是身体治愈了心灵（《理想国》408e）。同时，柏拉图又认为，这些伦理和美德也与本体论有关，特别是与"存在"和"生成"之间的区别有关。身体属于不断变化的物质世界（生成），灵魂更接近于"存在"，灵魂与思想、逻辑判断相连，因而有能力通过理性在更高的层次上控制身体。灵魂也有能力思考和认识永恒的"理式"（真正的"存在"）。

苏格拉底和阿西比亚德辩论道：身体既不能使用自身也不能控制自身，必须有一个使用者和主宰者。苏格拉底将这个使用者和主宰者称为灵魂，因此等同于真正的自我。灵魂和身体的这种主宰与被主宰关系主要是指在伦理层面而非生理层面。

## 3.2 亚里士多德：灵魂与身体关系的一元论模型

现在我们介绍关于灵魂与身体关系的另一重要观点——亚里士多德的一元论模型。亚里士多德（Aristotle，前384—前322）认为灵魂是借助身体呈现出的一系列能力。亚里士多德出生于马其顿的斯塔吉拉。他是马其顿国王的宫廷医生尼科马丘斯之子。显然，他应该熟悉希波克拉底的医学著作。

亚里士多德关于灵魂与身体关系观点的形成、对自然科学的浓厚兴趣无疑受到了其成长环境的影响。与柏拉图不同，亚里士多德对可见的物质世界密切关注，他对自然的探究和观察构成了西方经验科学的基础，包括今天的物理学、动物学、生物学、医学和心理学等学科。亚里士多德认为，研究自然重要的是基于每一特定事物的性质建立其分类体系。分类工作应该通过辨别每一特定事物的共性和特性来实现。他认为，心灵是所有生物共同拥有的特征。因此，亚里士多德关于灵魂的著名著作《灵魂论》实际上主要是一本关于生物学的书，而不是心理学的（这里用生物学、心理学都不太恰当）。

亚里士多德17岁时进入位于雅典的柏拉图学院，一直待在那里直到公元前347年柏拉图去世。在公元前343年至公元前340年，应亚历山大之父马其顿腓力的邀请，他担任了年轻的亚历山大大帝的老师。公元前335年，他回到雅典，在城郊建立了自己的学校——吕克昂学园。亚里士多德的大部分著作都是在学园里完成的。遗憾的是他的大部分著作都丢失了，但幸存下来的著作，涉及逻辑学、方法论、物理学、形而上学、生物学、动物学、伦理学、政治学、诗学和许多其他领域，左右着欧洲科学的发展，其影响一直延续至近代早期。

与柏拉图类似，亚里士多德也认为灵魂和身体具有不同的功能。但是，与柏拉图不同的是，亚里士多德认为，灵魂和身体是分不开的，同属于人的本质特征。灵魂与身体不仅分不开，而且必须共存；正是由于它们的共存决定了每一个生命体的本质。灵魂和身体相互依赖，实现相应的功能。灵魂是生命之源，控制着身体的运动，灵魂将身体作为器官（仪器）使用。

灵魂需要一个有机的身体来进行操纵，而身体需要灵魂赋予其活力。但这只是关于所有生命体的一般性描述。当我们进一步观察生命体的独有特征，如自我进食、自我运动、繁殖、呼吸、观看等时，这种灵魂与身体间复杂的相互依赖性就更清晰了。

亚里士多德认为，灵魂和身体之间的关系只是现存事物所具有的诸多普通关系中的一种特殊情况（如果是非常重要的话），即"形式"和"质料"之间的关系。灵魂与身体的关系在亚里士多德的分类体系中起着至关重要的作用。与无生命的事物相比，拥有灵魂是所有有生命的生物唯一具有的特征。简单地说，虽然所有事物都由形式和质料组成，但只有有生命的生物是灵魂（形式）和身体（质料）的结合。灵魂被视为所有生物的生命存活的前提和条件。

因此，对亚里士多德来说，任何真实的存在都是形式和质料的完美结合，缺一不可。虽然这适用于任何现实的物体，但在生物体中，灵魂是赋予物质某些特征的东西，灵魂只能通过身体的特定器官来实现其功能。这就是为什么不同种类的生物，如植物、动物和人类分别有不同种类的灵性，如生长发育、敏感性和理性。

相比之下，柏拉图认为只有人具有灵魂。我们将看到笛卡尔更精确地重申了这一观点。事实上，亚里士多德与柏拉图关于存在的本质的观点是截然不同的。柏拉图认为，实在是永恒的，不变的，比如说永恒的概念或事物的本质。任何具体事物都有某种变化，都不能视为真正的存在。对于任一事物，一旦有任何变化，意味着那一事物就不再存在了。正如赫拉克利特的名言，一个人不可能两次踏入同一条河流。河水流动不息，河流变化不停。

由此得到了一些重要的结论。纯粹的物质世界不可能是真正存在的事物，物质世界的特征就是变化，成长和衰败，生成和退化。因此，柏拉图认为物质世界只是事物的外表和现象。另一方面，真正存在的形式不属于时空中的物质世界。因此，形式只能用理性来理解和把握。具体的事物是形式在空间和时间中的展示，可以通过感官感知。如上所述，柏拉图认为，仅凭理性获得的心智和可凭感官感知的物质世界完全不同，即可以感知的事物，如椅子、猫等，是不断变化的，不是真实的存在，而仅仅是存在的表象。

亚里士多德则试图提供另一种解释。他的哲学呈现了一个全然不同于过去的形而上学图景。亚里士多德认为，真正的存在不是抽象的、不变的形式，而是我们能用感官感知的具体事物，这不同于柏拉图的理式。"这个人"或"这匹马"是亚里士多德给出的典型例子——这些是我们很容易熟悉的事物，往往更容易感知它们的存在。那么亚里士多德又是如何解释"这个人"或"这匹马"是不断变化的呢？柏拉图正是因此从物质世界中抽象出"存在"。有趣的是，亚里士多德使用灵魂永恒不变来回应这个问题。虽然"这个人"或"这匹马"的物质形态是不断变化的，但是他或它的灵魂还是原来那一个，是不变的。事实上，在很大程度上，正是灵魂传达了这些变化；灵魂不仅是生命之源，也是变化之源，然而，它本身却保持不变。

亚里士多德将事物的特征区分为可变的和不变的。每一件事物的个别特征是变化的，但其本质特征则是保持不变的。例如，一个人头发的颜色（或其他特征）是随时间变化的，但这个人的理性能力（是人类的本质特征）则保持不变。因此，根据亚里士多德的观点，传达个别特征的本质特征是不变的。正如我们所指出的，在生物体中，最有力量的特征，能够呈现事物的特征并且使其变化的，就是灵魂。这样，亚里士多德将事物的本质特征置于事物的内部。更准确地说，亚里士多德认为，个别事物的形式不是与其分开的，恰恰是在其内部，是其不可分割的组成部分。我们可以说，对于亚里士多德，现实世界不是由柏拉图所说的理式生成的，而是相反，理式是从现实世界中获得的。

亚里士多德经常使用技艺与工具的关系类比灵魂与身体的关系（苏格拉底和柏拉图也曾这样类比过）。音乐家要演奏乐器，必须拥有一定水平的技艺。例如，要演奏小提琴，演奏家必须拥有一定的水平。对于鼓手、画家和哲学家，他们缺乏相应的技艺，则不能演奏小提琴，更不用说演奏出美妙的音乐了。

我们来考虑一下，这里提到的乐器以及其他工具，如《灵魂论》一书中提到的斧子，都是人工制品；对于人工制品，工具、乐器的使用都是人类的有意为之。然而，在生物体中，灵魂和身体的相互作用则是自然的，不需要任何（我们例子中的演奏家）外部的干预。生物体的每一个器官就是灵魂的工具，灵魂就是生命的内在动力，如运动、进食和繁衍，这是生物体的独特特征。

亚里士多德强调，灵魂具有一种生物特有的生存和创造能力。他将这种能力从对于任何生物都有的自我进食能力拓展到再生和繁殖能力，即繁衍后代能力。狗只能生出狗，而不能生出猫，亚里士多德认为其原因是因为生出什么取决于每种动物（或生物）独一无二的灵魂，这种灵魂与特定的有机体相配合。由此可见，亚里士多德认为灵魂与身体的关系完全不是偶然的，而是描述和理解有机世界所必需的。

再用一个例子来说明亚里士多德所谓的灵魂和身体的关系。亚里士多德在《论灵魂》中写道："灵魂的所有属性似乎都和身体相联结，如愤怒、恐惧、怜悯、勇敢、喜悦，以及友爱和憎恨。"让我们看生动有趣的"愤怒"一例。愤怒，可以看作心脏周围血液的流速加快，或者是报复的欲望或诸如此类的事情，两者都是合理的，但愤怒与身体的关系更重要一些，因为所有的心理过程都不能与身体分离。（《灵魂论》403a）类似的，健康和神志状态与身体的冷热平衡有关；精神问题，如抑郁和妄想等与某些生理失衡有关。我们可以说，亚里士多德认为所有情感问题都必须从生理学（physiological）的角度来描述。我们今天所说的"心理学"（psychology），按照亚里士多德的说法，应该称作心理生理学（psychophysiology）。

考虑到本书的篇幅以及读者们的耐心，我们这里重点介绍了亚里士多德的名著《灵魂论》。值得注意的是，亚里士多德在研究灵魂和身体关系时涉及多个方面，如动物的运动、睡眠、梦、记忆、呼吸，所有这些主题都有专门的研究及论述。虽然他所使用的概念和术语已经过时，但灵魂和身体的内在联系的观点却沿用至今，并没有过时。我们发现他的方法在处理身心关系问题上是最有用的。

总之，亚里士多德认为，灵魂与身体是不可分离的，而且，它可以被看作是生物体的功能性组成。更重要的是，他认为谈论所谓"灵魂"是一种误导。虽然我们将"灵魂"作为所有生物体的共同特征，但在现实中，它被泛指为生物拥有的各种能力和力量，以及人类和其他非智慧动物的各种功能。亚里士多德认为，"灵魂"的概念好比一个篮子，囊括生物具有的各种能力。这是对"灵魂"的贬低，意味着灵魂并不是比生物体的进食、生长、视觉、感知、想象和思维等能力更高级。我们认同这一点，并在身心问题的讨论中发挥重要作用。这一点被许多当代哲学家们忽略了。因为他们有的没有深入了解笛卡尔以前的哲学史，有的没有把灵魂的概念看作是生物各种能力的总称，只将其作为一种实体。

## 3.3　普罗提诺：灵魂与身体，善与恶

正如我们前面所述，亚里士多德认为，物质含有形式的潜力，这对生物体的存在至关重要。相反，普罗提诺（Plotinus，205—270）认为，物质是形式的缺乏，是存在的不完美。如柏拉图一样，普罗提诺认为可感知的世界是实在的较低层次。

普罗提诺将物质与恶联系在一起，他认为恶就是存在的不完美。恶源于形式和/或心智的缺失。

在普罗提诺的理论中，我们发现了一个非常清晰和有影响的观点，这个观点柏拉图也曾经提出过，即实在和善之间存在

密切的关系。事实上,普罗提诺将生命的最终来源,每个个体的起源称为太一或善。太一或善的下一个层次是他所说的理智,然后再下一个层次是灵魂。因此,我们有三个层面的实在:太一或善、理智、灵魂(见《九章集》V.1;《九章集》V.9)。在最低层次上,我们发现物质,而物质是缺乏实在性的;因此,物质也构成了恶的起因。

人类生活好比善、恶交织的戏剧。对于人类来说,善与恶的对立就是灵魂与身体的对立。普罗提诺直接将灵魂等同于善,将身体等同于恶。而人本质上就是一个灵魂利用身体作为其临时展现生命的工具。这样,普罗提诺将人与灵魂和身体的结合做了区分。认为人与灵魂和身体的结合体是不同的。人与认知主体或认知状态主体是一样的(《九章集》I.1)。因此,一个具体的人就是一个矛盾的实体,因为他既能思考,又能处于被欲望和情感等控制的非理性状态。人类发现自己被矛盾的双方撕裂着。就像柏拉图说的那样,身体把我们引向邪恶,而灵魂(和心智)能够通过思考把我们引向善。

正如我们已经看到的,柏拉图发展了苏格拉底的思想,认为人类应该首先关注自己的灵魂,然后才关注自己的身体,而不是相反。普罗提诺以及其他新柏拉图学派的哲学家则认为,身体是灵魂的牢笼。因此,由苏格拉底"先照顾灵魂,后照顾身体"观点出发,普罗提诺进一步明确提出,人应该"关注自己的灵魂,而不是身体"。

实现善的人生必须摆脱一切欲望。对于一个完美的、一心向善的智者来说,只能满足于理性的生活。在这一点上,普罗提诺与柏拉图似乎非常接近。但是,他关于灵魂与身体的关系的整个概念,比柏拉图的更明确。其思想对中世纪神学及哲学,尤其是基督教教义,影响深远。这一影响主要是通过奥古斯丁的著作实现的。

## 3.4 奥古斯丁：柏拉图的灵魂观和基督教信仰的调和

奥古斯丁（Augustine，354—430）的思想对西方文明和哲学的影响重大，这一点怎么说都不过分。他将古代哲学与他所处时代正在兴起的基督教相结合，在整个中世纪晚期，他的观点主导了西方，并产生了超越时代的巨大影响，一直延续至今。他的作品，尤其是《忏悔录》，至今仍然有广泛的读者。奥古斯丁影响了希腊哲学和基督教之间的调和。

奥古斯丁出生于北非的塔加斯特镇（现位于阿尔及利亚），父亲是异教徒，母亲是基督徒。他先在迦太基学习修辞学，之后在罗马和米兰任教。他最初被摩尼教和怀疑主义所吸引。31岁时，他通过研究普罗提诺，改信基督教，后来成为北非希波教会的主教。奥古斯丁著述颇丰，最著名的就是《忏悔录》和《上帝之城》，前者是一本自传体回忆录，当中描写了早期奥古斯丁归信时的内心挣扎及转变经历；后者是奥古斯丁的一部晚期著作，是其一生思想的结晶，其中阐述了人类社会的起源，或"上帝之城"与"世俗之城"的来源，人类历史的发展过程以及人类历史的结局。

奥古斯丁的主要贡献是其基督教哲学。根据奥古斯丁的观点，哲学的作用是通过推理证明基督教教义作为信仰的正确性。事实上，哲学的主要功能，至少在笛卡尔之前，一直带有神学的性质。神学的目的不是为了通过理性之光发现新的真理，而是为宗教教义中已展示的"真理"提供合理的解释。

经文为奥古斯丁的研究提供了大量素材，包括邪恶、创世和三位一体等问题，都受到奥古斯丁的彻底关注。他的研究方法在近代早期仍被莱布尼茨等一些哲学家所接受，但遭到斯宾诺莎等哲学家的强烈反对。我们将看到，无论是研究风格，还是在关于上帝与灵魂存在的论证中，奥古斯丁对笛卡尔的影响无处不在。

奥古斯丁皈依基督教后，他的主要哲学研究便转向了将基督教与希腊哲学尤其是柏拉图哲学思想的调和上。他在《忏悔录》中坦言，普罗提诺的作品对他的思想转变作用很大。除此之外，他还试图将柏拉图的知识与基督教的包容性调和起来，使永恒的真理即柏拉图认为的永恒不变的"理式"，被任何想接受的人所接受，而不仅仅是受过高等教育的哲学家们才能接触到。首先就是将基督教中的上帝，作为创世者及道德法则的来源，与柏拉图的理式调和。

奥古斯丁将柏拉图的"存在"（永恒不变的理式）作为上帝的思想。在这种解释中，柏拉图的完美的理式被视为上帝的思想。在基督教的柏拉图主义者看来，上帝被视为一个原动力，他的智力活动，他的思想，就包含了所有真实存在的概念，即柏拉图所谓的理式。

类似的，他将希腊哲学对"存在"与"生成"、"思维的"与"可感知的"区别转化为上帝思想之物（创世的理想模型）与所创造世界之间的区别。这种转换也将智慧（活动）和意志的关系引入到宗教以及生物领域。

第二步，奥古斯丁将柏拉图对存在的分级与亚里士多德对灵魂的分级结合起来，从而建立了一种自然的存在的等级体系。他将这一体系分为三个层次：物质世界、生物世界和思维世界。他写道：

> 简单存在的物质形态（既没有生命也没有思维）的层次是低于既存在又有生命（但没有思维）的物质形态——非人类动物的灵魂就属于这一层次。而后者的层次又低于同时存在、生命、具有思维的物质形态（如人类的理性思维）。（《论自由意志》2.6.13）

在理性的灵魂之上，还有一个存在，由永恒的真理或形式构成，奥古斯丁认为这就是上帝的意志。因为有理性的灵魂，所以人类的层次在上帝之下，在其他没有理性的生物及物质世界之上。也正是因此人类普遍具有学习能力，特别是学习理解上帝旨意的能力。就像柏拉图那样，可以通过理性的灵魂知晓"理式"。

在自然的层级结构中，理性的灵魂高于物质、生物和感知世界；物质、生物和感知世界随时随地变化，灵魂只随时间而变。但它们都在上帝之下。上帝是完美的存在，永恒不变。灵魂是上帝根据其意志创造出来的，理性的，有认知能力的，可以获得永恒真理的。人类处于层级结构的中间，受到上下两个层次的影响：一方面，人类受欲望和冲动的诱惑，将其拉向可感知的物质世界；同时，人类也能够借助理性的思维达到完美世界。

根据奥古斯丁的观点：一个人通过意志，可以将关注点向内转，向内看，关注自己的灵魂。这意味着对善的追求。奥古斯丁认为，通过向内看，一个人，只要具有普通心智，就可能到达柏拉图所说的完美世界，脱离物质世界的束缚，了解真相。奥古斯丁认为，通过向内看，通过理性的反省，而不是向外追求物质世界的感官和欲望的刺激，我们就可以到达完美世界。

奥古斯丁说，只要我们向内看，都能感受到完美的真理。事实上，我们的思维，我们的理性，与真理本身是一致的（《论自由意志》2.13.35）。奥古斯丁认为，虽然心灵存在于身体中，但心灵并不是囚禁于身体中，而是人类最大幸福的来源。

这时，意志的作用变得至关重要。由于一个人灵魂的意志力，一个人可以是恶的，也可以是善的。我们要么屈服于较低的尘世欲望，从而背离上帝；要么通过向内专注于自己的理性灵魂，实现完美的状态。两种选择，何去何从，取决于人的意志。

奥古斯丁强调向内看，在深入自己的灵魂的同时，提出了一个新的身心二元论观点。在其《三位一体论》一书中他说到，提出这一观点的依据是他假设灵魂（思维）具有独特的自我认知能力。

"什么是非常熟悉，怎么知道自己是自己，如何触类旁通，这些是灵魂自知的问题吗?"(《三位一体论》8.6.9)他还进一步指出,灵魂最了解自己,所以它可以通过向内看来了解其特性或本质:

> 既然我们的研究涉及灵魂的本质,那就让我们抛开通过身体感官从外部获得的所有知识,更加努力地关注我们所要探讨的问题:每个灵魂都知道并确信是关注自己的。(《三位一体论》10.10.14)

除了关注通过心灵的反省能力来了解自己,奥古斯丁还试图消除一些令人不安的困惑。他认为,我们意识到自己怀疑这件事本身就可以消除怀疑,获得确定的答案:

> 谁会怀疑他自己活着,有记忆力、理解力、意志力、思考能力、学习和判断力?因为即使他怀疑,他也会活着;如果他怀疑,他会记住他为什么怀疑;如果他怀疑,他理解他的怀疑想法;如果他怀疑,他希望得到确定的答案;如果他怀疑,他会思考;如果他怀疑,他知道他不知道答案。任何人如果能对其他事情产生怀疑,就不应该是从来不怀疑所有这些问题的,因为如果不是这样的话,他就不会怀疑任何事情了。(《三位一体论》10.10.14)

奥古斯丁进一步指出,心灵的自我认知和意识也让我们认识到心灵的本质,心灵是某种无形的东西。他写道:

> 所有那些不认可心灵有自我认知能力的人,甚至在心灵找寻自己时也会意识不到……但是我们不能把任何事物原来是未知说成是已知的。(《三位一体论》10.10.16)

由于心灵确信它是正在思考、正在理解、正在有意愿做某些事情,因而确信这些都是它的基本特征;又由于心灵不确定它是否属于空气、火还是某种具体东西,因而确信它的本质不包括这些东西。奥古斯丁总结说,心灵的本质——思考、理解、意愿——与任何具体的物质特性都是不同的。

## 3.5 托马斯·阿奎纳:亚里士多德的灵魂观和基督教信仰的调和

托马斯·阿奎纳(Thomas Aguinas,1225—1274),中世纪经院哲学的代表人物,哲学家。

如果说奥古斯丁的思想基础是柏拉图主义,在中世纪早期将柏拉图哲学整合到了基督教哲学(和一神论)的框架中。那么托马斯·阿奎纳的思想基础则是亚里士多德主义,近一千年后,到了中世纪晚期,他运用亚里士多德的哲学来证明理性和信仰可以两立,从而成就了神学的哲学,称为经院哲学。

从公元12世纪开始,西欧社会与阿拉伯世界的接触日益频繁,亚里士多德的著作开始从阿拉伯世界传回西欧,出现了一个研究亚里士多德的新时代。亚里士多德主义开始主导基督教哲学的发展。这个时期在欧洲每一所较大的城市里都创办了大学。托马斯·阿奎纳正好生活在这个时期。

托马斯·阿奎纳生于意大利的一个贵族家庭,年幼时在蒙特卡西诺修道院接受教育,随后转到那不勒斯大学,在巴黎大学完成了神学学业。在那不勒斯,阿奎纳接触到了亚里士多德的"新"哲学。亚里士多德是一位百科全书式的人物,他的著作涉及逻辑学、文学、物理学、伦理学、形而上学以及心理学。

亚里士多德认为灵魂不能脱离肉体而存在,这如何与灵魂不朽、人死亡时灵魂会离开肉体独立存在的观点相调和呢?这正是阿奎纳,作为一个信仰基督教的哲学家面临的主要难题。

事实上,阿奎纳的出发点显然是亚里士多德式的,他认为灵魂是区别有生命和无生命事物的标志。

此外，阿奎纳反对柏拉图的"灵魂是真正的人"（内在自我），而身体仅仅是工具的观点。他认为没有了身体，人类生活和经验是不可能完全实现的，人类是灵魂与身体的结合。根据他的说法，人类不仅是一种有思维的动物，而且是一种有感觉/感知的动物。如果后者是人类的基本特征，那么人类必须通过身体才能体验到感觉/感知。这从而说明柏拉图的观点是不可行的。

他支持亚里士多德的主张，认为心智（或思维）是人类的特征，不需要特定的器官，必须被视为"行为本身"。因此，阿奎纳坚持认为，人死亡后，灵魂可以离开肉体单独存在。因为灵魂本质上是一种心智物质，它是唯一存在的，是不朽的，是神造之物。

通过这种方式，阿奎纳将亚里士多德的灵魂观和基督教信仰调和了起来。

## 3.6 笛卡尔：早期近代哲学以及近代身心问题的出现

笛卡尔（Descartes，1596—1650）出生在法国图尔市附近的小镇拉艾，自幼体弱，喜欢躺在床上冥想，据说他将冥想视为自己数学和哲学思想的源泉。他一生涉猎甚广，在数学、哲学、物理学领域都颇有建树。著作包括《指导心灵的规则》（1628），《方法谈》（1638），《第一哲学沉思录》（1641），《论灵魂的激情》（1650）等。

笛卡尔被公认为西方现代哲学的奠基人，他力图从理性出发重建一个全新的知识体系来终结从中世纪晚期就占主导地位的经院哲学。他最推崇的学科是数学，在他看来数学的优点在于从简单的观点出发，最后通过演绎得到复杂的观念和原理，他认为其他学科也该如此，因而一切自然知识的首要问题就变成寻求最简单和最可靠的观念或者原理。而为了寻求可靠的出发点，要对一切可能加以怀疑的事物提出疑问，笛卡尔把这个作为他的哲学的简明的原则，"追求真理的人，必须怀疑一切。"

根据以上原则，最后他发现无可置疑的就是怀疑本身——"我思故我在"，这是笛卡尔的经典名言，尽管我怀疑一切，但不可能对我的怀疑产生怀疑。怀疑是思维，思维意味着思维者，严格意义上来说，这里的"我"并不是一个通常意义上的人，而是会思考的精神实体。

在身心关系的问题上，笛卡尔坚持二元论的哲学。他认为心灵和身体是截然不同的，彼此不产生直接影响。心灵的本质是能够独立思考，而且是非广延的；而身体的本质则在于不是重量、硬度、颜色这些不能被清晰、明确加以思考的性质，而仅仅在于广延。他将整个自然，包括植物、动物甚至人类的身体视为机器。

然而，即便人们接受笛卡尔关于植物和动物都完全降级为机器的观点，他的观点依旧面临挑战。对笛卡尔来说，人类本质上是思维。他竭力想证实肉体和心灵的真正区别，对笛卡尔来说，我对疼痛的感觉说明我的身体（或者机器）出了问题。这里，笛卡尔的语言所传达的与其说是我感到疼痛或饥饿，倒不如说是我的心灵记录了饥渴的感觉，反过来表明我需要喂养我的机器。这和我的汽车的油表指示我需要为油箱加油，温度计提示我水箱过热的方式几乎一模一样。这看起来好像是我观察我的身体，像一个科学家通过间接的和公正的方式观察单独的现象，而不是用直接的感觉经验。因此，我和我身体的关系是间接的。

笛卡尔发现对于心灵和身体的鲜明的二分法与他自己的经验不符。假如我本质上是心灵，一个思维实体，那我是如何感觉到与某个身体的特定联结，而不是和其他身体？假如身体不是我的一部分，为什么我如此重视我的身体？笛卡尔试图去克服这个困难，他假定我们身心的联结存在于在大脑实体中央的松果腺里，他把这个位点称作"灵魂所在"，从那里，借助"动物精气"（笛卡尔所说的动物精气指的是血液中最精细而且最活跃的粒子，几乎没有物质性）、神经甚至是血液从这个小腺体辐射到全身。

笛卡尔方法的卓越性至少体现在两个方面：他试图对生理学术语中的身心关系做出解释，以及确定一个发生这些联系的位置，即在神经系统内。在这个方面，笛卡尔哲学的方法指明了之后的发展方向，尤其指明了当今认知科学和心理学的发展方向。也就是，对大脑精密的研究，基于对大脑工作原理的理解的假设通常将产生出对人类心理学的深入了解，尤其是心理-生理的连接。诚然，笛卡尔的生理心理学细节在今天看起来很粗糙，但是他的方法基于当时的生理学以及他自己对于解剖学的研究，都令人印象深刻。

无论如何，不可否认的是笛卡尔试图通过生理学的微小细节所产生的巨大影响来理解心理-生理的关系，直到今天科学家和非专业人士还一直在探讨这个问题。

但是笛卡尔对身心互动问题的处理方法仍旧不令人满意，因此遭到他同时代的哲学家的强烈反对。

笛卡尔一直设想发展出一套新的科学来代替亚里士多德主义。他用机械论的观点看待自然世界，笛卡尔新自然观的核心是通过将自然简化成运动中的广延物质来量化自然。笛卡尔坚持物质本质上是惰性的，自然总是独自遵循机械法则。

笛卡尔的机械论在他的二元论中扮演重要的角色。世界分为身体和心灵——外延物质和精神实体。只有人类是精神实体，因此具有心灵；其余的自然，包括动物，以及我们自己的身体，应该被理解为运动中的物质。整个自然，除了我们的心灵，都可以被看作是一部复杂的机器。我们自己的心灵以某种方式与这样的机器（我们的身体）联结。

笛卡尔这种机械论加深了他自身观点中身体和心灵之间的鸿沟，突出了在他的理论框架中考虑身心关系的困难。

## 3.7 笛卡尔二元论的余波：三个回应

事实上，在很大程度上，从笛卡尔至今，身心问题一直是哲学的重要部分。下面介绍三个 17 世纪的主要观点：斯宾诺莎的自然主义哲学，马勒伯朗士的偶因论以及莱布尼茨的前定和谐。

### 3.7.1 斯宾诺莎：自然主义哲学

斯宾诺莎（Spinoza，1632—1677）出生于荷兰的一个犹太商人家庭，自小接受了非常正统的犹太教的教育。24 岁时，他因为对犹太教的教义产生反感而表达出一种异教观点，因而被犹太教逐出教门。后来他以教书和磨镜片维持生计，埋首于哲学，度过了 44 岁短暂的一生。

斯宾诺莎对于笛卡尔的回应可以概括为：彻底的自然主义。笛卡尔通过排除生命力和神秘力量来采纳科学的自然观，他却将人类的灵魂或思维排除在外。笛卡尔认为，在自然界中人类是唯一具有灵魂的生命。作为灵魂和身体的结合，人类遵循着独特的法则，完全不同于自然界中的其他事物；因此，不能用科学方法理解人类。与之相反，斯宾诺莎则认为，人类及其灵魂在自然界中并不占有特殊地位。相反，人类必须被视为自然界的一个不可分割的部分。这是斯宾诺莎思想的核心。

例如，人类认为自己被赋予了自由，也就是随意选择的自由，即自由意志。这种自我认知把他们放到了自然规则之上。事实上，对于奥古斯丁、笛卡尔来说，只有有了灵魂我们才有了自由意志。没有灵魂，我们就会像动物一样。因为我们的身体属于物质世界，但是，我们的灵魂则属于精神世界。与之不同，对于斯宾诺莎来说，获得自由的唯一方法（以及最终的解脱）是清醒地意识到我们并不是凌驾于自然之上，而是像其他事物一样，必须受制于自然法则。

斯宾诺莎甚至试图用几何学方法理解和分析人类的心理影响，这不仅是为了公正的科学，而且更重要的是，也可用于疗愈。斯宾诺莎认为，理解我们的情绪和精神状态的真正原因，其实是有自然规律的，将减少它们对我们的困扰，从而增加我们的自控力，最终获得真正的自由。

斯宾诺莎认为，自由不是幻想中的选择。斯宾诺莎说，一块石头因重力而下落可能会认为是由于它自己的意愿下落的。我们就像这块石头。真正的自由是源自我们自己的意志。一旦我们将自己（身体和心灵）置于严格的理性审视之下，我们就可以使自己摆脱恐惧、焦虑以及妄想。反过来，这将提高我们的判断力和行动力。因此，斯宾诺莎哲学分析的目的最终是道德范畴。他的最重要的著作《几何伦理学》，又称《伦理学》，就是仿照欧几里得的《几何学原理》风格写成的。

斯宾诺莎认为，自然并不是由神创造的，自然就是神，神即自然。我们作为自然的一部分，我们的心灵和身体也包含在自然中，也都是神的一部分。心灵和身体是完全一体的。

### 3.7.2　尼古拉斯·马勒伯朗士：偶因论

尼古拉斯·马勒伯朗士（Nicolas Malebranche，1638—1715）出生在巴黎。因为从小体弱多病，使他的性格非常封闭，很喜欢沉浸在自己的世界里。

他通过物质精神化的方式和偶因论来解决笛卡尔的身心难题。

马勒伯朗士把上帝作为出发点，认为上帝创造了物质世界和精神世界，这两个世界是相互独立的。我们看到的或感觉到的物质世界只是关于物质的观念。这种观念是从上帝那里得来的。这就是物质的精神化。

马勒伯朗士认为心灵和身体之间是靠上帝来协调的，身心之间不存在直接的因果关系。生理或心理活动都只是一种机缘，这种机缘由上帝把握，使之成为身心平行现象的"偶然原因"（偶因论），上帝则是身心活动的"必然原因"。

### 3.7.3　莱布尼茨：前定和谐

莱布尼茨（Leibniz，1646—1716）是德国哲学家、数学家。

作为哲学家，他提出了"自然由无数单子构成"的多元论哲学。作为数学家，他发现了微积分。他还在1694年发明了可以进行加减乘除计算的机械式计算机。

莱布尼茨的"单子"是形而上学意义上的点，既是不可分的，又能保证其连续性。这个单子就是一种精神的实体，没有广延，不占空间，但同时又是一个实体。"上帝"则是一个最大的精神实体。

那么，莱布尼茨怎么解释身心关系呢？先来看一下他的"磨坊论证"，这是一个思想实验。

假如思考和感知活动能够用数字和机械运动的原理来解释，把这个具有智能的机器按比例放大若干倍，我们可以像走进磨坊一样进入机器中参观，我们只能看见一个零件推动另一个，使得机器良好运转，并不能找到一个能够解释感知的零件，比如说能感受到疼痛的零件。既然每一个零件感受不到疼痛，那么它们组合起来也必然感受不到。莱布尼茨以此来反对当时盛行的机械决定论，提倡身心二元论。

莱布尼茨认为，宇宙万物互相协调，构成一个和谐的总体。这是因为上帝在创造世界时就使每一单子具有这样的本性，在其后的全部发展中，每一个单子都各自遵循自身的规律发展变化，又自然地与其他一切单子的发展变化保持协调。犹如一个乐队，旋律已经由作曲家事先写好，每一乐师只要各自按曲子演奏，而全乐队就会奏出和谐的交响曲。这就是他的"前定和谐"学说。

他将心、身比作两具制造得极其精密的时钟，只要它们各走各的，彼此自然就会保持一致。

## 3.8 伊曼努尔·康德：批判哲学

伊曼努尔·康德（Immanuel Kant，1724—1804），著名

哲学家，德国古典哲学创始人，启蒙运动时期最重要的思想家之一。

康德提出了三大批判，即《纯粹理性批判》《实践理性批判》和《判断力批判》。

《纯粹理性批判》要回答的问题是：我们能知道什么？康德的回答是：我们只能知道自然科学让我们认识到的东西。

康德带来了哲学上的哥白尼式转变。他说，不是事物在影响人，而是人在影响事物。是我们人在构造现实世界，在认识事物的过程中，人比事物本身更重要。康德甚至认为，我们其实根本不可能认识到事物的本性，我们只能认识事物的表象。

由于我们的理性，常常提出超出我们认知能力范围的问题。例如，上帝存在吗？事物的本质是什么？我们是自由的吗？我们死后去了哪里？最后一个问题，也是我们这里最关心的问题。

传统的形而上学试图证明灵魂是一种物质，而且不随时间而改变。它认为灵魂是纯粹的，简单的。既然这样，那么它就不能被再分解成更简单的东西，因此，灵魂是不朽的。

然而，根据康德的观点，我们可以把灵魂看作一个概念，但不是一个实体或者一种物质。因为灵魂并不是来自我们的感知，完全不属于经验的范畴。灵魂，连同上帝、宇宙，都只能是一种理想，是可望而不可及的。

# 第二部分
# 身心关系的当代解读[1]

## 导 语

本部分主要呈现我们的观点。这与当代主要的哲学和自然科学方法对身心关系的研究和解读有点不同。我们会先快速回顾一下17世纪到20世纪身心研究的主要观点,之后详细介绍20世纪对思维/精神/心理[2]的主要研究成果。这将作为铺垫引出我们的观点。

## 3.9 从笛卡尔到20世纪

在17世纪,现代科学的早期发展阶段,笛卡尔就采取二分法将实体分为截然不同的两类:思维性实体和延展性实体。它们是两种完全不同的东西,没有任何共同点。自然的物质层面是由无数处于运动中的物质组成的。物质的本质是其延展性。这意味着物质是被动的、惰性的、可分割的;除了延展性本身,没有任何其他内在力量或内在属性。它也缺乏任何引起运动或活动的能力。另一方面,思维性实体或精神性实体则是主动的,能够引发思维和活动。精神是一个不可分割的整体,但它并不具有空间上的延展性或者说占有某一空间。按照笛卡尔的说法,人类是唯一具有精神或思维能力的生物,所有其他生物都被视为各种复杂程度不同的机器。即便是人类的身体,也被认为是与精神隔离的,甚至只是一个机器。由于身心的巨大差异,人的精神和身体如何产生互动就成为一个难解之谜。

---

1 本部分进行了适度删减。——译者注
2 英语的mind主要对应这三个汉语词。——译者注

笛卡尔二分法不仅对西方科学、哲学、学术机构和医疗机构的发展产生了重大影响；它还影响到我们如何思考身体与精神。对应于笛卡尔提出的二分法，一些人倾向于强调身体/物质方面的观点，另一些人则倾向于强调精神/思维方面的观点。这在唯物主义者和唯心主义者的对立中得到了充分展现。也是在 17 世纪，托马斯·霍布斯（Thomas Hobbes，1588—1679）就主张严格的唯物主义。18 世纪，那些强调身体方面者演变为严格的生理学家，他们将精神视为完全多余的；或者说，将其看作是仅仅利用身体的和物质的术语就能理解的东西。后来，笛卡尔方法的这种自然延伸产生了如下观点：不仅将人的身体（以及其他所有动物）当作机器，也将整个人当作机器。

在笛卡尔理论中，思维实际上是被排除在科学领域之外的。虽然身体原则上可以被科学完全描述，但思维却只能从内心感受到。整个 19 世纪经历了从神智学、人智学到心理学的兴起。直到 19 世纪末，心理学仍然主要只关注内省。

无论它的发展历程如何，心理学仍然被认可为一门新学科，并且被认可为一种有"身价"的治疗方法。它的出现导致医疗机构内部的严重分裂，结果产生了一个专门治疗身体疾病的医学分支，和一个完全独立的治疗精神疾病的分支。医生在接受了培训和教育之后，有能力单独处理解剖学和生理学意义上的疾病，换句话说，职业医生只能处理有关健康和疾病的生理学问题；同样，医疗系统将疾病划分为精神疾病、身体疾病和身心疾病，身心疾病则指那些目前无法归入标准的精神或生理范畴的疾病[1]。

## 3.10 行为主义及其局限性

心理学中的行为主义的兴起，主要源于人们试图使心理学成为一门全面、客观和正统的科学。在 19 世纪心理学家们普遍认为思维状态是不受公众监督的、具有私人意识的。虽然人

---

[1] 值得注意的是，在其他医学传统中，如中医和印度医学中，并不采取这种绝对的二分法。

们能直接了解自己的思维状态,但其他人却只能观察到它的外在效果。行为主义者先驱华生(John Broadus Watson,1878—1958)和斯金纳(Burrhus Frederic Skinner,1904—1990)认为,只有公开可见的才是科学适宜的研究对象。他们试图将心理学变成一门公开可见的科学。

为实现这一目标,他们试图将(私人的和模糊的)心理状态排除在心理学之外。他们认为,通过描述人类的行为就足以揭示和描述人类的心理。更具体点说,就是用刺激-反应机制来描述人类行为。这里的经典范例是条件反射,如当医生轻拍膝盖(刺激)时,膝盖会立即反弹回来(反应)。在描述这一过程中,并不需要提及心理或精神状态。

刺激-反应机制特别适合用于解释学习这件事,尤其是语言习得。语言一直被认为是人类本性最重要的特征之一,而且可以表达人的精神状态,用行为主义的术语解释语言习得极其重要。斯金纳在其1957年出版的《言语行为》一书中总结了行为主义对语言习得的解释(通过不断重复和强化,来学习语言)。诺姆·乔姆斯基(Noam Chomsky,1928—)则认为行为主义者的研究徒劳无功。行为主义者明确地关注语言运用,而不关注语言能力,他们似乎认为语言能力属于思维领域,不在观察范围之内。但很不幸,在解释孩童期的语言习得上,行为主义者完全无能为力。

乔姆斯基注意到,儿童通常在四岁时,会说出一些他们以前从未听过的句子。事实上,大多数孩子学习语言都没有成人明确的教学和指导;相反,他们是在一个语言环境中自然而然地学会了运用语言。

事实证明,我们的行为和行为能力并不会仅局限于个人之前的不断重复强化的训练过程。

乔姆斯基对诸如此类核心行为主义主题的质疑和批判对行为主义的研究路线产生了毁灭性的影响。

### 3.11 乔姆斯基对行为主义的批判

乔姆斯基对行为主义的批判，让我们认识到，只关注行为并不能轻易地消除思维领域。我们不能用行为主义来完全解释人类的能力。换句话说，忽视思维内容的心理学（通常将思维内容当作无法认识的黑箱），仅依靠刺激 - 反应机制并不能很好地解释复杂的学习过程，尤其是语言学习。既然儿童可以说出他们从未听过的句子，这就证明他们产生了比语言刺激更丰富的反应。乔姆斯基认为，为解释这一语言创造性，我们必须假设人具有内在的语言（思维）能力。他认为这个能力与天生的语法能力有关，这一能力使人们能够将有限的单词组合产生各种新句子——他将其称为先天普遍语法。

在乔姆斯基看来，这些思维能力并不能等同于神秘实体或是那个被称作心灵的东西。用乔姆斯基的话说，我们可以把对思维能力的研究看作是对身体的研究，尤其是对大脑的研究，这在某种抽象水平上是可以进行的。

### 3.12 自然主义

随后乔姆斯基明确提出了一个非常重要的研究方法，这也是科学家、心理学家和哲学家们广泛共享的一个方法，即自然主义。自然主义认为,研究的出发点应是追求用科学（物理主义）的方法来解释一切。乔姆斯基认为，当前的科学缺乏对身体的明确定义，更不用说思维了。但我们不应该因此而放弃科学。我们不应该因为现有科学不知道如何解释思维能力，就认为机器具有神秘的属性。相反，我们应耐心等待。现在知识匮乏的最主要原因在于，我们尚未完全理解人类大脑的结构和功能。

著名的生物学家弗朗西斯·克里克（Francis Crick，1916—2004）对此做出了很好的论证。1953 年，克里克和詹姆斯·沃森（James Wstson，1928—）[以及罗莎琳德·富兰克林（Rosalind Franklin，1920—1958）]发现了DNA的结构。随后，克里克开始转向探索"意识的奥秘"，并出版了《惊人的假设：对意识的科学探索》（1994）一书。克里克在这本书中提出了一种了解大脑运作机制的方法，他认为，人的全部意识活动都只不过是一大群神经细胞及分子的集体行为，只要能找到意识的相关物，我们就能够认识意识（包括别人的意识）。这种方法论主导了当前大部分的脑科学研究项目，也对其他学科产生了巨大的影响。对大脑的结构和功能的研究，将会使我们能够洞察和了解人类思维，并能提高我们对人类病理性功能和正常功能的了解；这一观念目前影响着脑科学、医学、心理学、经济学、哲学、计算机科学等众多学科领域的研究。这些研究有时候被归类为"认知科学"。

我们在心理学本科专业的课程设置中看到脑科学研究对心理学的影响。目前心理学的标准课程表中，涵盖了许多脑科学和神经学的实证研究课程，并淘汰掉了更多偏重理论的课程。

另外，心理学和经济学与神经科学的结合成为一种重要趋势，这就是所谓的神经经济学。例如，一门名为"神经经济学概论：大脑如何做出决定"的课程，给出如下描述："经济学、心理学和神经科学今天已经融合成为一门叫作神经经济学的学科，其最终目的是建立一个关于人类决策的理论。"需要注意的是，从前的课程是希望能够描述人类决策，而现在已经快速过渡到假设这些决策是人类大脑做出的。它在很大程度上假设我们能够通过使用功能磁共振成像、眼球反应和其他经验方法观察和了解到在人类做出决策时大脑的活动情况。用克里克的观点来说，神经经济学家希望研究明白一个人在做决策时大脑的运行机制。然而，这离如何帮助人们理解决策时的逻辑，或者某个决策是好是坏，相差甚远。但在未来的恰当时候或许可以实现。这里我们只需知道，当代科学研究的大多是基于这样一个假设：观察大脑是理解人类心灵和思维的最佳方式。

## 3.13 当代哲学（和科学）流派

心理学、神经经济学等学科的态度，在哲学中也有明显的表现。除特例外，所有关于思维的当代哲学立场侧重的都是各种版本的"物理主义"。物理主义者认为，一切东西都是物理的，我们所谓的"意识"实际上也是物理的。物理主义者直接继承和发展了18世纪法国著名的机械主义者的观点。最初，物理主义被认为是一种语言学论点，认为每一种意识状态都与某些物理状态具有相同意义。正如该术语所暗示的那样，它也反映了哲学家们普遍认为的，真正存在的东西是可以被科学，尤其是物理学所描述的东西。事实上，目前大多数精神哲学的立场都同科学的发展相关，其中最突出的是神经科学和计算机科学，认为所有研究方法都应该是科学的或具有科学特征的。

因此，今天的"物理主义"主要是指形而上学的论点，即意识现象是基于物理-生物本性而存在的。这就意味着，意识强烈地依赖于物理现象。因此，如果物理形式被消除，那么意识也会随之消失。但反之则不成立，即便意识消失，物理形式也会持续存在。

### 3.13.1 塞尔的生物自然主义

约翰·塞尔（John Searle，1932—）建议用生物自然主义来替代物理主义，用大脑中的神经生物过程和机制来解释意识。塞尔认为，意识"完全是由大脑中低级的神经生物学过程引起的"，即使意识的存在"高于神经元和突触的水平"，但这些生物物质本身并不具有意识。"意识之于大脑就如同消化之于胃部运动一样"。顺便提一下，非常有趣的是，他的表述与亚里士多德所用的视觉之于眼睛的类比非常相似。但塞尔在区分"低级的神经生物学过程"与较高水平的意识之间的区别时，至多是隐喻性的，它存在许多潜在问题。塞尔认为，"大脑是一个生物机器，我们也可以造出一个具有意识的人造大脑；正如心脏也只是一个机器而已，而现在我们已经造出了人工心脏。但目前我们还不了解大脑是如何确切运行的，因此我们还无法制造出人工大脑。"

因此，塞尔和许多人一样，认为一旦我们理解了大脑的复杂机制，这个问题就可以得到解决。笛卡尔提出的身心关系问题，现在已经转化为大脑与思维关系的问题。

### 3.13.2 功能主义

在 20 世纪 60 年代末，强同一论的观点认为，精神与大脑等同，之后演化为一种更微妙的物理主义，称为功能主义。功能主义的主要灵感来自于计算机开发中软件和硬件之间的区别。不同的硬件可以运行相同的软件，这一事实深深触动了功能主义者。假如将精神状态类比为软件，而大脑就是硬件。这似乎意味着，精神状态可以通过多种方法并在不同的身体状态下得以实现。

精神同大脑的关系，就如同计算机程序和计算机的关系。精神并不等同于大脑，就像程序不等同于硬件一样。我们主要从程序或算法的视角去描述计算机的运算，在描述其因果关系时，我们并不关注它的硬件设备。同样地，在描述精神状态时，心理学家也仅描述智力对象的因果关系，而不关心他们的生物学硬件。

### 3.13.3 思维机器、认知科学和人工智能

事实上，将精神（思维）与身体的关系类比为软件和硬件，其影响颇为深远：计算机现在能提供理解人类智能的重要思维模型。粗略地说，它反映出思维与计算的相似（甚至相同）。或至少说，计算成为我们理解思维的最佳模型。我们能够建造精确计算的机器，我们也可以通过人工智能对人类智能进行理解和建模。具体来说，我们正在尝试建造能够模拟大脑的人工神经网络。这正是认知科学的任务，它在很大程度上起源于计算机的概念和发明。

如果我们用计算机类比，那么认知科学关心的是软件问题，

而硬件则是神经科学的研究领域。[1] 科学目前对思维的研究也主要是围绕这两个方面：信息科学和生物学。无怪乎它们现在融合在一起成为"脑科学"。

研究人类思维的科学家们所关心的一些问题很有趣，他们试图通过制造在某些方面类似思维的机器，来研究人类思维。这一行为是基于这样一个假设：如果想更好地理解某一事物，就把它制造出来。这是自笛卡尔以来最有成效的研究方法。用笛卡尔的话来说，我们用人工制造的机器来研究上帝的创造物。需要强调的是，他们的主要预设依然是用科学方法来研究人类思维，即创造出思维科学。但我们不禁要问，这是不是搞错了方向？说机器会思维，这难道不奇怪吗？

### 3.13.4　机器能思考吗

计算科学领域的一位著名理论家阿兰·图灵（Alan Turing, 1912—1954）1950 年发表了具有里程碑意义的论文"机器能思考吗？"，第一次提出了"机器思维"这个概念。他设计了一个游戏用于测试机器是否具有人类智能，这个游戏后来发展出多个版本，统称为"图灵测试"。游戏中一个人发问，人或机器（计算机）则进行回答，另有一个不知情的人试图根据回答判断回答者是人还是机器。如果机器的回答没有被识别出，则通过实验。这个测试的结果可以代表机器的智能程度。

早在 1997 年，计算机"深蓝"就击败了国际象棋冠军加里·卡斯帕罗夫。随着深度学习方法和大数据科学的发展，我们取得了更多的进步。2016 年，阿尔法狗（AlphaGo，一款人工智能机器人）击败了世界上最好的围棋手之一（在计算上围棋要比国际象棋更复杂）。人脸识别、自动驾驶，在从前似乎是难以想象的，现在都实现了。在语言翻译上，尽管尚未做到完全精确可信，但也已经发展到了非常实用的阶段了。

---

[1] 其实，这里有些过度简化了。事实上，认知科学通常整合大量的神经科学知识；而学习软件有时也需要考虑硬件的问题。毕竟，硬件具有局限性，它限制着软件能做什么。

这些惊人的成就有目共睹，但可以由此说计算机（或机器）会思考、会计算、会玩游戏或会驾驶汽车吗？在某些活动中机器能够模仿人类甚至比人类做得更好，是不是意味着它们在玩游戏时，同人类玩游戏的意义一样？机器会下棋有什么意义？可以说机器下棋是因为它想赢吗？似乎有点荒谬。正如乔姆斯基所说，深蓝在象棋比赛中击败卡斯帕罗夫，并不比推土机赢得举重比赛更有趣。

### 3.13.5 思维的进化论观点

进化论是研究人类的另外一种重要方法，该方法探讨这样一些问题：我们的思维能力、语言能力或意识是如何发展的，它们在漫长而复杂的进化过程中是如何形成的？

这种方法本质上类似于生物学的进化论，主要是通过追踪生物从简单发展到复杂的过程，研究生命的起源和进化。在这个漫长而复杂的过程中，人类的感知能力和语言能力是如何发展的呢？一些哲学家认为，这种研究方法原则上能够解决身心关系。

也有学者认为，"正如科学家能够找到生命存在的印记，我们同样能够找到意识存在的印记。"

### 3.13.6 丹尼尔·丹尼特

丹尼尔·丹尼特（Daniel Dennett，1942—）是当代精神哲学领域最具影响力的哲学家之一。他的著作整合并解释了自然主义的主要研究，即将自然科学作为解释所有现象的主要模型；并将计算机科学和神经生理学的进展作为基础。丹尼特是一个反笛卡尔主义者，并努力摆脱笛卡尔形而上学的二元论。他显然更喜欢笛卡尔的一种物质——具有广延性的实体——即身体。他完全拒绝用所谓的第一人称来描述经验，他主张只用自然主义的术语来解释所有现象，以纯粹的科学（而不是常识或现象学）方式来研究身心问题。他认为，我们看到、听到并与之交互的事物（外在表象）"并不仅仅是虚构的，而是实体所呈现出的不同状态：是真实的模式"。表象背后的事实，即存在本身，只能通过科学表征进行描述——最终用物理学、化学、分子生物学和神经生理学的语言进行表达。

## 3.14　身心问题可解吗

与自然主义的主流观点不同，有一小股对立观点认为，无论科学取得什么进展，身心问题永远无法解决。即使在某种程度上我们完全理解大脑是如何运行的，我们也永远无法知道它与思维/心灵的关系。有学者认为，这是一个毫无头绪、毫无线索的难题。强立场者认为，这一问题在原则上是根本无法解决的。

在路德维希·维特根斯坦（Ludwig Wittgenstein，1889—1951）的早期著作《逻辑哲学论》中，他（相当戏剧性地）认为，"即使所有科学问题都得到解决，生命问题也不会被触及"。在维特根斯坦的早期作品中，科学的范围仅局限于事实领域，即能被证明真假的描述和命题。其他任何东西都属于科学领域之外的范畴。因此，维特根斯坦的观点可以被理解为：为能够清楚地描述自然世界，科学必须远离关于人类生命意义、事件意义和语言意义的问题。因此，维特根斯坦在《逻辑哲学论》一书中得出的最终结论认为，"一个人对无法清楚说明的事情，就应当保持沉默"，而可以"清楚说明的事情"就可以交给"科学"。这之后，维特根斯坦脱离了哲学研究。但大约十年之后他又将其重新拾起。因为他意识到，之前的方法并不能一劳永逸地解决哲学问题。哲学是一种持续存在的活动，可以通过观察在日常使用中的词语的意义和功能，来澄清概念上的混淆。

## 3.15　我们的观点

受维特根斯坦的启发，我们的观点也是一种非科学的视角，它也不类似于科学。但需要澄清的是，我们也不反对对其进行科学研究。相反，我们认为当前的脑科学研究以及用人工智能的类比来理解人类智能的研究，在许多方面都大有作为且很有意义。但我们并不认为这能解决身心关系问题。我们认为身心关系问题是一个哲学问题，经常建立在一些容易产生误导（但根深蒂固）的假设之上。本书的哲学任务就是消除混淆。也就是说，我们的方法与前文提到的各种科学研究是正交关系——完全独立于它们，是另一维度和方向的研究。有些人试图用科学（和大多数哲学）方法解释引起某些心理状态的原因，并在医学上找出治愈或缓解病理的方法。无疑，这些工作在实践层面和概念层面都意义重大。例如，理解与抑郁症或疼痛相关的那些化学物质，显然非常有用，我们可以据此使用药物进行治疗。

我们并不关心大脑的运行机制，也不关心大脑状态的描述。我们探索的是一目了然的关系，即可以直接观察到的身体和心理状态的联系；而且这些观察在实践中很有用，诸如专注的瑜伽练习等。当我拉伸脊柱并且肩膀向后旋时，可以立即体验到其效果。

我们首先消解笛卡尔图景中引起身心问题的主要预设，其次阐明一种不会引起该问题的研究方法。

### 3.15.1　维特根斯坦对笛卡尔图景的批判

维特根斯坦对笛卡尔的批判主要集中于批判导致身心问题出现的前提假设。如果他能证明其哲学预设是毫无根据的，那么整个图景的存在基础就会坍塌。笛卡尔图景的主要预设有两个。假设一，建立在两个领域之间的差别：即心理和心理状态是内在领域，只有经验主体才能感知；而外部的物理世界，则是所有人都可以观察和接触的。内心世界是主观的、私人的，而外部世界是客观的、公共的；外部世界可以通过科学来研究，而内心世界则不能。假设二，思维是一个实体，并且例如"我很疼""我感到心烦意乱""我感到焦虑"等语言指的是内部实体和个人实体，可称为感觉、情绪、意图或其他内在的实体。

### 3.15.2　存在个人语言吗

维特根斯坦通过以下的思想实验批判了假设一。如果笛卡尔的二元论正确的话，那么我在谈论和思考自己的内在体验时——那些假定属于个人的体验，正常来说，我可以使用一种只属于个人的语言来描述，这个语言除了我之外没有别人能懂。

维特根斯坦问道，这样的语言可能出现吗？个人语言这种说法有意义吗？真的存在这么一门只有我个人能懂的语言吗？如果只有我能理解该语言中的词汇含义，那么我将无法用别人可以理解的方式与人分享我的内心体验。

但我又是如何知道我个人语言中的词汇含义呢？我是如何学习使用诸如"我很疼"这样的词汇呢？先假定，我为自己决定了这些词汇的含义，那么我是基于什么做出的这个决定以及如何做出的呢？如果我知道这些问题的答案，那我为什么不能向其他人解释呢？能解释的话，也就不是个人语言了。

维特根斯坦认为，我们对自己所假设的内在感受和个人感受的描述，同描述外部行为一样具有公共性。当我谈到内心感觉——如"我很疼""我很焦虑""我很激动"——时，为了使这些表达具有意义，我需要同人类行为和外在环境建立某种关系。当有人告诉我们说，"我非常苦恼"，但面部表情却非常开心时，我们肯定会十分困惑。我们可能会以为用错词了。

另外，通常一种语言有其自身的规则，学习语言需要学习语言规则，使用该语言也需要遵循这些规则，那么我说我遵循自己的个人语言规则，又是什么意思呢？显然，根据自身感受的内在性，只有我能判断我是否遵守了该规则。但这样一来，我似乎永远都不会违反规则。那么永远不犯规，是意味着我一直正确遵守规则，还是意味着我从未遵守规则呢？

因此，就我们通过语言来表达内心世界而言，就我们与自己或他人讨论我们的经历而言，这种"内在的"心理领域并不比我们的外在物质领域更私密。当然，就专有性而言，也确实是只有我能感受到自己的疼痛。这一说法似乎与最初的话题完全不同了。在大多数情况下，其他人是可以看到我的痛苦的。我感到疼痛也会有相当明显的行为表现。我可以同我自己、朋友、医生等来描述和讨论我的痛苦，这一事实说明它并没有隐藏在我灵魂的深处。换句话说，因为我知道如何表达自己的感受，所以我就可以将这种感受表达并传达给他人。

### 3.15.3 我们如何使用"思维"一词

现在让我们来讨论假设二，即思维被视为一个实体、一种物质。根据维特根斯坦的观点，词语的含义只有在使用中才能得到理解。我们必须在特定的语境中观察词语的功能。我们认同这一观点：正确的方法不是追问思维是什么，而是在各种情境中如何使用"思维"（mind）这个词。这将有助于我们澄清"思维"这个词的诸多混淆，并看清它是什么，更重要的是认清它不是什么。

维特根斯坦认为，与其陷入形而上学的猜测之中，我们更应该关注日常使用的语言概念，通过其使用方式来澄清哲学上的困惑。但这也很棘手，因为很多时候正是语言运用引起了哲学困惑。比如，"我有理智（mind）""我有身体"这两个表述。"我有理智"的含义同"我有房子、金钱和朋友"的意义一样吗？我们有时候也确实说某人"丧失了理智"（lost his mind），但这是什么意思呢？这是指他正在找自己丢失的理智吗？正如我们找丢失的钥匙和帽子一样吗？还是说他的行为失常，或者处于极度困惑中？我们的语言会给人带来某些困惑。它也许会让我们无意识地觉得我们可以拥有理智（mind）。在潜意识中，将其当作一种物质，一个实体。

但我们应该仔细研究这些短语在所用语境中的意义。在什么情景下（如果有的话），我们会说"我有理智"或"我有身体"这类句子？对这些句子进行否定，会具有意义吗？如果说"我没有理智""我没有身体"会是什么含义？

吉尔伯特·莱尔（Gilbert Ryle，1900—1976）认为，假

定思维是实体，这是一种"范畴错误"：它意味着将精神生活划分为一种逻辑类型或类别，但它们实际上却是彼此蕴含的关系。假设你带一位游客参观你的大学。你带他在校园里漫步，向他介绍图书馆，带他参观教室、餐厅，向他介绍学生和教职员工。当完成这些后，游客问道："大学在哪儿呢？"这个游客的困惑就是一种范畴错误。他将"大学"这个词汇看作是指代一个具体的东西，与他刚才看见的东西相类似，但却不是它们。

莱尔认为，你最开始已经假定了思维是实体，当你研究了所有的实体对象之后——如身体和大脑——你发现并没有找到思维。既然认为思维是实体，那么又没找到它，这可能意味着它们是一种特殊类别——非物质性实体。用莱尔的话说，你开始将思维看作是人体机器中的灵魂。

维特根斯坦说："人体是人类心灵的最佳图景"。这并不是因为心灵是身体上的东西，而是因为体现心灵的最佳方式是通过人的行为表现。

本书的观点认为，与其说人类行为是人类心灵的最佳体现，不如说人的整体状态是心灵的最佳体现。描述一个人整体状态的最佳方式——身体状态和心理状态——是描述他/她的行为。这里可以想象一下练习瑜伽（心理愉悦和身体放松）所具有的重要作用。

有时，将心理能力与身体能力区分开确实很方便而且很实用。但在大多数情况下，我们的各种能力并无法清晰地区分，它们之间的界限非常模糊。"优雅地散步，演奏美妙的音乐，假装、模仿、被某人的声音所激怒"等等这些很明显既涉及我们的身体能力、心理能力，也涉及我们的这些能力的水平。我们可以把称为"心理"的东西视为一系列能力，这些能力的运用不仅涉及心理能力，还需要身体能力。

## 3.16 几个核心观点及简短讨论

我们这里指出其中几个核心观点。首先,心理(和其他)能力的主体不是思维、不是大脑,也不是身体或某一身体部位,相反,它是整个人,是人自身。

我的思维、大脑和身体不会遭受痛苦或享受美好时光;而是我这个人在遭受或享受。同样地,患胃痛或头痛的不是胃或头,也不是我的大脑或其他身体部位,而是我这个人正在受苦。

我们有必要提醒自己,神经机制、皮质状态是大脑或神经系统的特征[1];而思维状态如感知、意图、关心和欲望等则是人类的特征和状态;也就是说,它们是属于人的特质,而不是从属于大脑。

我们说某人思维敏捷(a sharp mind),实际是说他聪明——但这并不是评论他的心灵,也没有把他的心灵或思维当作独立于人的实体。说某人拥有好奇心(a curious mind),是说他很好奇,并不是说他的心灵可以从他的身体中抽象出来,观察后认为他很好奇。所有这些例子都只为重申一点,即虽然身体能力和思维能力经常同时使用,但并不能据此将人简单地等同于他的思维、身体或大脑。

有人可能会质疑我们的观点与功能主义的区别。功能主义者也认为,思维不是实体,而且可以将其类比为计算机程序。虽然功能主义者并不是二元论者,但在我们看来,他们同所有当代哲学立场一样,都深植于笛卡尔的图景之中,因为他们认为有必要从物质的角度来描述思维。这就意味着他们深切关注的是如何从(科学描述的)物质的广延性视角来解释所谓的神秘思维。

但我们并不认同他们的立场。我们认为思维并不神秘,也

---

1 哲学家在使用"大脑状态"一词时,对其概念的定义相当模糊;它缺乏对复杂神经系统的清晰描述,它只不过是听起来似曾相识,但实际上是一个定义含混的虚构之物。目前其在应用中基本上都是空洞的泛指。

不需要解释，更不需要用物理性质来描述。思维只是在笛卡尔框架内看起来很神秘。在更广义的层面上，我们从未打算对思维进行科学解释。这是一种误入歧途的方法。我们认为在亚里士多德的一元论框架内，思维能力和身体能力似乎就不会引起任何神秘感，这里将人类生物视为心理、身体的统一体，具有各种本质能力。

但也有人可能会追问能力是否也是物质实体，这样整个问题就又上升到另一个层面。在我们看来，能力并不是指藏在身体背后的实体的名字。它们只是代表着某个系统可以发挥的功能。视觉能力需要的是眼睛以及使眼睛运作的整个复杂系统；就像行走能力和站立能力需要我们有两条腿以及许多其他支撑机制一样；但它们并不是"行走能力"背后的实体，它们不是独立存在的东西。

有人可能会质疑我们同彼得·哈克（Peter Hacker）观点的区别。我们不仅把思维看作是一系列的能力；而且认为这是看待身体的最佳方式。我们认为身心二元论其实是两个相互定义的概念——也就是说，我们的身体概念可用于定义思维是什么，而我们的思维概念也可用于定义身体是什么。但身体和思维都不是实体，它们只是人这一实体不同特征的名字而已。我们认为思维能力和身体能力以及各自局限性的差别并不清晰；反而，二者之间的界线经常无法被准确地描述。正如我们在第二章中所讨论的那样，一些性质和能力具有不同的意义——身体的稳定状态和精神的稳定状态并不是一回事（尽管它们可能相关）。很多情况下，要取决于我们所面对的特定情境。

另外，我们认为科学和技术的进步可以改变，而且也确实改变了我们的语言和某些概念。因此，对于在科学和哲学之间的简单区分，我们倾向于保持沉默。在此，我们也无法轻易画出二者的界线，我们需要在特定情境中进行区分。

## 3.17 结语

我们的目的并不是一劳永逸地结束所有身心问题的讨论；相反，它是邀请人们去体验、探索和利用心理能力和身体能力之间复杂而微妙的关系。这里对其所采取的哲学视角——除了身心问题本身是一个有趣的哲学问题外——是为了建立一个探索性（我们将其命名为"身心实验室"）的理论框架，并避免笛卡尔二元论框架下所导致的矛盾。

我们希望将自己看作是一个"心理 – 生理"的统一体（或具有心理 – 生理性质的人），来进行探索。

# 第四章
## 练 习 序 列

> 健康不是一件讨价还价的商品,它必须通过辛勤的汗水来换取。
>
> ——B.K.S.艾扬格

## 介 绍

瑜伽练习的效果与体式的编排顺序有很大关系。这个编排序列称为 vinyasa 或 vinyasakrama。我们可以根据练习的目的和心态选择不同的序列。选择序列时，应当考虑自己的练习经验和熟练程度、当前的身体和心理状态、练习此序列的目的以及练习场所的特点。另外，还应当考虑你的年龄、职业以及练习的时间段和季节等。本章根据不同的练习目的给出了五个序列：

1. 建立信心（减少焦虑）

2. 情感平衡（增加 sattva，加强明性要素）

3. 乐观和快乐（应对 tamasic 情绪，减少惰性要素）

4. 平静和安抚（应对 rajasic 情绪，减少动性要素）

5. 修复（消除疲劳）

这些序列中大量地使用了辅具，因此，你必须熟悉辅具的使用方法。编排这些序列时，我结合了自身的练习体验以及教学经验。我本人以及我的学生们的切身体验表明它们可以有效地调整心理状态。

但是，应该注意，这些序列并不可能标准化，因为它们必须根据练习者的体格、年龄、身体和心理状态等做出相关调整。这些序列只可以用作一般的指导。如果你经受心理问题的困扰，必须咨询有相关经验的瑜伽老师，根据你的具体情况和需要对这些序列进行调整。

## 如何使用这些序列

对于某个你具体选择的序列，可以按如下几种方式进行练习：

- 每天练习一遍，持续几周或几个月。

- 经常练习（每周2~3次），另外的时间练习其他体式。

- 将此序列与你的常规练习结合，觉得需要时就进行练习。

- 建议多练习几次序列中的关键体式（用星号示出）。

完成各序列所需时间不同，有些需要 30 分钟，有些则需要 90 分钟。建议每次完成整个序列。但是，如果时间有限，可以略过没有标注星号的体式，即非关键体式。

因为瑜伽练习应当适合每一位练习者的具体需要和条件，很难给出应用这些序列的通用建议。一个好的序列编排需要深入理解每一体式的能量特征，以及对解剖、生理、神经、感官和心理方面的负面影响。

学习、精通任一学科的过程一般可划分为四个阶段：一无所知、获取信息、发展智慧、融会贯通。当你对某一学科一无所知时，需要通过学习，获得必要的信息，掌握其知识和规则。学了一段时间，你就可以更加智慧地使用这些知识和规则，熟练地应用它们。最后，当你已经完全理解了这些规则，对之精通，则可以忘记这些规则，做到游刃有余了。这就是融会贯通阶段，这时你已经将知识完全整合，再也不需要死记硬背那些条条框框了。不过，要达到这个境界，可能需要数十年坚持不懈地学习和练习。

如果你是一名初学者，就尽可能地按照经验丰富的老师给出的序列练习。当然，你应该总是小心谨慎地做出辨别，如果需要，根据你的健康状况和可能的条件限制做出调整。有任何疑问，请咨询有经验的老师。如果序列中含有你不熟悉的体式，可以略过它，或寻求相关指导。

更有经验的练习者可以将这些序列作为参考，根据自己每天的身体状况和练习环境对给出的体式进行适当增减。

**注 意 事 项**

　　在第一章的探索中,我给出了某些体式的注意事项和禁忌,以及生理期的练习指导。在练习某一体式前,应确保你没有任何此体式的禁忌问题。生理期应避免任何倒立体式。

　　总地说来,我假定你已经了解了序列中所涉及的体式。不过,对于某些体式,我还是给出了一些特别指导,请参见附录1。这些指导可以帮助练习者更好地获得序列中体式欲达到的效果。

## 4.1　建立信心（减少焦虑）

站立体式可以增强土元素（象征着坚固、稳定、重量和坚定），因此构成了建立信心的基础。战士式（*Vīrabhadrāsana* Ⅰ，Ⅱ，Ⅲ）特别有助于强壮身体、打开胸腔、激发力量和勇气。据说湿婆——瑜伽之王——给出这些体式的目的就是帮助人们面对恐惧。

站立体式在椅子的支撑下完成可以提高稳定性，更大程度地打开胸腔。如果身边没有合适的椅子，也可以不用椅子完成。

平衡、倒立和后弯体式具有挑战。掌握这些体式可以加强力量，提高信心（参见 2.3 节"自信和勇气"）。

下面给出建立信心、克服自卑的两个序列。第一个适用于所有水平的练习者，第二个需要练习者有 2~3 年的练习经验。

## 4.1.1 建立信心（适合所有练习者）

**1** 山式
肘部绑带

1分钟

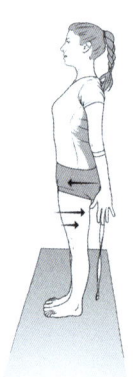

**2** *双手上举式
肘部绑带，双手夹砖

1分钟 × 2

**3** 树式

每侧45秒钟

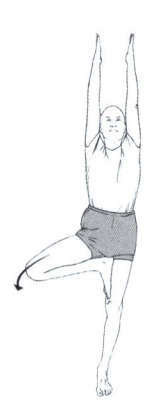

**7** 挺尸式
砖支撑

3~4 分钟

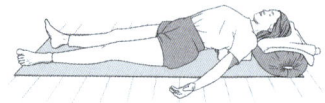

**8** *仰卧束角式
砖沿脊柱方向

3~4 分钟

**9** 挺尸式
抱枕支撑

5 分钟

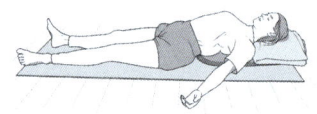

水平：所有水平
时间：30分钟
辅具：2块瑜伽砖，1根瑜伽带，1条瑜伽毯，1个瑜伽抱枕（或其他支撑）
可选：1把瑜伽椅

**4** *三角伸展式
背部靠椅背

每侧45秒钟×2

**5** *战士Ⅱ式
身体前面有椅子

每侧45秒钟

**6** *榻式
砖支撑

3~4分钟

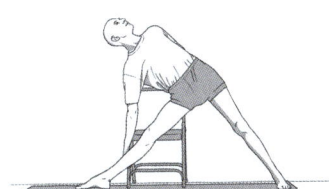

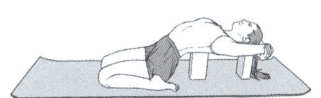

## 4.1.2 建立信心（适合中级及高级练习者）

**1** 山式
1 分钟

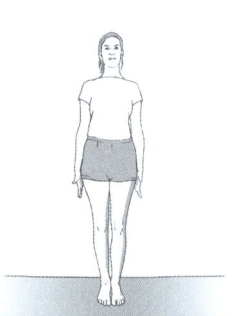

**2** 树式
1 分钟

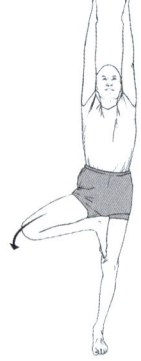

**3** *三角伸展式
背部靠椅背
每侧45 秒钟 × 2

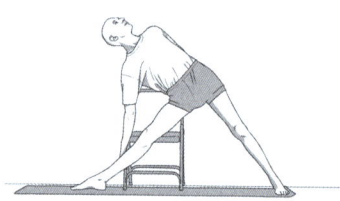

**7** 半月式
背部靠椅背
每侧45 秒钟

**8** *战士Ⅲ式
手放椅背
每侧45 秒钟

**9** 加强脊柱前屈伸展式
折叠椅支撑
40 秒钟

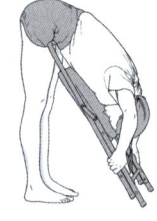

**13** 下犬式
双手放在倒置的椅子上
1 分钟

**14** 上犬式
双手放在椅子上
1 分钟

**15** *倒手杖式
椅子上支撑
3~5 分钟

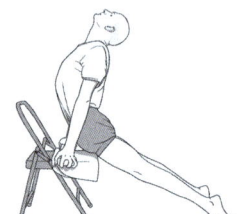
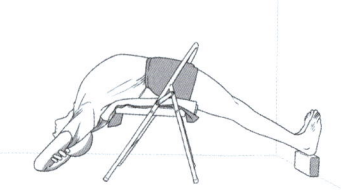

水平：中级及高级
时间：90分钟
辅具：1把瑜伽椅，1个瑜伽抱枕，1块瑜伽砖
可选：1条瑜伽毯

**4** *战士Ⅱ式
身体前面有椅子

每侧45秒钟

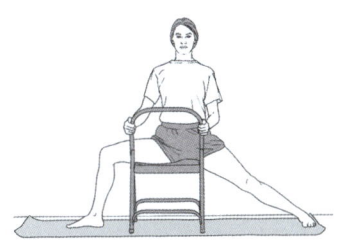

**5** *战士Ⅰ式
前腿支撑

每侧45秒钟

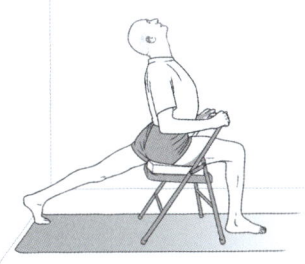

**6** 加强脊柱前屈伸展式
折叠椅支撑

40秒钟

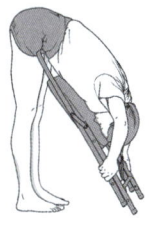

**10** 加强侧伸展式
折叠椅支撑

每侧45秒钟

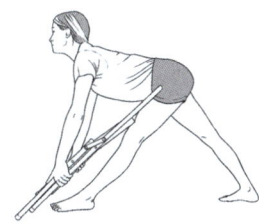

**11** 仰卧英雄式
椅子支撑

3~5分钟

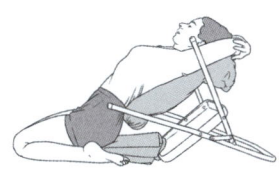

**12** *头倒立式
椅子支撑肩胛骨

5~8分钟

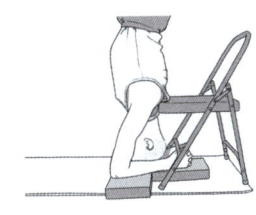

**16** 桥式肩倒立式
抱枕支撑背部

3~5分钟

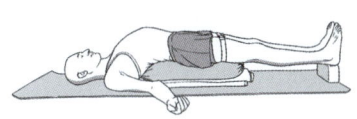

**17** 挺尸式
躺在抱枕上

5~10分钟

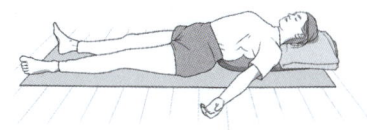

## 4.2 情感平衡（增加 *sattva*，加强明性要素）

**1** *下犬式  
支撑头顶

2~3 分钟

**2** 加强脊柱前屈伸展式  
支撑头顶

3~4 分钟

**3** 仰卧英雄式  
抱枕支撑

4~5 分钟

**7** 半犁式  
椅子（或长凳）支撑双腿

5~10 分钟

**8** 桥式肩倒立式  
抱枕支撑

5 分钟

**9** *加强背部伸展式  
支撑头部

3~5 分钟

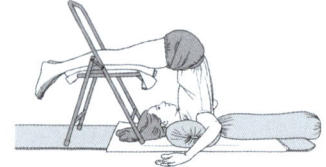
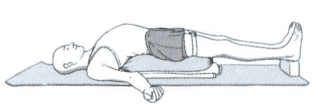
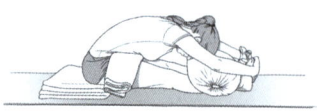

第四章 练习序列

水平：中级及高级
时间：60~90分钟
辅具：2块瑜伽砖，1把瑜伽椅，1根瑜伽带，1个瑜伽抱枕

**4** *倒手杖式
椅子上支撑，头顶支撑

3~5分钟

**5** *头倒立式
支撑上背部

5~8分钟

**6** *肩倒立式
椅子上支撑

5~10分钟

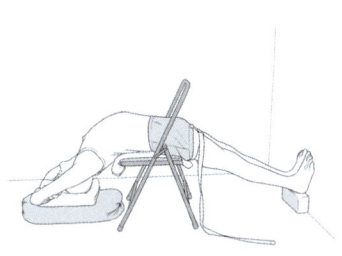
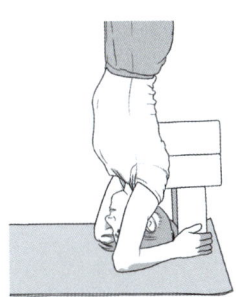

**10** 坐角式前屈
抱枕支撑

2~4分钟

**11** 束角式
椅子支撑

2~4分钟

**12** *乌加依调息
坐在椅子上

5~10分钟

**13** 挺尸式
抱枕支撑

5~10分钟

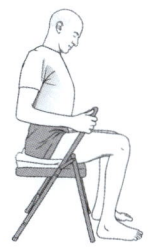
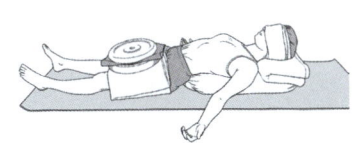

## 4.3 乐观和快乐（应对 *tamasic* 情绪，减少惰性要素）

**一般指导意见：**

此序列的目的是帮助练习者克服 *tamasic* 情绪（减少惰性要素）。当人们处于 *tamas* 状态时，往往缺乏活力、没精打采、懒懒散散。心理状态表现为反应迟钝，拒绝变化，可能会感到情绪低落甚至抑郁。本序列可以使练习者充满活力，打开胸腔，促进深长的呼吸，清除绝望悲观的阴云。

**特别指导：**

- 我们可将吸气看作是呼吸积极的一面，它有助于将意识扩散到身体的各个末端。吸气可给身体输送能量和乐观，呼气则可驱除任何消极的感觉和想法。

- 练习后弯可以打开胸腔，振奋精神。

- 使用辅具，即使在有支撑的放松体式中，也可以保持胸部的打开。应确保双臂完全张开，打开腋窝之"窗"。

- 在修复性体式和挺尸式中，不要强迫自己闭上眼睛，最好保持眼睛柔和地张开。

- 动态地、轻盈地练习。体力使用要适当，不要过度，避免精疲力竭。

- 练习站立体式时，眼睛不要向下看，下巴微抬，视线稍高于眼睛。

- 完成每一体式后，在山式中站立30秒钟；抬头，视线稍向上，深呼吸。

- 练习手倒立式，这是一个充满活力和快乐的体式。

- 练习椅子上的肩倒立式，可以更好地打开胸腔，加深呼吸。不要做犁式。

水平：中级及高级

时间：90分钟

辅具：2块瑜伽砖，1把瑜伽椅，1个瑜伽抱枕或几条瑜伽毯

**1** 山式

1分钟

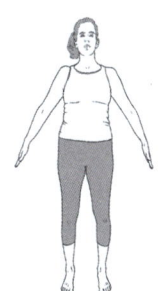

**2** *双手上举式
动态的

6~8 次

**3** 树式

每侧45 秒钟

**4** 双手上举式
加强脊柱前屈伸展式
动态的

10~12 次

吸气时双臂向上伸展

呼气时身体前屈进入
加强脊柱前屈伸展式

跟随呼吸的
节奏重复

**6** 半加强脊柱前屈伸展式
双手扶墙，背部塌陷

30 秒钟

**7** *战士Ⅱ式

每侧40 秒钟

**8** *三角伸展式
手持砖（或任何1~2公斤的重物）

每侧40 秒钟

**9** *战士Ⅰ式
手抓带子

每侧40 秒钟

**10** 下犬式
手放砖上

45 秒钟

**11** *手倒立式
靠墙支撑

30 秒钟 × 4

**12** 仰卧束角式
纵向放置砖支撑

3~5分钟

**13** 榻式
砖支撑

3~5分钟

**14** *倒手杖式
椅子支撑

3~5分钟

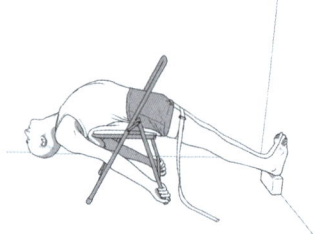

**17** 下犬式
手放砖上

1分钟

**18** *肩倒立
用椅子支撑，肩放抱枕上

5~8分钟

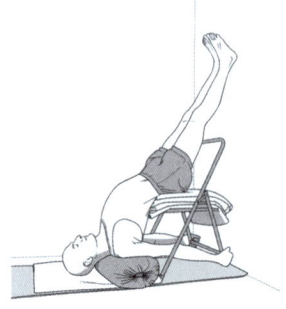

**19** 挺尸式
抱枕支撑

5~8分钟

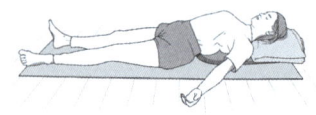

## 15 *上弓式
椅背支撑

2分钟 × 2

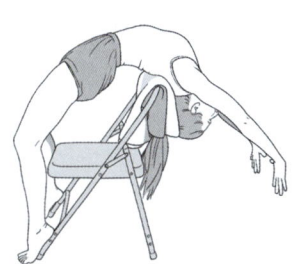

## 16 巴拉瓦伽式
坐在椅子上

每侧40秒钟 × 2

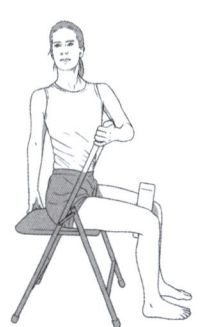

## 4.4 平静和安抚（应对 *rajasic* 情绪）

水平：中级及高级
时间：90分钟
辅具：2块瑜伽砖，2~3条瑜伽毯，1条长瑜伽带，1把瑜伽椅，2个瑜伽抱枕

**1** *加强脊柱前屈伸展式
支撑头顶

4分钟

**2** *下犬式
支撑头顶

4分钟

**3** 双角式 A

4分钟

**7** *无支撑肩倒立式
墙支撑

6~8分钟

**8** 双角犁式
墙支撑

3~4分钟

**9** 膝碰耳犁式
墙支撑

1~2分钟

第四章 练习序列 261

> **提 示**
>
> 建议此序列不使用瑜伽砖，这样在体式转换中的干扰最小。另外，建议一次性准备好所有辅具，放在手边（包括摆放好肩倒立式所需的辅具）。

**4** *加强背部伸展式
支撑头部、膝盖窝、下腹部

4~5分钟

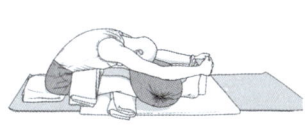

**5** 单腿头碰膝前屈式
支撑头部

每侧2~3分钟

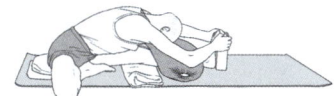

**6** *头倒立式
带子从脚趾垂下

6~10分钟

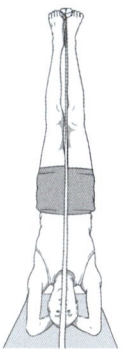

**10~14** 逆序重复 1~5
（从单腿头碰膝前屈式开始，到加强脊柱前屈伸展式结束）

时长同前

**15** *山式
面向墙

5分钟

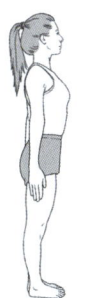

**16** 挺尸式
小腿在椅子上；眼罩上、腹部放置砖

5~10分钟

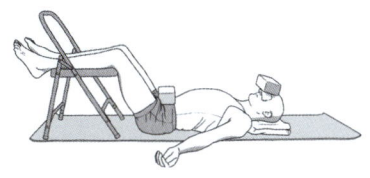

## 4.5 修复（消除疲劳）

**1** 仰卧束角式
抱枕支撑

3~5 分钟

**2** *仰卧英雄式
抱枕支撑

3~5 分钟

**3** 倒手杖式
椅子支撑

3~5 分钟

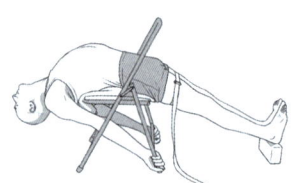

**7** *挺尸式
头在椅下悬挂

5~7 分钟

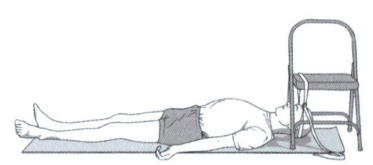

水平：所有水平
时间：30分钟
辅具：1根瑜伽带，1把瑜伽椅，1个瑜伽
　　　抱枕，2~3条瑜伽毯
可选：倒手杖式长凳，桥式肩倒立式长凳

**4** *头倒立式
瑜伽绳上悬挂

3~5分钟

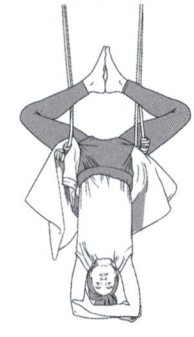

如果你了解怎样用瑜伽绳做"绳上的挺尸式"，这是一个很好的修复体式。否则，可以略过（或者做常规的挺尸式）。

**5** 桥式肩倒立式
躺在抱枕或长凳上

5分钟

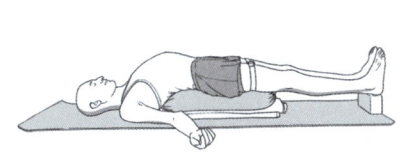

**6** *倒箭式
抱枕支撑

5~7分钟

# 参 考 文 献

## 第一、二章

Clennell B., *Yoga for Breast Care*（Rodmell Press, 2014）.

Clennell B., *The Woman's Yoga Book*（Rodmell Press, 2007）.

C., Pisano., *The Hero's Contemplation*（the English language edition published by Yoga Words Ltd 2011）.

Iyengar, B.K.S., *Light on Life*（Rodale, 2005）.

Iyengar, B.K.S., *Light on Pranayama*（Harper Collins, 1981）.

Iyengar, B.K.S., *Light on Yoga*（George Allen & Unwin, 1966）.

Iyengar, B.K.S., *Light on the Yoga Sutras of Patanjali*（Harper Collins, 1993）.

Iyengar, B.K.S., *The Tree of Yoga*（Shambhala, 2002）.

Iyengar, B.K.S., *Yoga – the Path to Holistic Health*（Dorling Kindersley 2008）.

Iyengar, B.K.S., *Astadala Yoga Mala Vol. I-VIII*（Allied Publishers 2008）.

Iyengar, P., *Alpha & Omega of Trikonasana,*（YOG, Mumbai, 2004）.

Kofi, B.（ed.）, *Iyengar the Yoga Master*（Shambhala, 2007）.

Nivedita J., *Guruji Uwach*（2004）.

Radhakrishnan, S., *The Bhagavad-Gita*（Harper Collins, 1948/2010）.

Ravindra, R., *The Wisdom of Patanjali's Yoga Sutras*（Shaila Press, 2015）.

Shapiro, D., Cook, A. I., Davydov, M. D., Ottaviani, C., Leuchter F. A., Abrams, M., "*Yoga as a Complementary Treatment of Depression: Effects of Traits and Moods on Treatment Outcome*", eCAM, 2007. See: yoganga.com/iyengar-yoga/yoga-as-a-complementary-treatment-of-depression/

Shifroni, E., "Establishing and Structuring Self-Practice,"*Iyengar Yoga News*, no. 26（Spring 2015）and no. 27（Autumn 2015）. iyengaryoga.org.uk/resources/articles/

Shifroni E, *A Chair for Yoga – A complete Guide to Iyengar Yoga Practice with a Chair*, 2nd ed.（2013）.

Shifroni E, *Props for Yoga – A Guide to Iyengar Yoga Practice with Props – Volume I: Standing Asanas*（2014）.

Shifroni E, *Props for Yoga – A Guide to Iyengar Yoga Practice with Props – Volume II: Sitting Asanas and Forward Extensions*（2015）.

Shifroni E, *Props for Yoga – A Guide to Iyengar Yoga Practice with Props – Volume III: Inverted Asanas*（2017）.

Steinberg, L., Geeta S. *Iyengar's guide to a Woman's Yoga Practice*, Volume I（2006）.

Woolery, A., Myers, H., Sternlieb, B. and Zeltzer, L., "*A yoga intervention for young adults with elevated symptoms of depression*", Alternative Therapies in Health and Medicine, Vol. 10 no. 2（2004）: 60-63.

## 第三章

Snell, B., *The Discovery of the Mind,* translated by T. G. Rosenmeyer（Harvard University Press, 1953）.

Spencer, H., *Principles of Psychology*, 3rd Edition（William and Norgate, 1890）.

Williams, B., Shame and Necessity, *Sather Classical Lectures*, Volume 57（University of California Press, 1993）.

Wright, J. P. and Potter, P.（eds.）, *Psyche and Soma*（Oxford University Press, 2000）.

## 第一部分

### 1. Socrates and Plato

Cooper, J. M.（ed.）, *Introduction to Plato: Complete Works*（Hacket 1997）.

Henderson, J., *Early Greek Philosophy*, Volume VIII, *Loeb Classical Library*（Harvard University Press, 2016）.

Holmes, B., "The Body of Western Embodiment:Classical Antiquity and the Early History of a Problem", in *Embodiment*, edited by Smith, J.（Oxford University Press, 2016）, 17-50.

Robinson, T. M., "The Defining Features of Mind–Body Dualism in the Writings of Plato", in *Psyche and Soma*, edited by Wright, J. P. and Potter, P.（Oxford University Press, 2000）, 37-56.

### 2. Aristotle

Charles, D., "Aristotle on Desire and Action", in *Body and Soul in Ancient Philosophy*, edited by Frede, D. and Reis, B.（de Gruyter, 2009）, 291-309.

Charles, D., "Aristotle's Psychological Theory", in *Proceedings of the Boston Area Colloquium of Ancient Philosophy* 24, issue 1（2009）: 1-49.

van der Eijk, P. J., "Aristotle's Psychophysiological Account of the SoulBody", in *Psyche and Soma*, edited by Wright, J. P. and Potter, P.（Oxford University Press, 2000）, 57-78.

Menn, S., "*Aristotle's Definition of Soul and the Program of De Anima*" in *Oxford Studies of Ancient Philosophy*, Volume XXII（2002）:83-139.

Nussbaum, M., *Aristotle's De Motu Animalium*（Princeton University Press, 1985）.

Nussbaum, M. and Rorty, E. O.（eds.）, *Essays on Aristotle's De Anima*（Oxford University Press, 1992）.

## 3. Plotinus

Ennead    *The Enneads are the complete treatises of Plotinus*, edited by his student, Porphyry. The standard citation of the Enneads follows Porphyry's division into book, treatise, and chapter. Hence E IV.8.1 refers to book（or Ennead）four, treatise eight, chapter one.

Lloyd, G., "*Plotinus*", The Stanford Encyclopedia of Philosophy（Summer 2014 Edition）, edited by Zalta, E. N., *plato.stanford.edu/archives/sum2014/entries/plotinus/*.

## 4. Augustine

Augustine, *On the Free Choice of the Will, On Grace and Free Choice, and Other Writings*, edited and translated by King, P.（Cambridge University Press, 2010）.

Matthews, G., "*Internalist Reasoning in Augustine*" in *Psyche and Soma*, edited by Wright, J. P. and Potter, P.（Oxford University Press, 2000）, 133-146.

Meconi, D. V. and Stump, E.（eds.）, *The Cambridge Companion to Augustine*, 2nd edition（Cambridge University Press, 2014）.

Menn, S., *Descartes and Augustine*（Cambridge University Press, 1998）.

Stump, E. and Kretzmann, N.（eds.）, *The Cambridge Companion to Augustine*（Cambridge University Press, 2001）.

Taylor, C., *Sources of the Self*（Harvard University Press, 1989）.

## 5. Aquinas

ST    *Summa Theologiae*

Kenny, A., *Aquinas on Mind*（Routledge, 1993）.

Kretzmann, N., "*Philosophy of Mind*", in *The Cambridge Companion to Aquinas*, edited by Stump, E. and Kretzmann, E.（Cambridge University Press, 1993）, 128-159.

## 6. Descartes

AT    Descartes, R., *Œuvres de Descartes*, 11 Vols., eds. Adam, C. and Tannery, P.（Paris: J. Vrin, 1996）.

CSM    Descartes, R., *The Philosophical Writings of Descartes*, Vols. 1, 2, edited and translated by Cottingham, J., Stoothoff, R. and Murdoch., D.（Cambridge University Press, 1984-5）.

CSMK    Descartes, René, *The Philosophical Writings of Descartes*, Vol. 3, edited and translated by Cottingham, J., Stoothoff, R., Murdoch., D. and Kenny, A.（Cambridge University Press, 1991）.

Antoine-Mahut, D., «*La machine du corps*», in *Descartes. Sous la direction*, edited by Buzon, F. et Kambouchner, D. （Ellipses, 2013）.

Garber, D., "Descartes on Knowledge and Certainty", in his *Descartes Embodied* （Cambridge University Press, 2001）, 111-129.

Hacker, P., *Human Nature: The Categorial Framework* （Blackwell, 2007）.

Hatfield, G., "Descartes' Physiology and its Relation to his Psychology", in *The Cambridge Companion to Descartes*, edited by Cottingham, J. （Cambridge University Press, 1992）, 335-370.

Hartfield, G. "*Remaking the Science of Mind*", *IRCS Technical Reports Series* （1994）. repository.upenn.edu/cgi/viewcontent.cgi?referer=https://www.google.com/&httpsredir=1&article=1159&context=ircs_reports .

Hutchins, B. R., *Obscurity and Confusion: Nonreductionism in Descartes's Biology and Philosophy*, PhD dissertation, Department of Philosophy and Moral Sciences, Ghent University, 2016.

Krakow, I., *Why the Mind–Body Problem CANNOT be Solved*! （University Press of America, 2002）.

Leibowitz, Y., *Between Science and Philosophy* （Academon）. [Hebrew]

Ryle, G., *The Concept of Mind* （University of Chicago Press, 1949）.

Voss, S., "*Descartes: Heart and Soul*" in *Psyche and Soma*, edited by Wright, J. P. and Potter, P. （Oxford University Press, 2000）, 173-196.

7. The Aftermath of Descartes' Dualism

Nadler, Steven, （ed.）, 1993, *Causation in Early Modern Philosophy* （University Park: Penn State University Press, 1993）.

7.1 Spinoza

| | |
|---|---|
| *Ethics* | Benedictus de Spinoza, *The Collected Works of Spinoza,* in （CW）. I notes the part of Ethics followed by A= axiom, cor.= corollary, dem.= demonstration, P= proposition, or Schol.= scholium, with their respective numeration, e.g. "2P47" refers to Part Two of the Ethics, Proposition 47. |
| CW | Spinoza, B. de: *Collected Works*, Vol. 1, edited and translated by Curley, E. （Princeton University Press, 1988） |

Israel, J., *Radical Enlightenment* （Oxford University Press, 2001）.

- *Enlightenment Contested* （Oxford University Press, 2006）.

Lin, M., "*Spinoza and the Mark of the Mental*", edited by Y. Melamed *Spinoza's Ethics* （Cambridge University Press, 2017）, 82-101.

Moreau, P. F., *Spinoza* （Sueil, 1975）.

Nadler, S., *A Book Forged in Hell: Spinoza's Scandalous Treatise and the Birth of the Secular Age* （Princeton University Press, 2013）.

Spinoza, B. de: A Spinoza Reader: The Ethics and Other Works, edited and translated by E. Curley. （Princeton University Press ,1994）.

7.2 Occasionalism

Search for Truth　　Malebranche, N., *The Search for Truth and Elucidations of the Search for Truth*, translated by Lennon and Olscamp（Cambridge University Press, 1997）.

OCM　　Malebranche, N., *Oeuvres compl.tes de Malebranche*, edited by André Robinet（Vrin, 1958-84）, cited by volume and page number.

Kremer, E. J., "*Malebranche on Human Freedom*", in *The Cambridge Companion to Malebranche*, edited by Nadler, S.（Cambridge University Press, 2000）, 190-220.

Lee, S., "*Occasionalism*", *The Stanford Encyclopedia of Philosophy*（Winter 2016 Edition）, edited by Zalta, E. N., URL = plato.stanford.edu/archives/win2016/entries/occasionalism/

7.3 Leibniz

NE　　Leibniz, G. W., *Nouveaux essais sur l'entendement humain*, translated and edited by Remnant, P. and Bennett, J.（Cambridge University Press, 1981, 2d ed. 1996）, cited by book, chapter and section.

AG　　Leibniz, G. W., *Philosophical Essays*, edited and translated by Garber, D., and Ariew, R.（Indianapolis: Hackett, 1989）.

Ariew, R.（ed.）, *Leibniz-Clarke: Correspondence*（Hackett, 2000）.

Duchesneau, F. and Smith, J.（eds.）, *The Leibniz Stahl Controversy*（Yale University Press, 2016）.

8. Kant

CPR　　Kant, I., *Critique of Pure Reason*, edited and translated by Guyer, P. and Wood, A. W.（Cambridge: Cambridge University Press, 1998）.

Kant, I., "*Critique of Practical Reason*", in *Practical Philosophy*, edited and translated by Gregor, M. J., introduction by Wood, A. W.（Cambridge: Cambridge University Press, 1999）.

Karl Ameriks, *Kant's Theory of Mind*, Cambridge University Press.

Allen Wood, *Kant*（Blackwell, Great Minds Series: 2005）.

第二部分

Armstrong, D. M., *A Materialist Theory of the Mind*（Routledge, 1968）.

Bennett, M. R. and Hacker, P.M.S., *Philosophical Foundations of Neuroscience*（Wiley-Blackwell, 2003）.

Bennett, M. R. and Hacker, P.M.S., *History of Cognitive Neuroscience*（Blackwell, 2013）.

Block, N. "*Antireductionism Slaps Back*", *Philosophical Perspectives* 11: *Mind, Causation, and World*, edited by

Tomberlin, J.（1997）. Reprinted in Nous 31, issue 11（1997）: 107-132.

Boden, M., *Mind as Machine*（Oxford University Press, 2006）.

Carnap, R., "*Psychology in Physical Language*" [1932/33], in *Logical Positivism*, edited by Ayer, A. J.（The Free Press, 1959）, 165-198.

Chalmers, D. J., "*Facing Up to the Problem of Consciousness*", *Journal of Consciousness Studies* 2, issue 3（1995）: 200-19.

Chalmers, D. J., "*Panpsychism and Panprotopsychism*", The *Amherst Lecture in Philosophy* 8（2013）: 1-35.

Chalmers, D. J., "*Idealism and the Mind–Body Problem*", in *The Routledge Companion to Panpsychism*, edited by Seager, W.（Oxford University Press, 2018）.

Chomsky, N., "*Review of B. F. Skinner's Verbal Behavior*", in *Readings in the Psychology of Language*, edited by Jakobovits L. A. and Miron, M. S.（Prentice-Hall, 1967）, 142-143. marxists.org/reference/subject/philosophy/works/us/chomsky-skinner.htm

Chomsky, N., *Rules and Representation*（Columbia University Press, 1980）.

Chomsky, N., "*Naturalism and Dualism in the Study of Mind and Language*", I*nternational Journal of Philosophical Studies* 2, Issue 2（1994）: 181-209.

Chomsky, N.,（1994）. "*Naturalism and Dualism in the Study of Mind and Language*", *International Journal of Philosophical Studies* 2: 181-209.

Chomsky, N., *On Nature and Language*, edited by Belletti, A. and Rizzi, L.（Columbia University Press, 2002）.

Crick, F., *The Astonishing Hypothesis: The Scientific Search for the Soul*（Simon and Schuster, 1994）.

Davidson, D., *Essays on Actions and Events*（Clarendon Press, 1980）.

Dennett, D., *Consciousness Explained*（Little, Brown and Company, 1991）.

Dennett, D., *Kinds of Minds: Toward an Understanding of Consciousness*（Weidenfeld & Nicolson, 1996）.

Dennett, D., *Sweet Dreams: Philosophical Obstacles to a Science of Consciousness*（MIT Press, 2005）.

Dennett, D., *From Bacteria to Bach and Back: The Evolution of Minds*（Norton, 2017）.

Fodor, F. A., "*The Mind–Body Problem*", *Scientific American* 244（1981）: 114-25.

Ginsburg, S. and Jablonka, E., *The Evolution of the Sensitive Soul*,（MIT Press, forthcoming in 2019）.

Hacker, P.M .S ., *Wittgenstein, Meaning and Mind*（Blackwell, 1990）.

Hacker, P.M .S ., *Human Nature: The Categorial Framework*（Blackwell, 2007）.

Hacker, P.M .S ., *The Intellectual Powers: A Study of Human Nature*（Wiley-Blackwell, 2013）.

Hacker P.M .S ., *The Passions: A Study of Human Nature*（Wiley-Blackwell, 2018）.

Heil, J., *Philosophy of Mind: A Contemporary Introduction*（Routledge, 2013）.

Hobbes, T., *Leviathan*, edited by Curley, E.（Hackett, 1994）.

Jenkins, J. J., "*Interview with James J. Jenkins*", Baars（1986）: 239-52.

Kahneman D., "*The Psychology of the Mind–Body Problem*", in *Mind and Brain: Fundamentals of The Psycho-Physical Problem*,（Van Leer Jerusalem Institute Hakibbutz Hameuchad Publishing House, 2005）, 59-73.

Leibowitz, Y., *Body and Mind: The Psycho-Physical Problem*（Israeli Ministry of Defense Publication, 1989）. [Hebrew]

Leibowitz, Y., *Mind and Brain: Fundamentals of The Psycho-Physical Problem,* Van Leer Jerusalem Institute

Hakibbutz Hameuchad Publishing House, 2005. [Hebrew]

Lewontin, R. C., "*The Evolution of Cognition: Questions We Will Never Answer*", in An *Invitation to Cognitive Science: Methods, Models and Conceptual Issues*, Vol. 4, edited by Scarborough, D. and Sternberg. S.（MIT Press, 1998）, 107-131.

Locke, J., *Essays on Human Understanding*, edited by Woolhouse R.（Penguin, 1997）.

Lowe, E. J., *Introduction to the Philosophy of Mind*（Cambridge University Press, 2004）.

Lumsden, C. J. and Wilson, E. O., "*Genes, Mind, and Ideology*", *The Sciences*, 21, Issue 9（1981）: 6-8.

McDowell, J,. *Mind and World*（Harvard University Press, 1994）.

McGinn, C., *The Mysterious Flame: Conscious Minds in a Material World*（Basic Books, 1999）.

de La Mettrie, J.O ., "*Machine Man*", in *Machine Man and Other Writings*, edited by Thomson, A.（Cambridge University Press, 1996）.

Monk, R., *How to Read Wittgenstein*（Norton, 2005）.

Nagel, T., "*Conceiving the Impossible and the Mind–Body Problem*", *Philosophy* 73, Issue 3（1998）: 337-352.

Nagel, T., "*A Review of Dennett's From Bacteria to Bach and Back: The Evolution of Minds*", The New York Review of Books, March 9, 2017.

Neurath, O, "*Physicalism: The Philosophy of the Vienna Circle*" [1931], in *Philosophical Papers* 1913-1946, edited by Cohen, R.S . and Neurath, M.（D. Reidel Publishing Company, 1983）, 48-51.

Pinker, S. and Bloom, P., "*Natural language and natural selection*", *Behavioral and Brain Sciences* 13, Issue 4（1990）: 707-27.

Pinker, S., *How the Mind Works*（Norton, 1997）.

Putnam, H., "*Minds and Machines*", *Journal of Symbolic Logic*（1960）: 57-80.

Rye, R. "*Psyche, Soma, and the Vitalist Philosophy of Medicine*", in P*syche and Soma*, pp. 254-65.

Searle, J. R., *The Rediscovery of the Mind*（MIT Press, 1992）.

Searle, J. R., *Mind*: *A Brief Introduction*（Oxford University Press, 2004）.

Searle, J. R., "*Biological Naturalism*", in *The Blackwell Companion to Consciousness*, edited by Velmans, M. and Schneider, S.（Blackwell, 2007）.

Searle, J. R., *Freedom and Neurobiology*（Columbia University Press, 2004）, pp. 4-5.

Skinner, B. F., *Verbal Behavior*（Appleton-Century-Crofts, 1957）.

Stoljar, D., "*Physicalism*", *The Stanford Encyclopedia of Philosophy*（Winter 2017 Edition）, edited by Zalta, E. N., URL = plato.stanford.edu/archives/win2017/entries/physicalism/.

Turing, A., "*Computing Machinery and Intelligence*", *Mind*, Vol. LIX no. 236（1950）: 433-460.

Watson, J. B., "*Psychology as the Behaviorist Views it*", *Psychological Review*, 20（1913）: 158-177.

Wittgenstein, L., *Tractatus Logico-Philosophicus*, translated by Ramsey, F. P. and Ogden, C. K.（Routledge & Kegan Paul Ltd, 1922）.

Wittgenstein, L., *Philosophical Investigations*, translated by Anscombe, G. E. M.（Basil Blackwell, 1953）.

Wittgenstein, L., *Remarks on the Philosophy of Psychology*, Vol. I（Blackwell 1980）.

Zarkadakis, G., In Our Own Image: Savior or Destroyer? The History and Future of Artificial Intelligence（Pegasus, 2016）.

# 附　录

## 附录1　体式指南

### 附1.1　山式

> 双臂在体侧，上臂稍微离开腋窝。

> 二头肌外旋，掌心朝外。

> 锁骨拓宽，打开胸腔。

> 下巴抬起，视线微微高过眼睛的高度。

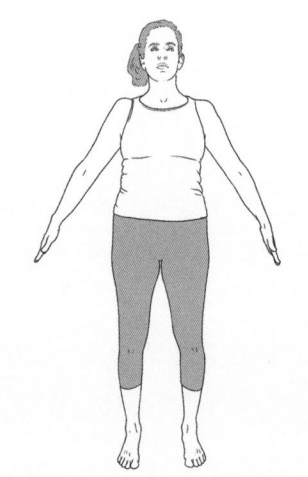

双臂在体侧，上臂稍微离开腋窝

### 附1.2　头部支撑的加强脊柱前屈伸展式

> 根据双腿的长度和柔韧性调整砖的高度，头顶可以落于其上。

> 如果两块砖高度还不够，可使用瑜伽椅，将头落于椅座上。

> 站在砖前。

> 双腿分开一点儿，身体前屈。

> 用双手调整头部正位：拇指尖放在耳口，其他手指放在头后。向前转动头，直到头垂直地面。

> 头顶落于砖或椅座上，双手放在双脚两侧，指尖触地。也可以将手放在另外两块砖上。

> 双肩拓宽、上提，远离颈部。

> 增大或缩小双腿距离，微调头的高度，直到头顶被很好地支撑，而颈部是拉长的，不要受到挤压。

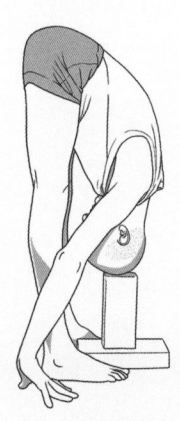

双手放在双脚两侧，指尖触地

## 附1.3 抱枕支撑的仰卧英雄式

> 沿瑜伽垫中线纵向放置一个瑜伽抱枕，抱枕上放置一条折叠的瑜伽毯（用于支撑头部）。

> 在抱枕前以英雄式坐立。双腿套上一根瑜伽带，保持双膝并拢，或与骨盆同宽（不要宽于骨盆）。

> 身体后仰，肘部支撑地面，提起胸腔。臀部向远离抱枕方向延展，而背部向头的方向延展。

> 背部放在抱枕上，脊柱保持在身体中线上。

> 一侧一侧地调整双肩远离颈部（向肘部方向）。调整瑜伽毯，支撑颈部和头部。

背部放在抱枕上，脊柱保持在身体中线上

**提 示**

如果以英雄式坐立在地面上有困难，可在臀部增加支撑，相应的抱枕应增加同样的高度（例如，你可以在臀部和抱枕下各放置一条三折的瑜伽毯）。

## 附1.4 头部支撑的下犬式

如果你不确定头部需要多少支撑，先做一次无支撑的下犬式，估计一下头部与地面的距离。你可以使用瑜伽抱枕、折叠的瑜伽毯、瑜伽砖，或它们的任何组合。

› 将支撑物放在瑜伽垫边 50~70 厘米处，与垫子中线对齐。增大或缩小双腿距离，微调头的高度。

› 双手放在垫子上，指尖与垫子前边对齐。

› 进入下犬式，前额上部（发迹线）放在支撑物上。

› 只是头部的重量放在支撑物上，大腿前侧保持后推、上提。

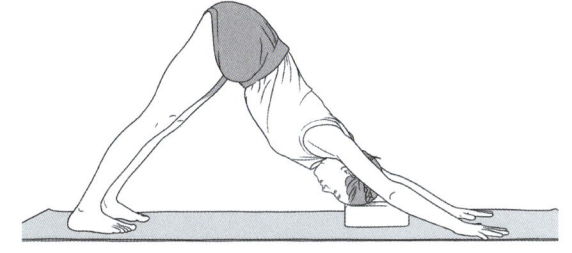

进入下犬式，前额上部（发迹线）放在支撑物上

### 提 示

• 躯干保持后推、上提。支撑物只用于支撑头部，不要将身体的全部重量落到上面。

• 如果双肘伸直太具挑战，可以在肘部套上一根瑜伽带，或者双手抓住瑜伽垫边缘。

• 如果有墙钩，也可以用它辅助。

## 附1.5　双角式

› 双腿大大分开，身体前屈进入双角式。

› 头顶落到地面，或落到支撑物上（瑜伽砖、折叠的瑜伽毯或类似物）。

› 双手可以抓住脚踝外侧，或放在地面上。

› 双肩拓宽，远离颈部。

双腿大大分开，身体前屈进入双角式

## 附1.6　抱枕上的挺尸式

› 用一个纵向放置的抱枕来支撑背部。

› 背靠抱枕，坐在瑜伽垫上，身体向后躺，脊柱落到抱枕中线上。

› 用一条折叠的瑜伽毯支撑后脑勺和颈部。

› 你也可以在眼睛上盖上眼罩或眼枕。

你还可以在大腿上放置适当的杠铃片或其他重物（最重50公斤）。

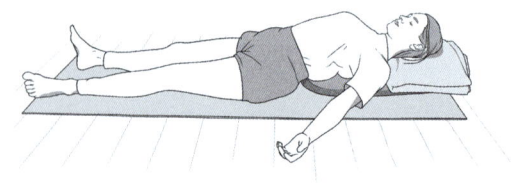

抱枕上的挺尸式

## 附1.7　双手上举式

> 吸气，双臂抬起，双手在头顶合十。

> 呼气，双臂落下。

> 手臂在抬起、落下的过程中应保持伸展。

吸气，双臂抬起

## 附1.8　瑜伽砖支撑的榻式

> 准备一块瑜伽砖以最高高度放在瑜伽垫中线上。

> 英雄式坐立，上背部抬起，向后拱起，放在瑜伽砖上。

> 瑜伽砖应位于胸部中心下方（支撑心脏中央）。

> 颈部、头部后仰。

> 你可以用另一块瑜伽砖支撑头顶。

> 如果英雄式坐立有困难，也可以双腿伸直（如仰卧山式）。

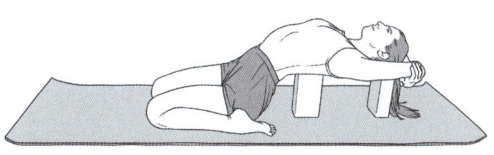

瑜伽砖支撑的榻式

## 附1.9　椅背支撑的上弓式

> 离墙约 1 米处放置一把瑜伽椅。

> 坐在椅子上。将脚后跟放在椅子的前腿上（防止椅子晃动）。

> 骨盆微微抬起，将中背部放在椅子靠背上。

> 双臂伸展，手掌放在墙上。手肘伸直，双手推墙。

> 第二次尝试时，可以将椅子靠墙近一点，进入体式后，双手向下挪，增加后背的拱起幅度。

骨盆微微抬起，将中背部放在椅子靠背上

## 附1.10　面对墙的山式

> 面对墙，山式站立，离墙约 20 厘米。

> 大脚趾、脚跟并拢。

> 眼睛睁开，但不要凝视。

> 保持体式时，观察你的重心是否左右摇摆。尽量尝试让身体中立，重量均匀分布在双脚上。

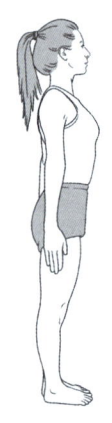

面对墙的山式

# 附录2　某些体式的进一步指导

## 附2.1　在挺尸式中身体的安置

▷ 准备一条折叠的瑜伽毯放在瑜伽垫的一端用于支撑头部。

▷ 坐在瑜伽垫中间，肘部支撑，身体后倾。

▷ 用双手将臀部向双腿方向延展，并将其从中间向外拓宽。

▷ 将脊柱向头部方向延展的同时慢慢将其落于瑜伽垫中央。

▷ 将身体后侧拓宽，像铺床单一样在地面上展开。双肩向下，远离颈部。

▷ 双臂从内向外旋，双肩外侧压向地面。

▷ 双手托起头的后侧，向上拉，延展颈部。摆放、调整折叠的瑜伽毯，使其支撑头部和颈部后侧。瑜伽毯的边缘应与双肩上端接触，但不要被双肩压到。此支撑可以使喉咙放松，神经系统平静。

▷ 双臂对称地放在身体两侧，与身体成45°。

**提　示**

头部支撑的高度取决于你的肩部区域和上背部的灵活性和形状。支撑物应能使你的颈部后侧延展，头部水平。如果颈部后侧缩短，头部后倾（结果下巴抬起），喉咙就会紧张，你会发现这样难以将感官和大脑内收（收进身体），彻底放松。

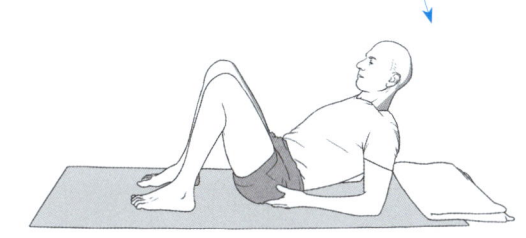

进入挺尸式——铺开臀部

**提　示**

正确放置双肩至关重要，因为这能保持胸腔打开，呼吸顺畅。

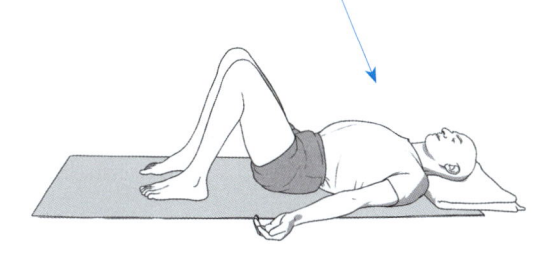

进入挺尸式——放置上半身

› 将脚跟沿瑜伽垫向下滑，双腿后侧完全延展。双腿放松，自然向两侧展开。双腿分开的距离不要太大，应与骨盆同宽。

› 抬起头，观察一下身体，确认双肩等高，双腿、双臂与身体的中线等距，双脚均匀外展。如果必要则进行调整。

› 将后脑勺的中线放到瑜伽毯上，放松整个头部。双眼闭合，放松，内视。

› 从双脚到头部扫描全身，观察每一部位，使之放松。用轻柔、顺畅的呼吸帮助进一步放松。

有关挺尸式的完整描述，请参考艾杨格大师的《艾杨格调息之光》第30章。

**提 示**

如果双肩调整到位，掌心应自然朝上，大拇指和小拇指的高度应相同。

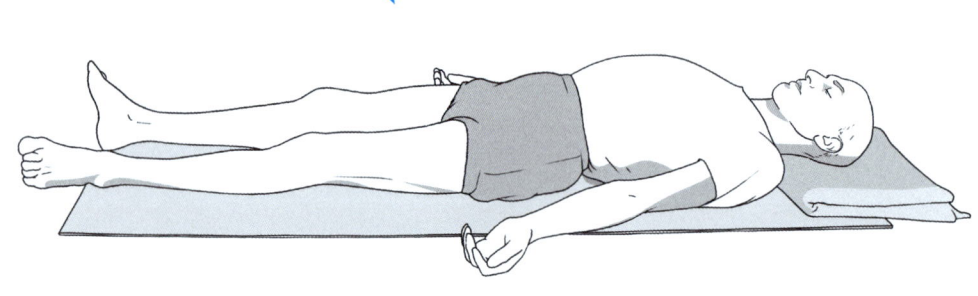

进入挺尸式——放置下半身

## 附2.2 进入下犬式

› 站在垫子前端,双膝弯曲,身体前屈,双手放在垫面上。

› 双手指尖与垫子前侧边缘对齐,手腕内侧与上臂外侧等距。整个身体以垫子中线对称,注意双手与垫子两侧边缘等距。

› 五指张开,拓宽手掌。中指指向前方。

› 双脚向后走,彼此分开,与骨盆同宽。注意双脚与垫子两侧边缘等距。

› 双膝弯曲,抬起脚后跟,眼睛向前看。

› 身体前移,直到手臂垂直地面。二头肌外旋(远离身体中线),三头肌内旋(朝向身体中线)。

› 眼睛保持向前看,三角肌提向肩膀,拉长腋窝,肩胛骨内收,胸椎尽可能内凹。

› 手掌下压垫子,手背伸展。手肘伸直,大腿前侧后推,将躯干向后、向上拉。

› 双腿伸直,臀部尽可能抬高。

› 脊柱向后向上延展(远离双手)的同时肩胛骨保持内收(朝向背部肋骨)。

› 双膝后侧打开,小腿肌肉和脚后跟压向地面。

(1)延展背部,进入下犬式

(2)背部内凹

› 头部放松，自然下垂。颈部、面部放松。保持此体式，呼吸顺畅。

> **提 示**
>
> 这些只是非常基础的说明；进入、保持此体式时还有许多动作要做，这些应从专业的瑜伽老师那里学习。

（3）下犬式

## 附2.3 *Sarvāṅgāsana*（肩倒立式）的支撑平台和身体对位

我们在这里讲解如何用瑜伽毯准备 *Sarvāṅgāsana*（肩倒立式）的支撑平台以及如何在进入肩倒立式前将身体对位。

平台应足够大，以支撑整个双肩和双肘：50厘米 × 50厘米即可。高度约5厘米。此外，我们还需要用一块瑜伽砖和一个瑜伽抱枕来检查对位情况，一根瑜伽带，用于保持双肘与双肩同宽。这里介绍用5~6条瑜伽毯布置平台的方法。

▸ 在瑜伽垫上铺一条瑜伽毯。头部可以在上面滑动，颈部不会缩短，同时给头部后侧提供防护。

▸ 在铺开的瑜伽毯上堆放4~5条瑜伽毯，做成一个平台。

▸ 毯子的圆边对齐，形成一个一体的、光滑的边缘，用于支撑颈部的底部。这是平台的前端。

▸ 在平台前端一侧的垫子中线放置一块瑜伽砖，平台另一侧纵向放置一个瑜伽抱枕。坐在平台上，测量瑜伽砖与平台的距离。

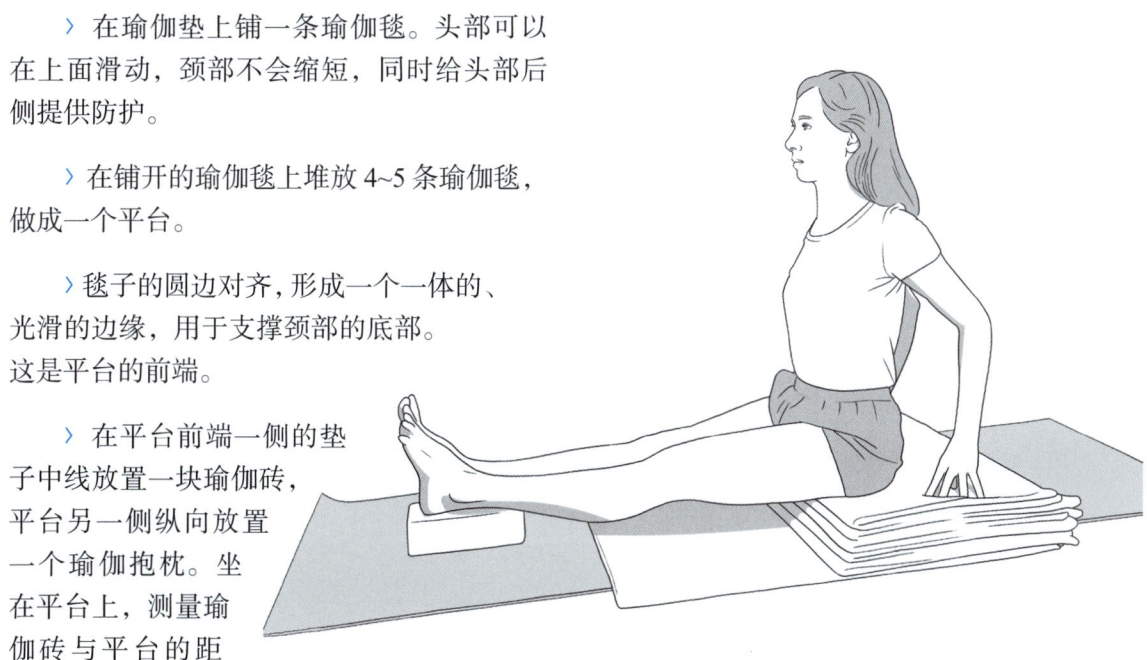

测量瑜伽砖与平台的距离

› 准备一根瑜伽带，与双肩外侧同宽。放在平台旁边。

› 躺下。上背部在平台上，骨盆在抱枕上，脊柱在平台中线上，颈部下端三分之一由平台支撑，头后侧落在铺开的瑜伽毯上。双肩上端与平台边缘留有三指宽的空隙。

› 确保双肩与平台边缘等距，身体中线与垫子中线重合（用手抓住垫子两侧核实一下）。

› 双腿抬起，向头后的方向滚动，进入犁式。脚趾应放在砖上。否则，调整双腿，直到脚趾落在砖的中间。

› 将带子套在肘部。

› 十指交叉，双肩一个一个地后移，并逐一将双肩外侧向下旋，直到双肩上端落于垫子上。确保颈部放松，并可自由地伸展，远离平台。如果需要，调整双肩与平台边缘的距离。

这一步极其重要。直到双肩上端落于平台上，才能进入肩倒立式。

› 双臂沿抱枕向后伸展。检查一下，双臂是否均匀地放于抱枕两侧。

现在，双臂与双腿应是以平台和垫子中线对称的。

> **动 作**
>
> • 眼睛向上看，确认双腿在面部的中线并拢。
>
> • 双肩内收，也就是彼此靠近，身体由双肩外侧支撑。
>
> • 上背部前移，直到胸腔上端接触下巴。

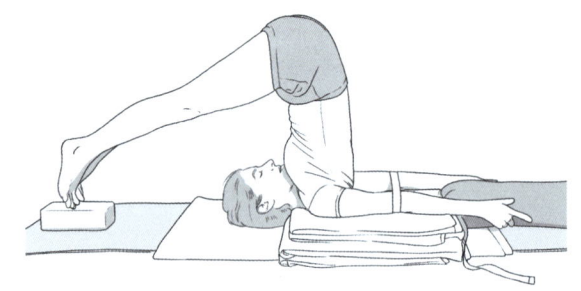

犁式，脚趾放砖上

› 小臂弯曲，双掌支撑背部。转动双手，拇指支撑身体两侧，其他手指沿脊柱向上。大臂下压，用双手抬起后肋，打开胸腔。

› 双腿抬起，收紧臀部中部，大腿后移，直到身体笔直。

> **动 作**
>
> 小指指尖或中指指尖相触，检查双手是否在脊柱两侧对称地放置，双手在同样高度支撑背部。

放置手掌，准备肩倒立式

## 附录3　梵语词汇表

*Ahiṃsā*：非暴力，不伤害。第一条"禁制"。

*Aparigraha*：不占有，不贪婪，不依附。过简单的生活，没有不必要的财产和消费。第五条"禁制"。

*Āsana*：一个需要专注与冥想的姿势。阿斯汤加瑜伽的第三个部分，帕坦伽利将其定义为：稳定且舒适的坐姿。

*Aṣṭaṅga yoga*：帕坦伽利瑜伽经中的八支瑜伽。包括：禁制、劝制、坐法、调息、制感、专注、冥想、三摩地。

*Citta*：意识、精神、心灵或者潜意识。*citta* 具有主观性，有思考和感觉的功能。在瑜伽中，*citta* 本身是不活跃的，它来自于原人，是原质的一部分。

*Dhāraṇa*：专注、集中注意力。阿斯汤加瑜伽的第六支，组成"自制"的三个内在分支的第一支。

*Dharmendriya*（*Dharma indriya*）：正义的器官，良心。

*Dhyāna*：冥想、沉思。阿斯汤加瑜伽的第七支，组成"自制"的三个内在分支的第二支。

*Dveṣa*：厌弃。五种"苦难"之一。

*Guṇa*：一种自然属性。原质的三种属性：答磨——惰性、迟钝；罗阇——活性、活力、能量；萨埵——明性、光明、纯净、清晰。这三种属性同样适用于物质和精神领域。

*Īśvara Praṇidhāna*：臣服以及献身于"自在天"——非人格化的神。

*Kleśa*：苦难。存在我们的意识中的深层次的让我们不开心和痛苦的原因。印度哲学中的一个术语，意为"毒药"。瑜伽经中提到五种"苦难"。

1. 无明——*Avidyā*

2. 我见——*Asmitā*

3. 执着——*Rāga*

4. 厌弃——*Dveṣa*

5. 贪生怕死——*Abhiniveśaḥ*

*Kośa*：通常解释为"鞘"，是"阿特曼"的遮蔽物，或者根据瑜伽哲学解释为"自我"。有五层 *Kośa*，像洋葱一样层层包裹。

*Niyama*：劝制。字面意思为积极的职责或者戒律。"劝制"和它的补充"禁制"是对健康的生活、精神的启迪以及摆脱束缚的存在状态的很好的建议。

"劝制"是八支瑜伽的第二支。帕坦伽利的五种"劝制"如下：

1. *Śauca*：头脑、表达以及身体的纯净、清晰。

2. *Santoṣa*（*Santa uṣa*）：满足，接受其他事物以及境遇，自我乐观。

3. *Tapas*：苦行，自律，坚持热情的练习，不屈不挠。

4. *Svadhyāya*：自我学习，自我反省，内省自己的思想、言语和行为。

5. *Īśvara Pranidhāna*：沉思自在天（神/上帝，真我，不变的实在），与至高无上的意识合一。

*Prāṇāyāma*：字面意思是气（宇宙能量）的扩大、延伸和膨胀，呼吸控制。帕坦伽利瑜伽经中阿斯汤加瑜伽的第四支。

*Pratyāhāra*：感官回收或不依附。帕坦伽利瑜伽经中阿斯汤加瑜伽的第五支。

*Puruṣa*：原人、自我、精神、纯粹意识以及普遍法则。原

人是不朽的，不可毁灭的，是没有形式、完全模糊的。原人的概念与原质在一起解释。据此，宇宙被视作一个可感知的物质存在和不可感知的、非物质法则的本性的结合体。物质存在（或原质）是不断变化的一切事物，可以改变且服从因果定律。原人是不变的普遍法则，非创造但是无处不在，是原质始终改变、转化以及超越的原因，也引发了因果法则。依据印度教的各种流派，原人联结一切人和事。

*Prakṛti*：物质存在和整个自然。见 *Puruṣa*。

*Rajas*：活性、活力、能量。见 *Guṇa*。

*Rāga*：依附；五种 *Kleśa* 之一。

*Sādhana*：字面意思为成就某事，以达成终极领悟为目标的精神道路和训练。

*Santoṣa*："劝制"的第二条，满足，接受其他事物以及境遇，自我乐观。

*Samadhi*：冥想或者出神，通过练习沉思来达成。

*Samyama*：字面上意为结合、捆绑、绑定、集成。同时发生的专注、沉思和三摩地三者的结合。接收客体内在知识的工具。完全沉浸在客体冥想中。

*Sattva*：光明、纯净、清晰。

*Satya*："禁制"的第二条，真诚、诚挚以及可靠的行为、言语和思想的练习。

*Siddhis*：精神的、超常的、超自然的或者神通，以及通过瑜伽练习达成的精神提升的成果。

*Svadhyāya*：字面意思是"独自习诵"和"自我学习"，是克里亚瑜伽的第二个部分。

*Tamas*：惰性、迟钝。见 *Guṇa*。

***Tapas***：起源于梵文词根 *Tap*，意为"加热"。精神的修习包括高度的自我约束，热衷于练习。有时被翻译为"苦行"。

***Yama***：禁制，阿斯汤加瑜伽的第一支。帕坦伽利提出五种"禁制"，列举社会伦理准则，帕坦伽利将它们作为永恒和普遍的伦理誓言。如下：

1. ***Ahiṃsā***：非暴力的练习，或者更普遍地理解为不伤害。

2. ***Satya***：真诚、诚挚以及可靠的行为、言语和思想的练习。

3. ***Asteya***：不偷窃，不意图通过行为、语言和思想偷窃他人财产的练习。

4. ***Brahmacarya***：字面意思是"跟随梵天"。贞洁、忠诚或性节制的练习。

5. ***Aparigraha***：不贪财、不占有、不贪心和不贪婪的练习。

## 附录4  体式索引

*Adho Mukha Śvānāsana*（下犬式） / 78，80，82，84
*Adho Mukha Vīrāsana*（英雄坐变体前屈） / 56，58
*Adho Mukha Vṛkṣāsana*（手倒立式） / 122
*Ardha Candrāsana*（半月式） / 95
*Daṇḍāsana*（手杖式） / 100，102，104
*Eka Pāda Supta Pavana Muktāsana*（单腿祛风式） / 125
*Parivṛtta Trikoṇāsana*（三角扭转伸展式） / 86
*Pārśvottānāsana*（加强侧伸展式） / 86
*Supta Bandhāsana*（桥式） / 131
*Setu Bandha Sarvāṅgāsana*（桥式肩倒立） / 138
*Śavāsana*（挺尸式，放松式） / 60，71，72
*Śīrṣāsana*（头倒立式） / 106，107
*Supta Baddha Koṇāsana*（仰卧束角式） / 66，68
*Supta Padaṅguṣṭhāsana* Ⅰ（仰卧手抓脚趾伸展Ⅰ式） / 125
*Supta Tāḍāsana*（仰卧山式） / 125
*Svastikāsana*（吉祥式） / 34，35，38，44
*Tāḍāsana*（山式） / 18，20，22，23，24
*Urdhva Dhanurāsana*（上弓式） / 156
*Ūrdhva Hastāsana*（双手上举式） / 25，26，28
*Ūrdhva Mukha Śvānāsana*（上犬式） / 135
*Uṣṭrāsana*（骆驼式） / 132
*Utthita Pārśvakoṇāsana*（侧角伸展式） / 86
*Utthita Trikoṇāsana*（三角伸展式） / 86，92
*Uttānāsana*（加强脊柱前屈伸展式） / 81，84
*Vajrāsana*（雷电坐） / 50
*Virāsana*（英雄式） / 52
*Viparīta Daṇḍāsana*（倒手杖式） / 138
*Vīrabhadrāsana* Ⅰ（战士Ⅰ式）、*Vīrabhadrāsana* Ⅱ（战士Ⅱ式）、
*Vīrabhadrāsana* Ⅲ（战士Ⅲ式） / 95，247
*Vṛkṣāsana*（树式） / 30，31

## 附录5　通往安宁的瑜伽旅程：穿越肌张力障碍

这里，我们带来一位年轻女性的真实故事，她叫 Atar Rabina[1]。她患有先天性神经障碍疾病，曾经遭受到身体和精神的双重折磨。她的经历是瑜伽有助于应对此类精神性疾病的一个案例。

我在 7 年前，23 岁时，开始跟随艾扬拉学习瑜伽。从那时起，就从未停止过瑜伽的学习和练习。2017 年，我获得了艾扬格瑜伽老师的认证，目前我在小范围内教授瑜伽。我也是一名画家，在 Tel-Aviv 的一所高中教美术。从 12 岁起，我就患有肌张力障碍症，这是一种先天性疾病[2]，我的左手不停地抖动，无法控制，左肩和右脚也难以控制，身体其他部位普遍松弛。当我站立或走动时，右腿不能正常落地，从而影响到整个左半身，导致下背部经常疼痛。

此疾病与精神状态有显著关系。例如，当我承受压力或受到外部噪音影响时，左手的颤抖就会加重，并感觉身体内部有很多"噪音"。这会形成一个"雪球效应"：压力使得颤抖加重，颤抖反过来又造成了更多的压力，使得颤抖进一步加重，如此这般形成恶性循环。在练习瑜伽之前，我难以想象有朝一日会摆脱这恶魔般的"雪球效应"，获得宁静。

此疾病也影响到我的瑜伽练习，我的呼吸，以及在体式中的放松能力。开始学习瑜伽时，对我来说安静地坐立都很困难，也不能在挺尸式中放松。只是想要安静下来的期待（我的，可能也是老师的）就会给我带来更多的压力，导致更严重的颤抖。我越想停止不受控制的抖动，甚至将重物压在我的手上，我的手抖动得就越厉害。

在练习中，我观察我的精神状态与神经系统的联系。对于

---

1　本书中有她的示范图片。
2　维基百科的定义：肌张力障碍是一种神经运动障碍综合征，持续或重复的肌肉收缩导致躯体扭曲和重复活动，或保持异常的固定姿势。这一病症可能类似于颤抖。肌张力障碍常常会因体力活动而加剧，症状可能会发展到邻近的肌肉。

我来说，最大的挑战是找到每一个体式中的安静和放松。例如，通常前屈体式应是安抚和放松的。然而，我在前屈时，如 *Paścimottanāsana*（加强背部伸展式）中，神经系统常常会更敏感，我也更易怒。我需要在体式中进行各种调整（诸如将双腿分开一点儿、脚蹬墙、前额用抱枕支撑等），以找到平静和稳定。然而，常常越是试图放松，努力保持平静，结果越是带来更多的肢体的颤抖和心理的烦乱。

疾病迫使我寻找方法与变化无常相处。随着对身体和神经系统的了解日益增多，体会也随之加深。我已经适应了很多体式，经常使用辅具来创建一个闭路，意识关注、平复我的神经系统。例如，在头倒立式中，为了保持手的稳定，我就用双手抓住一块瑜伽砖。在战士Ⅱ式中，用双手拉紧一根瑜伽带避免左手颤抖。在修复性体式中，我经常在前额上放置重物。

我的问题从外表上看并不明显。在课堂上，我经常放弃这些必要的调整，以免引起老师和其他同学的注意。我通常宁愿牺牲练习质量也不愿意被作为"特例"。我没有足够的自信与大家分享我的状况。

另外，在教学中，示范自然也会出现问题。当进行示范时，我经常遇到此类问题：学生能看到我的颤抖吗？能告诉他们我的状况吗？或者，只将最好的水平示范给他们？体式不同，答案各异。对于某些体式，其他人几乎看不到我的颤抖；而对于另外一些体式，问题却很明显。这些困境一直伴随着我，成为我教学的障碍。

我觉得颤抖和摇晃穿过了我的全部神经系统，侵袭到我的全身，包括我的精神和情绪状态，我的行为和内心体验。我经常变得喜怒无常，情绪失衡。在练习瑜伽的最初几年，以及教师培训中，我试着无视这个问题，努力像其他同学一样完成体式。但是对于某些体式我确实需要调整，我感到一种无名的痛苦和自卑。

然而，我已经从持续的瑜伽练习中获益，并且持续地获益，这种获益是多维度的。身体方面，在体式中我有了更好的觉知，感受到身体各部分之间更好地连接。身体变得更强壮、更柔韧了，行动更加自如了，协调性也更强了。我学会了身体的正位，学会了利用体式减轻我的颤抖，下背部的疼痛也得到了缓解。随着身体稳定性的改善，相应的精神和情绪状态也得到了改善。

另外，更重要的是我与呼吸的连接更好了。事实上，只要我充分地注意到呼吸，颤抖就会立即减弱。这不但在练习瑜伽时有效，在日常生活中同样管用。

很多体式都创建了一种开放的感觉。这似乎清除了我神经系统中的内部障碍，带来了情绪的稳定和平衡。现在，我已经能更好地处理负面情绪以及情绪的波动，找到了稳定的大地和安宁的内心。

瑜伽练习的日渐成熟帮助我接纳了自身的状况，无须忽视，也无须隐瞒。接纳本身就安抚了我的神经系统，减轻了颤抖。我变得更加自信，并敢于与大家分享我的经验了。颤抖就颤抖吧，我同样可以生活，也不会影响我的幸福。我不需要向任何人证明什么，也不需要试图给别人留下体式完美的印象。体式中需要调整就调整好了，需要辅具就使用吧，不需要那么挣扎。我学会了观察神经系统的起伏变化，就像观察云朵在天空飘过。允许一切变化的发生，不需要抓住一个理想的、不现实的念头——我的体式应是这样的或那样的——不放。我能看到生活中的 *anitya*（无常），以更开放的姿态接纳我的身体状况（以及我的瑜伽练习），一切顺其自然。有时我的 *Paścimottanāsana*（加强背部伸展式）做得比较容易，可以安静地保持，不需要做任何调整，另一些日子，则需要使用辅具。

学习应对我的肌肉松弛和不稳定使我成为一位更好的老师。当学生们挣扎着逼迫自己时我能够更容易地发现，并给他们提供相应的工具。这些工具都是我在自己的练习过程中开发的。我常常教导他们要用心地、仔细地听从自己身体的声音，更加爱护自己的身体，释放紧张，不要过分地努力，而要更多地感知。实际上，我从疾病中学到的经验本质上说适用面很广，因此，作为老师，我将以更普遍的方式进行分享，让更多的人从中获益——接纳身体的以及练习中的变化。

瑜伽教给我 viaragya ——接纳，臣服，冷静。不是试图向自己和他人证明自己的体式有多棒，而是更多地寻找柔和、流动和顺畅。瑜伽将是我用一生来追寻的旅程，虽然只是刚刚开始，还有许多功课需要做，但是我相信这将是一条正确的道路。瑜伽教导我接纳，每时每刻，无论我的神经系统如何。最后，感谢改变我人生的重要一课——瑜伽。

# 译后记

"当学生准备好时,老师就会出现。"与本书的相遇,中文版的翻译、审稿、出版过程,让我深深理解了这句话。

本书即将出版,现将如下几个问题与读者分享、探讨。

我从 2008 年进入瑜伽馆规律地练习瑜伽。因为那时我身体上出了点问题,再加上也想通过实践探讨一下体育锻炼和人格养成的关系,就想方设法坚持了下来。

2017 年开始走进艾扬格专业瑜伽馆,接触到一种完全不同的瑜伽。并慢慢熟悉、喜欢上这套体系。同时,我也有了系统学习瑜伽知识,包括艾扬格瑜伽的想法。

在网上搜索相关书籍时,看到了艾扬拉老师的系列图书:*A Chair for Yoga*(椅子瑜伽),*Props for Yoga*(辅具瑜伽)。毫不犹豫,一次性入手。拿到手后,立即被书中唯美的体式插图、清晰的结构、系统的讲解吸引住了。

出于职业习惯,我第一时间与艾扬拉老师取得了联系,询问这些书的版权情况,看是否可以将其引进到国内。艾扬拉老师回信说,这些书的版权都已经授权给其他机构。艾扬拉老师告诉我,他与奥哈德合作书写的一本新书 *The Psycho-Physical Lab——Yoga Practice and the Mind-Body Problem* 即将出版,可以合作。

随后,我收到了此书的纸质版和电子文档,开始着手翻译。随着工作的进行,我慢慢喜欢上了此书,一点点理解了作者的用意。与出版界的同行朋友聊起此书,也得到积极的反馈。这本书堪称是一本很具特色的瑜伽图书。

2019 年 4 月份,借艾扬拉老师来中国举办工作坊的机会,我在济南与他见面,并参加了两天的课程。他对瑜伽的掌握水平、丰富的教学经验、善解人意、平易近人都给我留下了很深的印象。最主要的是，对未来合作的探讨，包括合同的条款，他都表现得很豁达。他的目的只有一个：他的书能尽快在中国出版，让更多的读者受益。

选题顺利通过。

《身心实验室——瑜伽习练与探索》，将自己整个人，包括身体方面和心理方面，通过瑜伽体式的习练进行自我探索。主要部分由四章组成。第一章，体式实践探索，对初级和中高级练习者各给出了 31 个探索主题。第二章，通过瑜伽练习提高身心能力，介绍了瑜伽对诸如处理消极情绪、疲倦和沮丧等问题的作用。第四章，给出了几个练习序列，分别适用于建立信心、情感平衡、乐观和快乐、平静和安抚、修复等。

第三章，身心关系简史，梳理了在西方哲学背景下的身心问题的各种代表性观点，从古希腊亚里士多德开始直到当代。

本章作者奥哈德是一名哲学教授、瑜伽习练者，已在世界著名出版社出版过多部著作。他在师从艾扬拉老师学习瑜伽的过程中萌发了写作此书的想法。本章是此书的理论基础。本章包括两部分：第一部分，从苏格拉底到康德；第二部分，身心关系的当代解读。原书写作风格基本上就是一份博士论文的文献综述，很专业，很难懂。读过几遍后，慢慢理解了作者的思路，也体会到其价值。经作者同意后，我们将第一部分进行了适当改写，第二部分也进行了适当删减。

从与本书的遇见开始，直到本书的出版，一路下来收获很多，感触颇多。身心关系是很多人都很关心又说不清楚的问题，本书并不能给出这一问题的标准答案，而是打开了一扇理解这一问题的大门，并为我们铺就了一条理论入门、逐渐深入的幽静的小路，我们可以通过了解哲学史上伟大哲学家的思想，把自己作为一个实验室，在体式练习中探索自身的奥妙，从而引发我们的好奇心，丰富我们的体式练习，加深理论学习的深度，最终追寻生命的真相。

无论你是瑜伽的初学者，还是资深习练者，或者是瑜伽老师，本书都值得你反复阅读。

本书第三章第一部分 3.1~3.4 节和 3.5~3.8 节分别由陈理和鲁马媚两位老师翻译，第二部分由田喜腾博士翻译。为保持全书的系统性、完整性，给读者提供较好的阅读体验，特请曲宏宇对第一部分译稿进行了较大幅度的改写，对第二部分译稿进行了适当的删减。其中，查阅、借鉴了诸多资料。特别是《哲学 100 问》（书杰著，华文出版社出版）一书，给了我们很大的帮助。鲁马媚老师翻译了梵语词汇表和梵文相关内容。其他部分都由我本人翻译。王德龙老师、鲁马媚老师审校了全书。

感谢我社当年的畅销书作者王丽燕老师，她将王红丽老师引荐给我。是王红丽老师带我第一次进入瑜伽馆。感谢出版界的朋友小贝嘉，没有她的支持，我就没有勇气与艾扬拉老师取得联系。感谢出版界的朋友李剑霞，她的独具慧眼，使我丰富了对本书的理解。感谢王东旭老师，在我面对文中时而出现的梵文一筹莫展、恳请援助时，推荐了他的学生，瑜伽哲学硕士在读的鲁马媚老师。感谢一起练习瑜伽的大小伙伴们，恕不一一点名了。感谢瑜伽之源（大连）艾扬格瑜伽馆的夏薇、紫薇、林燕、郭珊老师，是你们，很好地传承了艾扬格的精神。感谢瑞珈瑜伽·艺术·生活空间（济南）的石开老师，在中国举办了艾扬拉老师的工作坊，使我得以与艾扬拉老师当面交流。石开老师还对版权合同提出了很中肯的意见。

感谢家人多年以来的理解和支持。特别是某些重要时刻来自你们的务实的支持使我有勇气轻松前行！

感谢心理学专家赵丽珠老师对本书的反馈。感谢哲学博士陈高华老师、哲学博士魏宏晋老师对本书第三章译文的肯定。

最后，感谢艾扬格瑜伽学院（中国）的专业指导。

刘新彦

2019 年 9 月 10 日